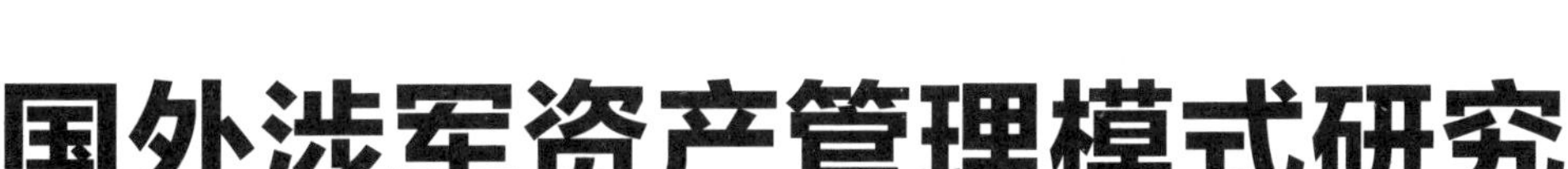

国外涉军资产管理模式研究

GUOWAI SHEJUN ZICHAN
GUANLI MOSHI YANJIU

中国船舶第七一四研究所 编著

哈尔滨工程大学出版社
Harbin Engineering University Press

内容简介

本书通过专题的形式，以美国、英国、法国、俄罗斯为研究对象，紧紧围绕涉军资产这一核心主题，重点对国外涉军资产的形成、涉军资产的分布、涉军资产的运营管理、涉军资产重大经济活动的监管、涉军资产监管体系的构成及相关职能、涉军资产监管措施与手段六大问题开展研究，并针对这些国家在涉军资产的政治经济背景、监管理念、监管手段、重大经济活动监管等方面进行了初步对比分析。同时，本书通过相关案例，对国外涉军资产重大事项的监管流程和措施进行了初步分析。

图书在版编目(CIP)数据

国外涉军资产管理模式研究 / 中国船舶第七一四研究所编著. —哈尔滨 : 哈尔滨工程大学出版社, 2020.4
(国家战略 : 经济建设和国防建设融合发展理论与实践丛书)
ISBN 978-7-5661-2512-5

Ⅰ. ①国… Ⅱ. ①中… Ⅲ. ①军队-资产管理-研究-国外 Ⅳ. ①E144.2

中国版本图书馆 CIP 数据核字(2019)第 271837 号

选题策划 张 玲
责任编辑 雷 霞 丁 伟
封面设计 李海波

出　　版 哈尔滨工程大学出版社
社　　址 哈尔滨市南岗区南通大街 145 号
邮政编码 150001
发行电话 0451-82519328
传　　真 0451-82519699
经　　销 新华书店
印　　刷 哈尔滨市石桥印务有限公司
开　　本 787×1 092mm 1/16
印　　张 18.25
字　　数 358 千字
版　　次 2020 年 4 月第 1 版
印　　次 2020 年 4 月第 1 次印刷
定　　价 118.00 元
http://www.hrbeupress.com
E-mail:heupress@hrbeu.edu.cn

编　委　会

总 序

当今世界，随着新一轮科技革命、产业革命的兴起和世界新军事革命的加速发展，社会经济形态、技术形态和战争形态深刻演变，推动经济建设和国防建设融合发展已经成为时代潮流，成为各国综合国力竞争和军事竞争的一种新趋势。随着我国经济建设和国防建设融合发展实践的不断深入，其理论研究也在不断深化，如何借鉴国外经验教训，破除阻碍经济建设和国防建设融合发展的坚冰、壁垒、藩篱，是亟待解决的现实问题：一是资源配置不合理，如军工企业融资渠道单一，军工企业专业人才队伍不稳定。二是军民双方内在机制不协调，如技术标准不统一，保密解密机制不协调，利益分配不协调，文化不协调。三是运行机制滞后，虽然我国关于经济建设和国防建设融合发展的相关政策制度文件总量庞大，但相关政策并未形成较为清晰的逻辑体系，经济建设和国防建设融合发展的实施缺少宏观统筹规划；相关政策缺少实践检验与经验总结，部分文件因为缺乏实际操作细则而作用甚微。究其深层次原因，既有思想观念保守固化的问题，也有法律制度供给不足的因素，还有体制机制的羁绊。

《国家战略：经济建设和国防建设融合发展理论与实践丛书》正是基于上述经济建设和国防建设融合发展中存在的问题及原因所策划的。本丛书包括《国外国防科研生产能力发展与监管研究》《国外涉军资产管理模式研究》《国外军民两用计划实施方式研究》《我国经济建设和国防建设融合发展现状与国际经验启示》《我国经济建设和国防建设融合发展政策法规体系甄别与分类研究》《我国经济建设和国防建设融合发展政策法规体系国际比较与建设路径》6 个分册。本丛书一方面通过梳理典型国家在国防科研生产能力建设、涉军资产管理、军民两用计划及项目管理经验等经济建设和国防建设融合发展领域的做法、政策制度体系和成效等，归纳可供参考借鉴的做法，弥补国内在相关领域的研究空白；另一方面，聚焦促进武器装备科研生产领域，甄别和挖掘国外国防科技工业、武器装备采购等方面的政策法规体系，梳理了我国经济建设和国防建设融合发展组织管理、工作运行、政策制度“三大体系”发展现状及存在的问题和障碍，对比国外成功经验做法，提出推进我国经济建设和国防建设深度融合发展的具体措施和政策

建议，对加强应用基础研究、推进我国经济建设和国防建设融合发展创新体系建设具有重要意义。

本丛书力求使社会大众、企事业单位、政府和军队相关部门准确把握经济建设和国防建设融合发展内涵与外延，系统了解国内外经济建设和国防建设融合发展主要涉及领域的现状、问题、经验、教训，进而启发引导社会各类主体从认识角度统一思想，从实践角度落实经济建设和国防建设融合发展战略，因此具有较大的社会效益。

第一，本丛书的出版为实现国防和军队现代化提供了丰厚的资源，为可持续发展奠定了良好的基础，促进了我国经济建设和国防建设良性互动，更好地推进了我国国家战略的实施；填补了经济建设和国防建设融合发展领域在国内政策制度建设方面研究的多项空白，有助于我国国防和军队现代化建设以及对相关人才的培养；同时本丛书结合具体经典案例总结其经验教训，针对我国经济建设和国防建设融合发展管理实践、政策体系现状，提出相关措施建议，为我国经济建设和国防建设融合发展管理实践工作提供决策支撑。

第二，本丛书通过跟踪研究世界上具有代表性的几个国家经济建设和国防建设融合发展的实施背景、认识、主张、思路、重点领域与特点，为我国经济建设和国防建设融合发展相关领域的广大科研工作者提供了第一手的研究素材。此外，本丛书重点分析了美国、英国、法国、德国、俄罗斯、日本等国在军工开放、资源共享、军民科技成果转化、军工带动国民经济发展、改善军工投入和能力管理等经济建设和国防建设融合发展重点领域的典型做法、管理措施和实施效果，以此提出了推进我国经济建设和国防建设融合发展管理实践的政策措施建议，为实现我国武器装备研制水平和国民经济发展水平的同步提高提供了一定的参考和借鉴。

第三，本丛书介绍的我国经济建设和国防建设融合发展的阶段、历程及政策制度建设，为各地方的经济建设和国防建设融合发展提供了参考和借鉴，使各地方的经济建设和国防建设融合发展更具有针对性及方向性，进而为推动经济建设和国防建设融合健康发展，增强国家的战略威慑力，实现强军梦、中国梦提供强有力的支撑。

由于我们理论水平有限，在选题与具体研究内容上难免存在不足之处，欢迎广大同人及读者批评指正。

中国船舶第七一四研究所

2019 年 10 月

目录

引　言

涉军资产是涉军核心能力的重要载体之一，维护涉军资产安全是保护涉军核心能力的重要内容。在以市场经济私有制为主导的西方主要军事强国，在私营企业自行投资研制武器装备的同时，政府部门对国防工业也进行了大量的投入建设，形成了国有资产和私有资产共同存在的涉军资产格局。其中政府部门投资形成国有涉军资产，其运营管理主要分为国有国营和国有民营两种方式，各国政府部门通过这两种方式运营管理的国有涉军资产的范围、具体政策规定、财政投资方式、监管手段等有着明显差异。近年来，国外涉军企业在发展过程中也充分借助资本市场进行融资，这已经成为主要军事强国国防工业发展的重要趋势。据统计，世界百强涉军企业中，90%以上是上市公司，排名前十位的涉军企业全部是上市公司。在这种情况下，如何维护以涉军资产为载体的涉军核心能力的安全，成为各国保护和发展涉军核心能力的重点方向。因此我们有必要对国外涉军资产构成及安全监管进行深入研究，为我国国防科技工业主管部门开展相关工作提供借鉴和参考。

开展涉军资产构成及安全监管研究是新形势下政府监管涉军核心资产的需要。近年来，随着我国国防科技工业发展方式转变、产业结构优化升级，涉军经济领域各种新情况、新现象层出不穷，如涉军企业股份制改革和上市等。原有较封闭的涉军体系逐步走向开放，现有的以国有涉军资产为主的监管模式，难以适应新形势、新要求。政府相关部门出于保护和发展涉军能力的目的，需要明确哪些资产可以上市，哪些资产禁止上市，对于可以上市的涉军资产，政府部门如何进行日常监管等，这些新情况的出现需要政府机关及时进行决策，研究制定相关政策措施。因此有必要研究国外涉军资产形成与分布、涉军资产相关重大经济活动监管等，为我国政府主管部门在新形势下监管涉军核心资产提供借鉴。

开展涉军资产构成及安全监管研究是进一步完善国防科技工业政策法规体系的需要。随着社会主义市场经济改革的不断深入和资本市场的不断壮大，我

国国防科技工业面临的发展环境也相应发生了变化。近年来,我国国有涉军企业加大了股份制改革和重组上市的步伐,充分利用资本市场进行融资;民营企业的广泛参与对国防建设也发挥了重要作用。这些都需要政府有关部门加以引导,完善政策法规体系,营造良好的发展环境。但与美、英、法等国家相比,在政策的时效性、针对性及执行力等方面还存在一定差距,因此,有必要对国外涉军资产监管的政策法规及最新情况进行跟踪研究,梳理总结相关经验,为我国国防科技工业相关政策法规的制定提供借鉴。

本书以美国、英国、法国、俄罗斯为研究对象,紧紧围绕涉军资产这一核心主题,重点对国外涉军资产的形成、涉军资产的分布、涉军资产的运营管理、涉军资产重大经济活动的监管、涉军资产监管体系的构成及相关职能、涉军资产的监管措施与手段六大问题开展研究。

一、相关概念与研究范围的界定

(一)涉军资产的概念

资产(Assets)是指可作为生产要素投入生产经营过程中,并能带来经济利益的财产。《企业会计准则》中规定:“资产是企业拥有或者控制的能以货币计量的经济资源,包括各种财产、债权和其他权利。”

国有资产(State Assets)是属于国家所有的一切财产和财产权利的总称。国有资产有广义和狭义之分。广义的国有资产是指国有财产,即政府以各种形式投资及其收益、拨款、接受馈赠、凭借国家权力取得或者依据法律认定的各种类型的财产或财产权利。广义的资产包括:经营性资产、非经营性资产、资源性资产。狭义的国有资产是指政府作为出资者在企业依法拥有的资本及其权益,又称经营性国有资产。经营性国有资产包括:企业国有资产、行政事业单位占有使用为获取利润而转作经营用途的资产、已投入生产经营过程的国有资源性资产。

国防资产。我国国防法第三十七条对国防资产给出了准确的定义:国家为武装力量建设、国防科研生产和其他国防建设直接投入的资金、划拨的土地等资源,以及由此形成的用于国防的武器装备和设备设施、物资器材、技术成果等属于国防资产。由此可以看出,国防资产包括两大方面的内容:一是国家在军队系统的投资形成的资产,包括部队的营房建设、装备购置等;二是国家在国防科技工业部门(单位)的投资所形成的资产,包括基本建设、批量生产改造等。

1. 涉军资产的分类

涉军资产根据所有制,分为国有涉军资产、私有涉军资产和混合所有制资产;根据物理形态,分为有形资产和无形资产;根据使用方向,分为经营性涉军资

产和非经营性涉军资产；根据国防属性，主要分为专用性涉军资产和通用性涉军资产。

2. 本书中涉军资产的研究范围

本书中的涉军资产主要是指在国防（科技）工业部门（单位）的投资所形成的资产，包括基本建设、批生产改造等，其本质是承担或者具有武器装备科研生产功能的资源的总和。本书研究的涉军资产从所有制上看，包括国有涉军资产、私有涉军资产和混合所有制资产；从物理形态上看，主要是有形资产，部分涉及无形资产；从使用方向上看，主要是经营性涉军资产；从国防属性上看，主要包括专用型涉军资产和通用型涉军资产。

（二）监管的概念

1. 一般概念

“监管”是属于经济学、政治学、法学等领域的专业性词汇，具有特定内涵，目前国内有关监管问题的论著对监管的概念都有所涉及，但简举介绍或直接引用较多，详细梳理和分析论证较少；监管含义的含混不清，妨碍了政府监管职能的合理定位，最终影响到政府监管制度的科学构建；当然，给监管下定义很难，将政府监管行为和非监管行为截然分开更难，因而也使这一问题成为争论的焦点。

一般意义上的“监管”的界定，首先由日本学者植草益在其《微观规制经济学》一书中提出。他认为，通常意义上的规制，是指依据一定的规则对构成特定社会的个人和构成特定经济的经济主体的活动进行限制的行为，进行规制的主体有私人和社会公共机构两种形式：由私人进行的规制，譬如私人（父母）约束私人（孩子）的行动，称为“私人规制”；而由社会公共机构进行的规制，是由司法机关、行政机关以及立法机关进行的对私人及经济主体的规制，称为“公的规制”。

一般意义上的监管涵盖面极广。就监管主体而言，监管者可以是政府、企业、任何非政府组织，甚至个人。根据监管主体是否为政府，一般意义上的监管可分为政府监管和非政府监管。“政府监管包括立法机关、行政机关和司法机关的监管；非政府监管除包括植草益所列举的父母对子女的监管外，还包括企业及其他一切非政府组织对所属成员（包括个人和组织）或者其他相关主体的活动进行的监管，如行业协会出于维护行业协会成员的集体利益或行业协会本身的利益依照行业协会规章对其成员进行的监管。”在监管依据方面，既可以以法律、社会规范作为监管依据，也可以以企业、团体的内部规章法则等作为监管依据。

2. 本书中的概念及研究范围

本书中“监管”包括运营管理和针对重大活动的监管两个方面的内涵。其中,运营管理主要针对国有涉军资产,监管主要针对涉军资产的重大经济活动(如股份制改造、上市、重组、外资进入等)。

本书中"安全"是运营管理和监管的目的,表明了监管的目的是防范国防安全风险(如关键国防资产和技术的流失、国家控制权的丧失等)。

此外,腐败等非市场经济活动造成的涉军资产流失导致的国防安全风险监管问题不在本书的研究范围之内。

二、研究思路与技术路线图

本书的研究思路与技术路线图见图 0 – 1。

三、主要内容、研究结论及主要观点

(一)主要内容及结构安排

本书的主要内容及结构安排见图 0 – 2。

(二)主要观点与结论

1. 涉军资产的形成

第一,国外涉军资产主要由国家直接投资和社会资本投资形成。其中,国家直接投资形成国有涉军资产,社会资本投资形成私有涉军资产。

美国对国防工业的财政支出分为三个部分:一是直接投资。二是合同采办。三是资助方式。

英国国有涉军资产的形成主要通过三个途径形成:一是直接投资。英国有相当部分国有企业是国家预算企业,其经营完全纳入国家预算,这类企业大多数是涉军企业,包括军需物资生产、飞机的制造、造船工业等,由于这类企业的性质较为特殊,他们受到了严格的控制。二是政策倾斜。国家在法律上明文规定了对国有企业的保护条款,对其实施价格补贴、落后的地区开发补贴和政府拨款扶持等。政府对于这类国有企业给予大量的帮助,制定了相应的优惠政策,国有企业因此获得了很多的帮助和优惠。但不是国家直接干预企业,企业在经营方面有很大的自主权和独立性,也不能完全依赖政府解决其经营不当出现的亏损问题,这类公司占英国国有公司的绝大多数。三是参股控制。国家购买了部分私营公司相对多数的股份,从而达到了对该公司的控制,使其成为国有公司,这类公司在英国国有公司中是少数。其经营活动几乎与私营公司一样,但国家可以通过控股进行财政援助,确保其经济活动稳步发展。

涉军资产的概念及本研究界定的范围

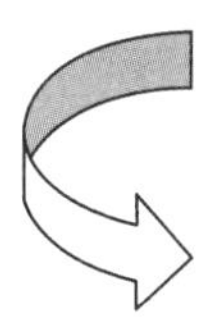

国外军工资产构成分布现状与特点

涉军资产的重大经济活动

国有涉军资产的运营管理、非国家控股涉军资产的运营管理（代表国家：美国、法国、俄罗斯）

涉军资产证券化（如涉军资产上市等）（代表国家：美国、英国）

国防工业企业兼并重组（代表国家：美国）

外资收购本国国防资产（代表国家：美国、英国和法国）

其他特殊活动（如国有涉军企业、国有国防科研机构）改制（代表国家：英国、俄罗斯）

国防安全风险（如关键国防资产和技术的流失、国家控制权的丧失等）

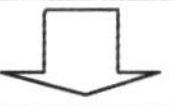

安全监管（保障涉军资产安全的监管活动）

监管机构的设置与分工

监管机构的各项职能

监管机构的手段与措施

配套的制度与政策法律

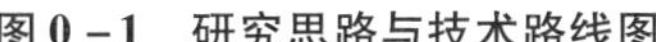

图 0－1　研究思路与技术路线图

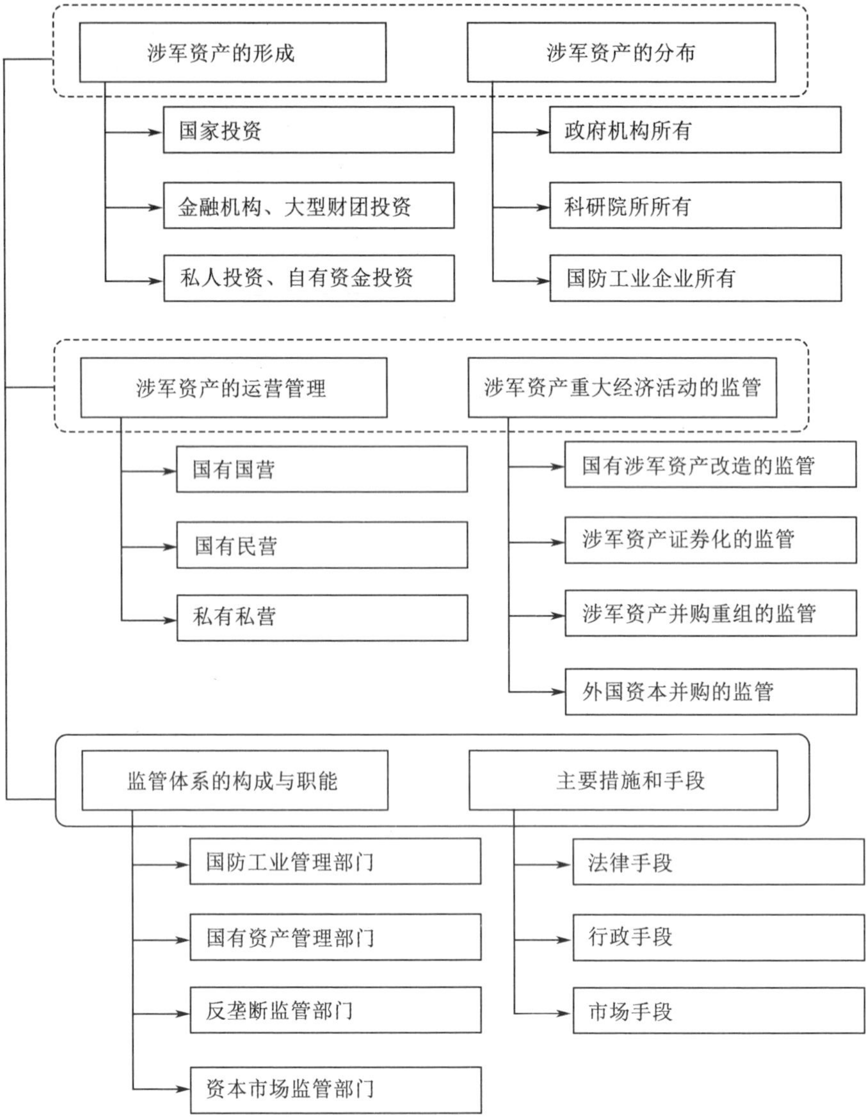

涉军资产的形成
国家投资
金融机构、大型财团投资
私人投资、自有资金投资

涉军资产的分布
政府机构所有
科研院所所有
国防工业企业所有

涉军资产的运营管理
国有国营
国有民营
私有私营

涉军资产重大经济活动的监管
国有涉军资产改造的监管
涉军资产证券化的监管
涉军资产并购重组的监管
外国资本并购的监管

监管体系的构成与职能
国防工业管理部门
国有资产管理部门
反垄断监管部门
资本市场监管部门

主要措施和手段
法律手段
行政手段
市场手段

图 0－2　主要内容结构安排

法国的涉军资产从所有制属性来看，主要是国家投资形成的国有涉军资产。国有涉军企业和涉军资产在其国防工业中占有很大的比重，这是法国政府长期推行国有化政策的结果。20 世纪 70 年代到 80 年代，随着左翼的社会党上台，法国连续兴起了两轮国有化的浪潮。在这两轮国有化的浪潮中，法国政府通过直接投资和强行购买私有涉军企业的股份，完成了涉军企业和涉军资产的国有化。

例如,1978 年,法国政府强行以购买股票的形式对当时完全属于私有企业的达索飞机公司进行国有化,使得法国航空工业涉军资产的国有比重显著提高。经过两次国有化的浪潮,法国国防工业中国有涉军资产的比重一直保持着很高水平。近年来,涉军资产的增加大多由法国政府直接投资形成。如今,法国的国有涉军资产主要分布在国有涉军企业集团和政府直接经营管理的科研生产机构中。

第二,社会资本投资是当前美、英两国涉军资产重要的投资来源。

当前,机构投资者和公共基金成为美国国防工业社会资本投资的主要来源,主导美国政策的大型财团通过控股机构投资者和公共基金影响美国国防工业的社会资本投资,大型财团、机构投资者与公共基金、涉军企业通过交叉持股形成利益共同体,保证国防工业社会资本投资的稳定性。以五大涉军巨头为例,美国国防工业社会资本主要来源于少数超大金融机构,这些机构不仅为国防工业提供稳定的资金支持,而且为美国国防工业、涉军企业与政府之间的密切联系奠定了坚实基础。

第三,混合投资成为国有比重较高的国家(如法国和俄罗斯)涉军资产投资的主要方式。

在一段时期内,英国、法国和俄罗斯的国有资产在国防涉军领域的比重都十分巨大。国有资本比重过高导致这些国家国防工业和涉军企业的运行效率普遍低下,为了提高涉军资产运营效率,盘活涉军资产,英国、法国和俄罗斯等国都进行了不同程度的私有化运动,在保证国家控制的前提下,对国有涉军资产进行了股份制和私有制改造,同时吸纳私人和社会资本进入国防工业领域。

英国政府自 20 世纪 80 年代起对大部分涉军企业实行了私有化,从而把涉军企业进一步推向市场。现在英国国防部已几乎将全部国有涉军企业卖给了私营企业,仅留下国防科研单位由国防部直接经营管理。与其他民用公司的私有化不同,英国对涉军企业实行私有化是国家出让股份,但不出让对公司的控制权。虽然国家放弃了绝大部分的股份,可是政府通过颁布法令规定国家股是特别股,也称金股。虽然金股只占一股,但在牵涉到国家利益的重大问题决策中却享有一票否决权。这种否决权不在具体经营活动中操纵和干预企业,只在涉及国家安全、国家重大经济利益的时候,有权一票否决董事会的决定。

当前,法国的国有涉军企业几乎已经不再是纯国家所有制,而是成为国家资本、社会资本甚至境外资本相互融合的混合所有制公司。如果说国家在国有涉军企业集团的母公司中一般还保留着绝对的控股权的话,那么在子公司中法国政府就不再拥有绝对控股权了。同时,由于社会资本和境外资本的渗透,不可避免地导致了国有涉军资产管理原则的变革,这些国有涉军资产被要求赋予了更多的经营自主权。

苏联解体后，俄罗斯国防工业的生存和发展受到了前所未有的挑战。俄罗斯国防工业综合体的机构重组（或称机构改革）以及所有制改革（也称私有化）一直被看作发展俄罗斯国防工业的一个根本因素。俄罗斯在航空、船舶制造、信息技术等特定领域建立了一系列纵向综合的股份制公司。这一活动曾被当作俄罗斯国防工业改革和引入私人投资（包括外国资本）的主要途径。

2. 涉军资产的运营管理

第一，国外主要国家对国有涉军资产主要采取国有国营和国有民营两种运营模式。

美国以国有国营和国有民营方式管理国有涉军资产。在国有国营方面，国防部直接经营着40多个基础性科研机构；国家航空航天局20多个研究机构也都采取国有国营方式；美国海军一直以国有国营方式运营管理海军四大船厂。在国有民营方面，国防部、能源部、国家航空航天局根据《联邦采购条例》及相关规定，将国有企业或研究机构委托给企业和大学代管，每年按照合同拨付代管费。被代管机构一般为国防必需，又无法在市场上获利的机构、设施（土地、厂房、生产线等）。《联邦采购条例》规定："政府机构将拥有或控制的，用于联邦机构项目的研究、开发、特殊生产或试验测试的设施，委托给第三方（注：指私营机构或企业）运营、维护和保障"，并明确这些设施主要"用于国防安全或动员准备"。此外，合同商经营的其他业务要与国有民营资产的运营分开。

第二，对于国有民营的涉军资产，主要通过出租经营、系统工程承包、股份制经营以及计划合同制等手段实现。

美国主要采取出租经营方式和以主承包商为首的系统工程承包方式实现国有民营。国有民营模式是指将国有资产或其设备以租赁或承包的方式出让或承包给私营企业经营使用。

美国对大多数国有企业实行出租经营的方式。这种方式起源于第二次世界大战期间，当时，美国政府大量投资建设了一批国有涉军企业及相关企业，这些企业大部分都是出租给私人垄断组织经营的。战后，这种方式被保留下来。在出租的租期内，承租一方要向国家定期交纳租费。租费一般由折旧费和部分利润构成。在特别情况下，国家只向承租人收取一部分利润，而不收折旧费，以补偿国有企业的部分不动产和设备的损耗。在规定的租期内，出租企业有经营自主权，承租人可以利用国有企业的生产能力自行决定生产和销售，政府不得过问。政府如果在某个时期需要某种产品，可以通过和承租人签订收购合同来取得产品。

美国政府对官私合营企业通常实行以主承包商为首的系统工程承包合同制的方式。这种方式就是由政府作为产品计划的招标人，按照择优原则，选定一家

(或数家)投标公司为主承包商。主承包商与国家直接签订承包合同,并负责管理整个系统承包工程。一般来说,对于整个订货任务,主承包商只承担一部分,而大部分订货任务则发包给其他转包商,各转包商也可以根据需要将其部分订货任务再转给另一些分包商。这种层层转包,有时可多达七八层。实践证明,实行这一办法可使国家对国有(涉军)企业的管理更高效、便捷。

在法国,绝大部分国有涉军资产都是由政府间接经营,即政府通过一定的程序选择经营者对国有涉军资产进行经营,并授予一定的资产处置和收益权,法国政府并不直接参与或干预国有涉军资产的日常经营活动,只对其经营过程进行监督。法国国有涉军资产的经营方式主要包括股份制和计划合同制两种。

股份制经营是法国国有民营涉军资产运营管理的主要手段。股份制不仅是一种产权安排,也是一种经营方式。国家以国有涉军企业股东的身份通过持有企业股份掌握国有涉军资产所有权,依据法国的公司法行使股东权力,又通过任免董事长以及同涉军企业签订计划合同等措施来控制国有涉军企业的发展和国有涉军资产的运营。对于涉军企业的日常经营活动,国家则不加干预,由董事会自主经营。国家与国有涉军企业的关系变成了股东与经营者之间的关系。

计划合同制是法国政府在对国有涉军企业进行计划管理中采取的一种特有的涉军资产经营方式。1969 年,法国政府首先同当时的国有铁路公司和法国电力公司(法国著名的核电企业,主要负责法国军民用核材料的研制和生产)签订了两个计划合同。通过计划合同制确定国有企业的中长期发展规划,使之符合国家总体经济、产业、国防政策和国家计划重点;规定国有涉军企业为实现国家发展的政策目标而采取的行动。

第三,对国有民营的涉军资产实行严格的管控,禁止第三方运营管理的国有涉军资产上市。

美国对委托第三方(包括涉军上市公司)运营的国有涉军资产有严格的控制措施。例如,美国国防部总监察办公室 2000 年 12 月发布了《军方不动产数据库中国有民营资产情况》报告,提到了与国有民营资产管理相关的管理措施。国防合同管理局或军种负责管理国防部国有民营资产,并定期检查合同商运营的国有资产,与《合同商运营的国防部资产登记表》(国防部 1662 号表)对比。国防部、海军、陆军和空军,以及国有资产运营合同商都建有"国有不动产数据库系统",记录国有不动产及其费用信息。其中,美国陆军使用"综合设施系统",1999 年记录的不动产价值 123 亿美元;美国海军使用"海军设施资产数据库",1999 年记录的不动产价值 170 亿美元;美国空军使用"自动民用工程系统",1999 年记录的不动产价值 182 亿美元。国有资产运营合同商每年都需要向国防部合同管理局报告资产情况。例如,1999 财年,合同商上报的国有民营不动产价值 770 亿

美元。

第四,对于非国家控制的涉军资产主要采取分散股权、设立金股和制定特别管理权等方式进行管理。

美国的骨干国防工业企业的股权结构中,养老基金、人寿保险、互助基金、大学基金等机构投资者,以及约 60% 的公民直接或间接地持有公司的股票。由于股权极为分散,除极少数公司外,一个股东持有一个公司 10% 的股份就可成为大股东。股权分散可以保证公司证券较强的流动性,保证涉军资产的变现能力;同时,也可保证公司经营的稳定性,防止出现由于持股集中恶意收购的可能,保护涉军资产的安全。

英国国防部通过国有特殊股(金股)有效控制上市公司。例如,在奎奈蒂克公司上市后,国防部大幅减持国有股,最终由 100% 减持为仅保留金股(1 股),对公司进行控制。通过金股,英国国防部保留了对该公司恶意接管、重大决策、重大股权变动等事项的最终发言权,同时还对董事会和管理层人员构成等拥有监督权。

俄罗斯的新私有化法规定,政府可以对国家不掌握股份的重要企业实行国家参与管理特别权利(黄金股)的措施。在这种情况下,掌握黄金股、使用参与管理特别权利的政府,要委派国家在开放型股份公司董事会(监事会)和监察委员会中的代表。国家代表是开放型股份公司董事会(监事会)的成员。行使黄金股权利的特点不是多数票通过,而是一票否决制,以此保证股份公司的重大决策能符合国家、企业和劳动者的共同利益。黄金股是保证股份公司把企业效益原则与国家政策协调起来的重要管理方式。

3. 涉军资产重大经济活动的监管

(1)对涉军资产证券化活动的监管

第一,具有敏感性、基础性、公益性、专属性的国有涉军资产不允许上市。

美国政府以国有形式完全控制一些涉军资产,这些资产对维持本国国防工业核心能力和国家安全十分重要,不允许上市。总体来看,这些涉军资产具有一些共性,如具有敏感性、基础性、公益性、专属性等特点。

高度敏感的涉军资产。美国以国有形式将承担战略敏感武器研制生产的资产牢牢控制在政府手中,不允许它们上市。例如,生物化学武器防御、核武器设计生产作为战略敏感武器,对国防安全有着极为重要的影响,是国家最敏感的资产,几乎所有信息都不宜对外披露,国家对承担其研制生产功能的资产也进行严格监管。

基础性、公益性特征明显的涉军资产。美国以国有形式掌握着部分国防基础性、公益性研究资产,这些资产在国防基础性研究领域发挥重要作用。如美国

国防部所属国家实验室、主要涉及国防科研生产的试验场等。美国政府定期对这些机构进行考核,要求必须向全国的科研工作者开放,保持这些机构的公益性和不以营利为目的。国家完全控制国防基础性、公益性研究资产,才能随时根据国防的需要调整基础性和前瞻性研究方向和领域,以较低的成本确保重点研究方向不遗漏,最终满足国防安全发展的需要,这是美国禁止这类国有资产上市的最主要原因。典型代表包括大西洋西北国家实验室、阿罗约中心、航天联邦投资发展中心等。

具有代表国家公信力的涉军资产。美国有大量的涉及国防科研生产的评估机构,这些资产一般不允许上市,这与其代表国家公信力密切相关。如武器装备效能评估、设计方案评估机构,代表国家公信力,若上市成为营利性质企业,将无法代表国家公信力。因此,上述资产不宜上市。这类资产的典型代表包括美国战略与预算评估中心(CSBA)、国会研究中心(CSR)、国会预算署(CBO)等。

专属性强的涉军资产。一些涉军资产专属性较强,通常其产品或服务的需求方较固定、应用面狭窄、高度依赖国防、完全缺乏民用需求,而国防需求本身的周期性导致这部分资产没有长期稳定的盈利,难以满足证券市场持续盈利的需要。这类涉军资产中,承担军用核动力装置研究设计功能的最为典型,军用核动力装置与民用核反应堆在体积、质量等方面有着显著的差别,使得其设计方案和采用的部分技术存在巨大的差别,美国军用核动力装置研究和设计机构与核电站制造企业并不相同,它们的市场明显窄小得多。例如,美国舰用核动力装置研制主体是贝蒂斯核动力实验室和诺尔斯核动力实验室,它们属于国有民营的资产,不允许上市。如果这些涉军资产上市,企业股东可能为了追求利润而改变资产功能,甚至变卖或放弃这部分涉军资产,进而对国家安全造成不可挽回的损失。

第二,第三方运营管理的国有涉军资产不允许上市。

美国政府对国有涉军资产的使用、处置进行了明确的限制。例如,《美国能源部采办条例》规定,受委托管理国有资产的第三方“不得改变政府资产的属性,也不能以政府资产依附其他不动产为由,改变政府资产的属性”(见 DEAR 970.5245 - 1b)。不少涉军上市公司(如洛克希德·马丁、雷声等)代管了大量国有涉军资产,这部分资产无法进入上市公司资产列表,不进入公司的合并报表,企业仅拥有这部分资产的经营权和收益权,上市公司的任何变动,包括股权变动、兼并重组等,都不会影响这部分资产的属性。例如,在英国核燃料集团公司(BNFL)收购美国上市公司西屋电气公司过程中,西屋电气公司代管的国有涉军资产贝蒂斯核动力实验室,被排除在并购资产清单之外。

第三,国有涉军资产上市前要对涉军核心能力相关资产进行剥离。

以英国国防部国防评估与研究局(DERA,以下简称“研究局”)私有化并最终上市为例,说明英国国有涉军资产上市相关情况。20世纪90年代,在英国私有化改革大背景下,研究局逐渐走上了私有化改革之路。国防部、财政部等成立了部长级指导小组,负责该机构的私有化改革。在上市之前,国防部采取“核心能力模式”对研究局进行资产剥离,即保留该局四分之一的力量(主要是放射性武器、生化武器等核心、关键、敏感资产和人员)组建国防科学与技术实验室,作为国防部主管科研的业务局,其他研究部门推向市场,改组为奎奈蒂克公司,并向私营部门出售股份,成为股份制的科技发展公司。作为主要监管部门,国防部对国有涉军资产剥离、股份制改造全过程实施监管。股份制改造完成后,企业向金融服务局(FSA)提交申请,金融服务局对发行申请进行审批,审批通过后交易所安排企业挂牌交易。

(2)对本土涉军资产重组活动的监管

第一,对本土涉军资产并购重组的监管重点是反垄断,但美国国防部有放松反垄断政策的权利。

对本土企业兼并重组监管的重点在于企业的兼并重组是否实质地削弱竞争或势必形成垄断,影响行业竞争。对于涉军上市企业的兼并重组,按照1996年美国国防部5000.62指令《主要国防部供应商的合并或收购对国防部项目的影响》,由国防部联合司法部反托拉斯局和联邦贸易委员会进行审查。

兼并重组审查的主要内容为:一是是否削弱主要供应商间的竞争程度;二是是否增加项目成本;三是影响项目完成质量的其他因素(参考美国国防部5000.62指令第4.1条)。1992年11月,克林顿政府扩大了五角大楼在评述企业并购方面的发言权,反托拉斯部门对国防工业界的并购也采取了更宽容的态度,从此之后,国防工业界的兼并和收购便很少碰到大的阻力。

第二,美国国防部既是并购重组的监管部门,也是主要的推动者。

与此同时,美国国防部还通过劝告、“窗口指导”以及并购补贴等方式促进涉军资产的重组。劝告或“窗口指导”主要指由一位或数位美国政府官员邀请企业家们参加宴会或出席有众多企业家参加的宴会,并在席间发表隐喻性的讲话。“窗口指导”本身并无很大作用。但它实际预示了美国今后财政政策的导向,精明的大企业家们能够从中觉察五角大楼的意图,并重新修改制定自己的企业战略。并购补贴在涉军资产重组过程中也发挥了重要的作用。在1992—1997年的国防工业并购浪潮中,强强联合与接管一直占据着主导地位,这种“大象联姻”在短期内对于公司的现金流是不利的,它加大了公司的财务杠杆风险,因此国防部为并购后的企业提供了补贴,这一行动加速了美国涉军企业的并购步伐。

第三,美国联邦贸易委员会和司法部反托拉斯局共同承担了对涉军资产并购重组的审查。

(3)对涉及外资并购活动的监管

第一,需要多部门协作。

在外国投资对涉军上市企业进行兼并重组方面,美国政府将其纳入国家安全相关产业监控的范畴,制定了相关完善的法规和程序进行规范,十分重视对跨国并购的规制,设立了诸如垄断审查、并购审批、行业限制、资本限制、国家安全审查等方面的法律制度,以保证国家安全。美国成立了美国外国投资管理委员会(Committee on Foreign Investment in the United States,CFIUS),负责审查外国投资对国家安全的影响。CFIUS 由财政部牵头,商务部、国防部、国土安全部、司法部、国务院、能源部和劳工部 7 个行政部门,以及美国贸易代表办公室、科技办公室、管理和预算办公室、经济顾问委员会、国家经济委员会、国家安全委员会等 7 个白宫机构组成。

英国政府依法掌控跨国并购,特别是成立一系列由政府资助或主导的所谓"独立机构",实施有效的管理。这样,英国政府在重大的跨国经济活动中就扮演着协调者、管理者的角色,展示维护国家利益和社会公正的开明形象,而不是以控制、垄断和武断干预者的面目出现在公众面前。英国对跨国并购的监管机构主要有两个:一个是公平交易署(the Office of Fair Trading,OFT);另一个是竞争委员会(the Competition Commission,CC)。英国通过这两个机构以及有关行业机构对跨国并购实施严格而有序的监管。

法国目前对外资收购涉军资产的监管采取的是单层监管模式,是单一机构在外资审查中进行国家安全因素的考虑。但即便是单一机构审查,在审查过程中,也需要其他部门的参与,跨部门合作使各个机构之间可以就各自擅长的领域提供经验、建议,弥补可能的专业空白,促进监管水平的提高。这种单层的监管模式使得监管机构被赋予规范而重大的权力,集中了调查权、裁判权、处罚权于一身,同时充当"警察""法官"和"执行局"角色。法国负责外资并购安全审查并具有决定权的部门是财政部。然而,财政部并非可以独立地决定是否同意本国企业和资产被收购。在所有已经发生的外资并购法国本土企业和资产的案例中,财政部都会征求其他行业管理部门的意见,如在涉及工业企业及其相关资产的并购中,财政部会征求工业部的意见;而在涉军企业及涉军资产的并购中,财政部则会征求国防部的意见。

目前,俄罗斯外资并购的主管机构是联邦反垄断局(FAS),同时,俄罗斯中央银行(CBR)也履行部分并购监管功能,主要对涉及银行和金融机构等方面的交易进行监管。联邦反垄断署总部设在莫斯科,并在俄罗斯各地设有分支机构。其前身是 1990 年成立的联邦反垄断与促进新经济结构国家委员会,1997 年该机

构更名为国家反垄断委员会，1998 年又更名为反垄断与企业扶持部，直至 2004 年正式更名为联邦反垄断署。俄罗斯通过备案审查制度来进行并购监管。并购企业有义务向并购监管当局提交并购交易的详细信息资料，并购监管当局也同样有义务在规定的时间内做出答复。

第二，多法律配套。

美国在外资管理的法律方面主要是《埃克森－佛罗里奥法案》，规范美国对涉及其国家安全的外国投资的审查程序、内容及法律后果等。该法令授予美国总统在美国其他法律不能提供适当保护的情况下，可以采取措施，中止或禁止那些可能威胁到美国国家安全的外国政府或企业对美国企业的获取、兼并或接管。美国国会于 1976 年通过了《国际投资调查法》（International Investment Survey Act），明确赋予总统享有采集和使用投资信息的权力，并可将该项权力授予其政府部门。1988 年 12 月 27 日，里根总统签署了第 12661 号行政命令，授予 CFIUS 根据《埃克森－佛罗里奥法案》，对可能危害国家安全的并购交易进行审查的权力，通过吸收与国家安全息息相关的多个政府机构，从国防、军事、经济、贸易、科技等多个角度，对一项外资并购可能对国家安全造成的威胁进行综合评价与判断，以确保国家安全审查的专业性和正确性。

英国根据《2002 年企业法》成立的监管跨国并购的政府职能部门——公平交易署（OFT），有权批准跨国并购，或将其交给竞争委员会做进一步调查；竞争委员会（CC）接受 OFT 的指令，对跨国并购进行调查，并实施“竞争测试”，来决定并购案的成败，这个委员会是由各界专家组成的独立决策机构。依据英国《1975 年工业法》规定，英国的重要制造业企业的控制权转让给非英国居民，从而与“英国的利益”相抵触时，英国政府有权禁止该转让。其中“英国的利益”是指“与公共政策、公共安全或者公共健康有关的利益”。另外，英国《1973 年公平贸易法》规定，政府授权公平交易局总局长审查所有并购交易当事人提交的并购申请，初审过后，向负责贸易和工业的官员提出处理意见，由国务官员决定其合法性。

法国没有统一的外资法，也没有专门的外资并购国家安全审查的立法，而是通过法国《货币与金融法典》L. 151－3 条的规定和第 2005－1739 条法令进行涉及国家安全的外资审查。根据法国《货币与金融法典》L. 151－3 条规定，“外国公司在法国的投资如果涉及公共权利的行使或者涉及如下领域，即使只是短期的投资也应获得法国财政部长的事先批准：可能会危害公共秩序，公共安全或国防利益的业务；研究，制造，营销武器、弹药或火药或爆炸物的业务。”遵循《货币与金融法典》L. 151－3 条的规定，在 1992—1993 年，法国政府以危害公共秩序为由禁止 8 件并购交易，1994 年禁止 1 件。而在当时，因为绝大多数的法国涉军企业为国家所有，很少有机会被外国公司并购，所以以国家安全为由而被否决的外

资并购在 1996 年之前没有。然而私有化后,部分法国涉军企业开始非国有,由此导致了涉军资产和技术的外流情况。

俄罗斯关于外资并购的法律体系也是由多部法律组成,几个机构分工协作。其法律体系主要包括《联邦反垄断法》、俄罗斯联邦的其他相关法律和国际条约,以及俄罗斯政府部门的相关规则。其中,《联邦反垄断法》是并购法律体系的基础。俄罗斯第一部反垄断法是《商品市场竞争及限制垄断法》(简称《反垄断法》)。该法于 1990 年颁布,1991 年生效。该法第 5 章对企业合并的管理进行了明确规定。联盟、协会、商会和跨地区、跨部门联合体的设立、合并和接管,以及股份公司的设立、合并、接管和清算等行为,必须获得联邦反垄断主管机关的同意。此外,该法还规定了企业合并的条件以及合并企业的申报、主管机关的调查处理程序等。十几年来,以《反垄断法》为基础和核心,俄罗斯出台了一系列配套法律法规。这些法律法规连同《反垄断法》一起,形成了俄罗斯监管外资并购的法律体系。2006 年 7 月 26 日,俄罗斯出台了联邦法律第 135 – FZ 号法令《竞争保护法》(又称《竞争法》)。该法于 2006 年 10 月 26 日生效,成为目前俄罗斯联邦反垄断法规的根基。《竞争法》主要用于规范商品市场、金融服务市场领域的竞争。其主要立法意图是反对垄断,预防、限制、排除垄断活动和不公平竞争,以维护俄罗斯市场的有效竞争局面,保护消费者利益。

第三,多领域审查。

美国依据 2007 年《外国投资与国家安全审查法案》进行相关审查,审查对象包括外国投资方和本国目标企业,审查内容主要包括:一是外国政府、军方是否对投资方有实际控制或影响关系;二是投资方是否有可能将重要科技或关键产品转移到海外;三是交易是否可能增进与美国利益相背的国家的军事或情报能力;四是收购方是否在美国实施禁运的国家从事业务活动。对目标企业的主要审查内容为:一是是否涉及敏感型科技;二是是否为国防部门的供应商;三是对国防供应链的重要程度;四是是否掌握美国国家保密信息。美国设立 CFIUS,负责审查包括涉军企业在内的外资并购事项。外国投资委员会最初成立于 1975 年,是依据 1950 年国防生产法中的《埃克森 – 佛罗里奥法案》成立的。该委员会的职能是监督与评估外国投资并购美国企业,视其对美国国家安全的影响程度,授权进行相关调查,并视情况上报总统就阻止外资并购做出最后决定。

第四,设置外资进入“禁区”和外资控股“底线”。

英国对重要涉军资产的外资控股比例设立 15% 的“警戒值”和“安全线”。为了促进国防工业基础转型和调整更好更快地向前推进,英国在大力推进私有化的同时,也意识到政府对国防工业的主导控制对国家安全的重要作用,特别是在国防工业日趋全球化的今天,这种控制措施显得尤为重要。

俄罗斯对外国投资设有不少产业政策限制。比如在航空方面，联邦法律第10 – FZ 号《航空发展法》于1998 年1 月出台。依据此法，航空公司（主要指从事航空发展、生产、检测、修理及应用航空机械设备的公司）的注册资本中，外资份额不得超过25%，除非经过俄罗斯总统的批准。

第五，国家元首和政府首脑拥有最终决断权。

根据美国的“三权分立”政治体制，总统具有最高的行政权力。因此，在外资并购国家安全审查中，总统具有最终的决断权。根据2007 年《外国投资与国家安全法》第六章的规定，总统具有阻止权、宣布权和执行权。

2004 年8 月，俄罗斯通过总统令，声明只有总统本人才有权对本国1 000多家企业的改制进行审批。通过《战略领域外国投资法》以及其他相关法律的实施，俄罗斯对本国战略企业和战略矿藏地的控制能力进一步得到加强，维护了国家的经济安全，强化了政府（以及总统）在国家经济决策中的权力和地位。同时，该法案使对外资的调节有了一个统一的标准，有利于俄罗斯建立一个稳定透明的外商投资环境。

（4）对涉军资产股份制和私有化活动的监管

第一，关系国家安全的战略性企业不允许任意股份制和私有化。

这一观点来源于俄罗斯的教训。在经济转轨的较长时期里，俄政府只讲私有化，不讲国有经济的地位和作用。直到1996 年，俄领导人才强调国家要控制大型国有企业，加强国有资产的管理。政府经济发展中期纲要也强调必须保持必要的国有资产总量，国家必须控制具有战略意义的企业。俄主张保留一定国有经济的理论依据主要是：生产高度社会化理论、国家经济安全理论和国家公共职能（提供公共产品，如国防）理论。

第二，对国有涉军股份的监管由派遣国家代表管理向实行委托管理转变。

对国防工业企业中国有股份的管理经历了从派遣国家代表管理到实行委托管理的变化。起初由国家派遣到股份公司管理机构中的代表管理国有股份，两年多的实践表明这种制度是无效的，因为作为代表的官员缺乏专业能力和责任心，不胜任这种管理职能。为了提高管理效率，现在改为实行委托管理制度，即按照商业条件将国有股份转交自然人或法人来管理，被委托人的选择要通过投标的办法来确定。俄认为，国有股份委托管理不可能解决所有问题，但可以为国家控股或参股股份公司的管理提供一个新的推动因素，提高其管理效率。

第三，在非国家控股的重要国防工业配套企业里实行国家参与管理特别权利。

政府可以对国家不掌握股份的重要企业实行国家参与管理特别权利（黄金股）的措施。在这种情况下，掌握黄金股、使用参与管理特别权利的政府，要委派

国家在开放型股份公司董事会(监事会)和监察委员会中的代表。国家代表是开放型股份公司董事会(监事会)的成员。行使黄金股权利的特点不是多数票通过,而是一票否决制,以此保证股份公司的重大决策能符合国家、企业和劳动者的共同利益。黄金股是保证股份公司把企业效益原则与国家政策协调起来的重要管理方式。

4. 涉军资产监管体系的构成与职能

从美国、英国、法国和俄罗斯涉军资产运营管理和监管的实践来看,涉军监管体系主要涉及四大部门:一是国防工业管理部门;二是国有资产管理部门;三是反垄断管理部门;四是资本市场管理部门(包括外资监管部门)。这其中,国防工业管理部门是涉军资产运营管理和重大活动监管的核心,负责国有涉军资产和私有涉军资产的运营管理和监管。国有资产管理部门主要针对国有涉军资产的监管,其核心为财政部或者国家国有资产最高管理部门。反垄断管理部门主要针对涉军资产的并购重组引发的产业竞争程度和集中度的监管。资本市场管理部门主要针对资产市场上涉军资产的监管,其目的主要是维护投资人的利益。其中,外资监管的主要目的是防止国防资产和关键技术的流失。

5. 涉军资产监管的主要措施和手段

目前美、英、法、俄四国涉军资产监管的手段主要有三:第一,法律手段。具体来说,就是通过制定相关的法律来明确涉军资产运营的界限和禁止。第二,行政手段。目前西方各国对涉军资产的运营主要采取了租赁制、承包制或者国家间接经营的方式。第三,经济手段。在对涉军资产的经济监管上,西方各国通常使用“采办”或者“金股”的方式来控制涉军股份制企业。

第一章
美国涉军资产的形成与分布特征

美国国防部既是国防投资的主管机构,也是基础研究和技术开发的管理者。国防部可通过多种手段进行调控管理:一是通过立法确立国家在紧急状态下有征调国防资源的权力;二是设立专项资金直接建设国有企业承包的运营设施;三是与企业共同投资进行基础研究和技术开发研究,掌握最新技术;四是提出各军种装备需求计划,并以合同的方式引导企业进行军品开发和生产;五是向有意愿开发生产军品的企业提供全方位的优质服务。

美国国防工业投资与国有涉军资产的形成示意图见图1-1。

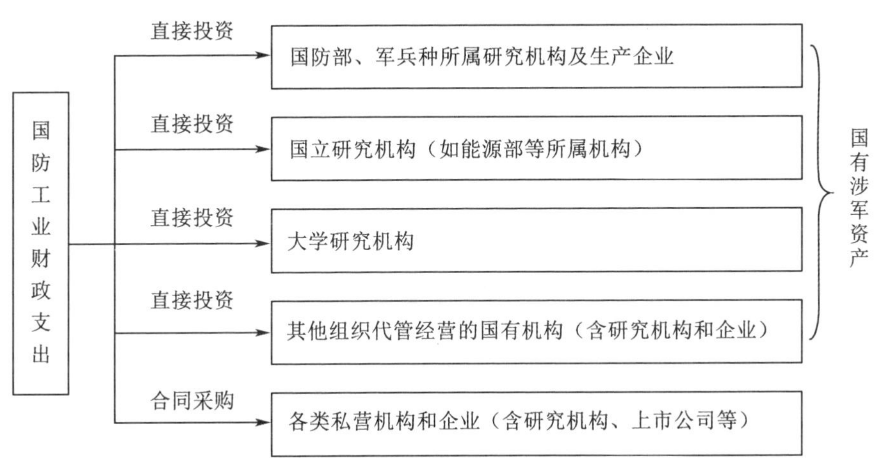

图1-1 美国国防工业投资与国有涉军资产的形成示意图

美国对国防工业的财政支出分为以下三个部分:

一是直接投资。直接投资会改变投资对象的资产属性,形成国有涉军资产。直接投资对象包括国防部及各军兵种所属研究机构、大学的研究机构、其他非营利机构以及其他国有民营设施等。

二是合同采办。具有型号的武器系统研制工作，主要通过与工业界和科研机构签订合同来完成。合同采办的对象既包括研究机构、大学、非营利机构，也包括私营机构和各种类型的企业。在武器研制经费支出中，合同采购经费的比重很高，例如，1985 财年，美国 73% 的科研经费是以合同的形式分配给工业界，3.2% 的科研经费分配给大学。美国国防部组建了庞大的合同管理队伍，雇用 42 000人管理合同工作，其中 5 000人是合同管理官员。

三是资助方式。美国政府对基础性、关键性研发项目以合同形式给予资助，但不形成国有涉军资产。

第一节　美国国防工业政府直接投资的政策演变及现状

一、美国国防工业政府直接投资的政策调整情况

第二次世界大战（简称“二战”）以前，资本主义的自由竞争原则决定了美国政府不可能深度介入国家科学技术的发展，政府只是在农业技术发展以及立法保护发明专利等方面发挥有限作用。二战开始后，美国国防科技投资发展走向了体制化道路，政府开始主导国家科技尤其是国防科技的发展。根据国防科技投资政策的重大转折点，美国国防工业政府投资的政策调整可以分为如下三个主要时期：二战和冷战时期（1940—1989）、冷战后到“9・11”事件前（1990—2001）、“9・11”事件后（2002 年至今）。

（一）二战到冷战时期（1940—1989）的国防投资政策

二战期间，美国在战场上的优势很大程度上是依赖科技优势取得的原子能、无线电引爆技术、雷达、尼龙、计算机等技术。战争期间，整个美国进入战时状态，国家科技投资亦以军事为目的，并逐渐形成了以政府和民间企业密切合作的科研投资体制，也确立了政府投资支持基础研究的制度。其中，曼哈顿计划的成功，显示了该体制的巨大威力和研究效率，并导致了新墨西哥州的洛斯阿拉莫斯国家实验室和田纳西州的橡树岭国家实验室的建立。

二战结束后，随之而来的冷战使美国的国防科技投资在正常状态（相对于二战）下进入一个空前膨胀的时代。1957 年，苏联成功地发射了第一颗卫星和第一颗洲际导弹，给整个美国带来了极大的震动，举国上下形成了扩大国防科研开支的共识。为了与苏联争夺世界霸权，摆脱科技上的落后状态，美国采取了一系列措施。1958 年 9 月，美国通过了《国家国防教育法》，扩大了对中小学教育等的资

助以及改进科学与数学教育，以提高未来国防科学研究的人才基础。同时调整科研及管理机构，重新制定科技政策，明确重点，大规模地增加国防科研经费。1947年，“联邦政府只提供5亿美元经费，占全国研究经费的24%，1954年，则提供了17亿美元，占全国研究经费的53%，到了1961年则提供了99亿美元，占全国研究经费的66%”，其中联邦政府的科技经费也由农业占1/3转变为国防科研占5/6。

几十年来，美国始终保持着巨额的国防科研经费投入。20世纪80年代，美国投入的科研经费大致等同于西方另外9个国家（日本、德国、法国、英国、意大利、加拿大、荷兰、瑞典和瑞士）相应的科研经费总额，其中国防科研经费占据绝大多数。过度的国防科技投入，使美国在与苏联的长期竞争中苦不堪言。到了20世纪七八十年代，随着日本、西欧经济的崛起，美国经济受到了巨大挑战。1979年12月，美国科学院向国会提交的一份报告说：“美国科学的状况虽说是出色的，但是在世界上已不再有鹤立鸡群的形象了。”

从20世纪80年代开始，美国政府开始调整国家国防科技政策，引导、鼓励私人部门积极参与国防研究开发活动，通过税收优惠政策、放宽反托拉斯法的规定以及加强知识产权保护等措施刺激私人部门投资国防科技。同时，加快军用技术向民用部门的转移，使其产生巨大经济效益，1980年通过了《大学和小企业专利程序法》，允许多数联邦实验室将军用专利技术以排他性方式授予企业和大学，以鼓励私营企业进一步投入资源，实现联邦科技成果的商业化，促进产业科技创新，随后又通过了《技术创新法》与《联邦技术转移法》。这些立法，一方面促进了联邦技术向民间转移，有利于吸收民间资源，实现这些技术的商业化和民用化；另一方面也促进了大学、企业和联邦实验室的相互合作，有利于发挥利用政府资源推动民间资本的杠杆作用。除此之外，政府还加强了对私人部门国防研究与开发（R&D）活动的资金支持，为私人部门提供良好的投资环境；继续增加联邦对基础研究的国防科技投资，同私人部门一起参与竞争前的一般性研究，鼓励国防科技方面的国际合作；充分发挥资金的杠杆作用，加强立法工作。为了使创新过程一体化，政府采取了一系列重大立法举措，例如，1980年制定了《史蒂文森－威德勒技术创新法》，1984年发布了《商品澄清法》，1986年发布了《联邦技术转让法》，1988年通过了《综合贸易和竞争法案》等。通过一系列对国防科技投资政策的调整，美国最终扭转了经济疲软的局面，取得了优良的效果。

（二）冷战后到“9·11”事件前（1990—2001）的国防投资政策

冷战结束后，美国军费缩减，而民间科技迅猛发展，政府不失时机地提出了科技“军民两用”。美国国会于1992年通过了再投资法，启动了技术再投资计

划，其主要目的是促进军民两用技术的开发，鼓励军事与民间技术的相互转化，从而使双方受益。1993 年，美国开始调整国防科技发展战略。他们放弃了“星球大战”计划，停建超导超级对撞机，压缩空间站规模，削减原子能研究预算，并计划把国防科研费用占总科研经费的比例由 60% 削减到 50%，投资 17 亿美元帮助军事工业转向为民用服务，大力发展“信息高速公路”。1994 年，克林顿政府发布了《科学与国家利益》，这是冷战结束后美国政府发布的第一份对国家科技政策的评论，也是 1979 年以来美国第一份有关科技政策的正式总统报告。报告明确指出，“科学既是无尽的前沿，又是无尽的资源”，强调要增大联邦科技投资和加强政府与产业界的合作科研伙伴关系，这种合作关系，不仅鼓励产业界对科研进行投资，而且将会提高企业的知识基础和核心竞争力，从而为产业界创造新的商机。1995 年 8 月，美国政府在一份科技政策的文件中表示，要将民用科技研究的总开支增加到占国内生产总值的 3%，政府还将压缩基础设施研究经费，增加技术研究经费，将经费投入的重点转移到民用高技术开发上来。克林顿政府的技术再投资计划要求“每年从国防研究开发预算中拨出 10% 用于民用研究，逐步把军事研究和民用研究经费比例调整到 1∶1。政府责令国家实验室从预算中拿出 10%~20% 的经费与企业搞合作研究”。1997 年，美国国防部启动了两用科学和技术计划，规定该计划中的项目必须要开发两用技术，非联邦政府部门至少承担 50% 的成本，且必须为私营公司，必须在竞争的基础上授予合同等。该计划加强了国防部科研机构同工业界的联系，促进了政府与产业界、大学间的合作关系。

总的来说，冷战后美国政府的国防科技投资政策除了继续加强基础研究投入外，已经开始在以下几个方面有所转变：

（1）加强政府在科研上对民用工业的直接支持，不再把民用科技当作国防科研的“副产品”；

（2）加速军用技术向民用的转移并为此大力投资，鼓励大学、研究机构与产业界进行合作，建构产业界和学术界的新型合作伙伴关系；

（3）在“民转军”时代到来时，国防科研的实施尽量采用民用标准，有助于国防科研经费使用得更有效益，同时帮助民用科研水平进一步提升。

（三）“9·11”事件后的国防投资政策

“9·11”事件发生后，美国对其国防科技投资政策进行了相应调整，政府主导的科技研发活动开始向军事高科技急速倾斜。根据有关资料显示，2002 财年国防研究支出从 462.02 亿美元增加到 534.78 亿美元，而非国防研究开发支出仅从 453.32 亿美元增加到 496.72 亿美元；到了 2003 财年，国防研发投入和非国防

研发投入分别为 629.86 亿美元和 543.11 亿美元,各占联邦政府研发总投入的 53.7% 和 46.3%。与 2002 财年的实际投入相比,国防研发投入和非国防研发投入分别增加了 95.08 亿美元和 46.39 亿美元,增幅各为 17.2% 和 10.0%,国防研究开发支出的增长速度远远高于非国防研究开发支出的增长速度。在研发总投入中,研究投入为 529.26 亿美元,占 45.1%,比 2002 财年实际研究投入额增加 46.7 亿美元,增幅为 9.7%,开发经费仍占大头。

由此可见,美国政府的研究开发支出政策目标已经有所调整,即从克林顿政府时期促进和加强美国经济繁荣的科学技术基础转向强化美国安全的科学技术基础,安全和国防重新成为美国联邦政府研究开发支出的重点。国防科技研发投资经费逐年增长,从 2004 年到 2006 年,美国国防科研投入分别为 643 亿美元、689 亿美元和 747 亿美元,较 2003 年比分别增长 2.09%、7.15% 和 8.42%;据报道,2006 年 9 月,美国国会两院通过了《2007 财政年度国防开支拨款法案》,拨款总额为 4 480 亿美元,其中国防研发开支为 760 亿美元,比 2006 年增长 1.71%。特别值得指出的是,受“9·11”事件影响,美国政府用于反恐方面的研发经费急剧上升,包括美国国会额外批准的 15 亿美元专门用于打击恐怖主义生化武器袭击及本土防卫的预算,其中,国防部(最高限额 3.53 亿美元)、能源部(最高限额 1.96 亿美元)和卫生服务部(最高限额 4.51 亿美元)三个部门得到的资助最多。

最值得世界关注的国防科研投资方面的政策变化是,2003 年美国重新启动其核武器研发项目。2003 年 5 月,美国国会参议院同意废除已经实行了 10 年的低当量核武器研发禁令,从而为美国研发小型核武器打开了方便之门。布什总统又于 2003 年 12 月 1 日正式签署《2004 年能源与水开发拨款法案》,为核武器研发解决了经费问题。该法案批准拨款 600 万美元,用于研发低当量核武器,即小于 5 000 t 当量的小型核武器,相当于美国投放在广岛的原子弹爆炸当量的 1/30。据称这种小型核武器有助于摧毁敌方的生化武器和进行高精准度的攻击;该法案批准 750 万美元用于研发“地堡克星”核武器,以提高美国对敌方地下指挥控制中心和秘密军火库的摧毁能力。

总的来说,美国政府在“9·11”事件后,迅速调整国防科技投资政策,大规模地逐年增加研发经费,国防研发费用与非国防研发费用的比例开始拉大,尤其是大力加强了反恐技术研究方面的投资,重新启动其核武器研发项目。

综上所述,自从二战后美国政府开始主导国防科技发展以来,国防科技政策发生了如下变化:

从投入规模来说,美国经历了冷战时期的逐年增加国防科技投资经费,在里根总统时期,美国国防科技投入达到历史的顶峰,美国国防科研投入与非国防科研投入的比例达到惊人的 7∶1。其中,这一时期标志性的国防科技投资计划为

“星球大战”计划。此后，随着冷战后苏联的解体，美国世界霸权地位的确立，加上德国、日本等国家对美国经济发起的强有力挑战，美国不得不开始注重国防科技投资的经济性考虑。为此美国开始大规模削减国防科技投入，并出台一系列政策，大力降低国防科研成本，提高国防科研经费的使用效率。而“9·11”事件的发生，大大打击了美国人的国土安全自信心，为此美国又开始大幅度增加国防科技投入，并且重点加强反恐技术研究和国家导弹防御系统的研究。

从投资结构来说，美国一直重视国防基础研究，在历年的国防科技投入中，基础研究投入保持了一个相对稳定的份额，这是由于美国一直把加强基础研究作为抢占世界军事高科技制高点的有力措施。

此外，在冷战时期，美国一直重视对战略和战术核武器以及配套的投送技术的研究进行投资。冷战结束后，美国用于核武器的投资主要为保养、维护及销毁核武器。但是近年来，美国加强了对小当量战术核武器的投资研发，值得世界各国重视。

二、美国国防工业政府直接投资规模变化情况

(一)美国政府投资的主要情况

美国的政府投资虽然在社会总投资中的比例很低，却发挥着补缺、引导和调控作用。美国的政府投资主要体现在以下几个方面：

一是高速公路、医院、环境保护、国防等基础设施和公用事业建设。这是美国政府投资最重要的方面，其中州和地方政府是公共基础设施投资的主要承担者，联邦政府只是在环保和军事基础设施建设方面发挥主导性作用。

二是对投资量大、风险较高的研究开发类投资极为重视，政府投资占研究开发投资总额的40%以上。

三是注重并加强对教育领域的投资。

四是注意运用政府投资手段促进地区经济均衡发展和产业结构的优化，利用税收优惠、政府采购、直接投资等措施引导地区经济全面发展。

(二)美国国防工业政府直接投资的主要情况

1. 历史沿革

在二战爆发前，美国并不存在私人资本的军事工业，除了新兴的航空工业，从枪炮弹药到战舰等主要军事装备大多是国营兵工厂研制和生产。第二次世界大战爆发后，罗斯福总统要求美国成为“民主兵工厂”，要求美国工业界转入涉军生产，用海量的军事装备支援盟军抗击德、意、日法西斯，还遭到美国工业界和国

会的反对。当然,转型还是进行了,而且美国工业界干得很出色。1940 年,美国制造了不到2 900架轰炸机和战斗机,1944 年则达到惊人的35 003架轰炸机和38 873架战斗机。福特汽车公司在密西根州柳溪建造了当时世界上最大的单个厂房,用于组装 B－24 轰炸机。高峰时,每月制造 650 架 B－24,厂房边上有1 300张行军床,供等待接机的飞行员和机组人员休息用。在这个32.5万平方米的巨大厂房里,福特制造了8 685架 B－24 轰炸机,几乎占18 482架 B－24 总产量的一半,而 B－24 是历史上产量最大的重轰炸机。

战后,战时转产的汽车公司(如福特、通用汽车、克莱斯勒)大多退出了涉军领域,回到汽车行业,但以飞机公司为主的军事工业继续壮大。20 世纪 50 年代以后,国营兵工厂逐渐淡出,军事工业整体转向私人资本,到 1958 年,国营兵工厂只占美国涉军投资的 10%,而私人资本涉军公司占 90%。除了令人眼花缭乱的兼并、分裂、再兼并、再分裂,美国军事工业以私人资本为主体的格局基本没有改变。

随着国营兵工厂淡出,私人资本军事工业崛起。一方面,私人资本民用工业在战时大量转产形成了私人资本军事工业的物质基础;另一方面,二战是历史上第一次技术决定性地成为战斗力的时代,冲锋枪、坦克、飞机、潜艇尚在职业军人的想象和理解之中,但更多先进技术远远超出了职业军人的知识和经验,雷达、核武器、制导技术当属“神奇武器”,破译密码、用运筹学计算最优护航、反潜、扫雷模式简直就是“科学巫术”了。动员非军方的科技力量和工业实力成为美国工业迅速转入战争体制并获得巨大成功的关键。这一传统在战后得到继续,20 世纪40 年代末50 年代初,美国空军关于核武器使用的战略战术基本上都是新组建的兰德公司文职科学家在制定。

和民转军的成功相比,美国传统兵工厂的战时表现则乏善可陈。美国海军兵器局负责研制的 Mk14 鱼雷已经定型生产,成为美国潜艇的主战兵器。但在战斗中,潜艇官兵普遍反映鱼雷定深过大,常有在敌舰底下穿过而不能造成有效击中的事情;即使击中,引信也不能可靠引爆,尤其是90°正中的时候。美国海军兵器局在很长时间里对来自前线的抱怨置若罔闻,直到将军们也开始怒火中烧捋袖子了,才不情愿地进行了一系列试验。试验证明了所有主要的抱怨,于是漫长的改进过程开始。问题是美国海军兵器局坚持一个问题一个问题地解决,而战斗的胜利取决于所有的毛病都消除。美国海军兵器局花了 21 个月的时间,才解决了 Mk14 鱼雷问题。

2. 政府投资体系

美国拥有世界上最为强大的军事力量,这种军事实力是建立在政府对国防科技工业强有力的支持之上的。对美国国防科技工业而言,其金融支持体系主要包括以下三个方面:

(1)政府财政资金

美国的军事工业虽然是建立在私有制和市场经济基础之上的,但是美国政府却通过国防预算支出的方式,将国家的资金投入国防科技工业,并通过军民一体化的传导机制,推动美国国防工业结构调整和相关高技术产业发展。“9·11”事件后,美国国防科技投资政策围绕布什政府的反恐战略,继续强化美国军事工业,通过加大国防科技工业投入力度,促进武器装备更新换代,并刺激民用经济发展。美国政府在2002年发布的《国防白皮书》中指出要“形成更富有竞争力和创新性的工业基础”,2003年2月发表的《国防工业基础转型路线图》又进一步提出了构建“基于能力的国防工业基础”的战略思想,强调在科技领域保持军事优势,将国防科技工业与明确的军事需求更加紧密地结合在一起。美国对国防科技工业重要性的认识促使其采取了积极发展的战略和许多行之有效的措施。

首先,大幅增加国防投入,不断强化美国国防工业。

近年来,美国国防开支一直保持在极高的水平,如图1-2所示,美国2010年国防预算高达6 982亿美元,几乎是世界上所有其他国家军费预算的总和,同时经费支出也不断向军事工业倾斜。21世纪以来,随着世界太空军备竞赛升温,美国更加重视发展航天工业基础能力,不断加大军事航天投资,2003年美国的航天投资约占全球航天投资的62%,其军事航天投资约占全球的94%。冷战结束后,美国军事核工业的年度预算没有削减,均维持在130亿美元左右,近年来又有大幅度增长,2004年军用核工业预算高达164亿美元,2005年美国的军费预算中,将近800亿美元用于军事采购,这意味着整个军费预算中将近1/5进入了美国的涉军企业。

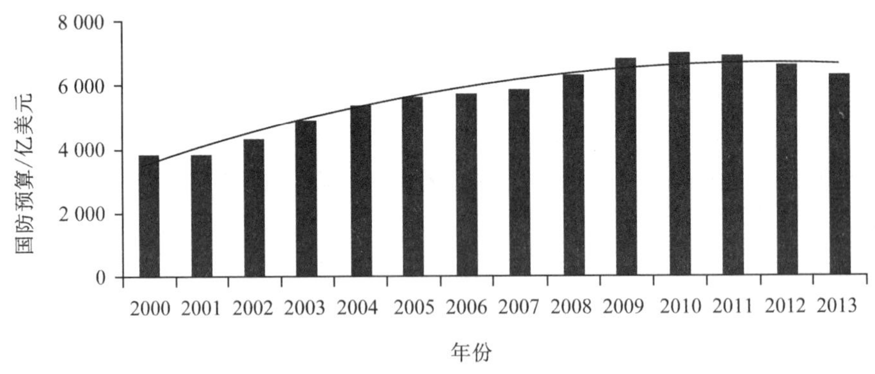

图1-2　美国历年国防开支

其次,国家对国防科研给予大力支持。

在冷战后,世界绝大多数国家国防预算逐年削减的近10年里,美国却一直

保持国防科研投入持续稳定的增长，把科研预算占国防预算的比例从以往的10%增加到14%，以实现之后10～20年的国防工业基础目标。目前，美国年度科研经费已达1 100亿美元。其中有50%以上用于发展军事技术，而其中70%用于私营涉军企业研制各类武器装备。基础研究经费一直维持在10亿美元左右，目前已超过13亿美元；应用研究的经费投入也呈平稳上升趋势，并从1999年的3亿美元稳步增长到2003年的378亿美元。

美国的科研开发有下述特点：

第一，科研资金的2/3由联邦政府提供，并把80%的科研拨款用于军事目的。

第二，企业研究经费主要用于研制新产品，特别是与军事有关的项目。这些都充分反映了美国在武器装备发展上对科技投入的高度重视。

第三，实施优惠政策，军品采购优先。美国通过科研拨款、财政补贴、税收等经济手段，以及经济立法，对整个国防工业进行调节。同时还鼓励私营涉军企业承包武器装备的研制和生产任务，政府为他们提供生产设备；给予研制费用的1%～3%的补贴，由其自行安排其他科研项目；对私营军火企业提供各种名目的财政补贴。美国的《国防生产法》中还规定，国防采购属于优先项目。在政府采购中，军事采购部分一般占80%左右，美国政府利用国家消费，特别是军事采购的办法，不仅为大军火公司提供了有保障的市场，而且使其获得了超高利润。这些政策和措施都有力地调动了私营涉军企业承担国防科研和涉军生产的积极性。美国国防科技工业的发展历史充分说明，国防工业发展就其本质而言，不是一般的市场现象，而是一种制度现象。国防工业是特殊公共产品，需要国家投入，尤其是对那些无法进入商业化运作的国防高科技领域，只能依靠雄厚的国防费的支持，由军事科研力量加以突破，从而带动一大批高技术的发展，这是美国推动国防科技工业发展的重要途径。

(2)小企业管理局(SBA)对中小高新企业的金融支持

美国非常重视扶持中小企业发展，特别是对从事军品科研生产的中小企业发展的支持，以不断扩大国防科技工业基础，深化寓军于民战略。美国政府设立了SBA，授权其向中小企业提供贷款，对中小企业的经营管理进行指导，并为中小企业获得政府的订货合同提供帮助。美国国防部在每个财年都努力使小型企业占国防部国内合同总额的比例保持在一定水平之上。美国许多高科技企业发展是受美国国防部订货的推动而迅速发展起来的。例如，20世纪60年代中期，美国国防部购买的集成电路产品占当时美国半导体器件生产总值的40%，这是一种保护和鼓励高科技产业的有效措施。

SBA与美国7 000多家商业银行合作，向中小企业提供的贷款一般有以下三

种形式:

一是直接贷款,由 SBA 直接拨付,但比例较小,这种贷款利率较低,数额最高限为 15 万美元;

二是协调贷款,由地方发展公司、金融机构协会为中小企业提供贷款;

三是担保贷款,SBA 主要以贷款担保方式为中小企业从商业银行等金融机构获得贷款,凡是有经营经验、有技术的中小企业都可向 SBA 申请贷款担保。

美国商业银行对中小企业的贷款,可从通常的 3 ~ 5 年延长,甚至达到 25 年,这对高新技术产业的发展起到积极的推动作用。

美国政府对风险投资的支持集中体现在政府补助、税收优惠和风险分担三大政策上。政府补助政策是政府直接提供风险资本。美国设立了"小企业研究基金会",规定国家科学基金与国家研究发展经费的 10% 要用于小企业的技术开发。税收优惠政策是政府对有关产业技术研究与开发活动减免税收。美国政府为了鼓励私人风险投资的发展,将风险企业的所得税率由 1970 年的 49% 降至 1980 年的 20% 。具体做法是:风险投资额的 60% 免除征税,其余的 40% 仅课以 50% 的所得税。风险分担政策是政府以一定的财政资金为基础,为机构或企业的债务融资提供偿债担保,降低投资的风险。美国 1953 年成立的小企业管理局承担对小企业的银行担保,担保比例在 80% 以上。这种通过少量资金带动大量民间和工商界的资金投向高科技企业信用担保制,被称为风险资金的放大器,放大倍数高达 10 ~ 15 倍。1993 年美国国会又通过一个法案,规定银行向风险企业贷款可占项目总投资的 90% 。如果风险企业破产,政府负责赔偿 90% ,并有权拍卖风险企业资产。这些都证明美国对高新技术产业的高度重视,也有力推动了高新技术产业的发展。

当前,美国对国防工业的直接投资主要体现在国防科研领域。2013 年 4 月,美国国防部发布《2014 财年国防预算优先项目》,重点保护并发展赛博安全,航天,机载情报、监视和侦察(AISR),指挥、控制与通信,工业基础,能源等领域的技术和能力。在赛博安全方面,计划聘用更多军方和民间雇员从事赛博工作,增强美国网络防御能力,降低敌方赛博能力,防御国家关键基础设施免受赛博攻击。在航天领域,增加传感器和分析系统,提升态势感知能力;提升太空防护能力;发展抗干扰技术和新的作战概念,增强卫星生存能力。在 AISR 方面,继续采购 MQ - 1"捕食者"和 MQ - 9"死神"无人机,扩大 MQ - 9 作战半径;发展无人监视和打击项目;加大反介入和区域拒止(A2AD)任务中情报、监视和侦察项目投资。在指挥、控制与通信(C3)方面,对弹性通信领域进行投资。在工业基础方面,由于预算削减而取消的一些计划将可能在研发和生产设施等方面对工业基础产生负面的影响,因此需要对关键技术、研发与生产等领域进行投资以增强其恢复能

力和快速响应能力。在能源方面,对能源的大量需求将限制美军的作战能力,其庞大的燃油补给规模也更容易受到敌方的攻击,预算将继续对降低作战风险的能力进行投资,主要包括投资研发高效的舰船和飞机发动机,延长陆基通信系统电池寿命,以及寻找代替能源以降低未来对燃油的依赖,同时还要降低军用能源的成本。

(3)启示

第一,建立国家稳定的资金增长机制,为国防科技工业发展提供财力保障。

国防科技工业属于典型的资金密集和技术密集型行业,它的启动和生存必须建立在一定资金量的基础之上。因此,要建立和完善与国防建设需要相适应的军费增长机制,为国防科技工业转型升级创造良好条件。为了促进国防科技工业发展,需要建立合理的国防经费稳定增长机制,使国防经费规模与国家经济实力保持一定比例。我们认为,军费总量在国内生产总值或财政支出中的比例应根据国民经济的发展情况和军事需求的变化,适时、适度地进行调整,逐步建立健全与国民经济增长相适应的国防经费增长体系,为国防科技工业可持续发展奠定强大的财力基础。

第二,加大科研与开发资金的投入是国防科技工业可持续发展的后劲所在。

国防科技工业本身是高科技产业。最先进的技术往往产生或首先应用于涉军领域,武器装备追求领先的属性,决定了国防科研是一项高投资的系统工程,其发展需要消耗大量人力、物力资源,需要大量的经费投入。在我国国防科研中,面临的主要问题之一是国防科研资金不足,美国每年用于国防科研的资金占国防费的比例大约是10%,德国是8.6%,英国是11%,主要发达国家无一例外对涉军产业科研开发,包括武器装备科研开发和重大民用科技开发给予大力支持。美国的涉军之所以在世界上处于绝对优势,与其投入较大是密不可分的。据统计,美国的研究与开发费是欧洲的4倍。资金供给与科研所需经费之间的矛盾,使大规模的、系统的科研工作难以展开,这严重限制了我国整体国防实力的提高。解决这个矛盾,除了要进行体制改革,强化竞争外,加大对R&D的投入是十分必要和迫切的。

第三,鼓励设立国防科技工业发展的风险投资基金。

风险投资在信息时代已成为知识型经济和技术发展的重要驱动源,对于形成国防经济发展的高技术支撑平台和推动国防与军事领域高技术进步,具有不可替代的重要作用。发达国家发展经验表明:加快发展风险投资体系,是国防科技工业转型升级过程中的一个资金有效使用的支持系统。为此,应做好以下几个方面的工作:首先,为风险投资体系的建立创造一个良好的市场经济环境,大力发展资本市场,形成一个有利于风险筹资和股权转让的市场经济环境;其次,加快建立风险投资的政策和法律支持环境,引导和支持风险投资适时介入;最后,建立科学合理的风险投资运行机构,灵活运用组合投资和联合投资的策略,以分散资金投放的风险。

第四,设立专门行使政府职能的政策性金融机构。

从实践上看,政策性金融机构在各国金融制度中普遍存在。借鉴国外经验,结合我国国情,可以考虑通过建立政策性金融机构为高新技术企业提供信贷资金支持或提供担保、参股等方式进行融资,它不以营利为目的,而是在政府相关政策支配下执行扶持高新技术企业发展的政策,保证专门使用。同时,也可考虑设立专项基金,用于高新技术企业的技术改造、产品的结构升级等特定用途。

第二节　美国涉军单位合同采购政策演变及现状

美国政府向涉军单位进行合同采购武器装备,涉军单位可以使用采购经费来购置、更新、维护相关设备设施,形成自有涉军资产。

一、美国政府武器装备采购的管理架构变更情况

(一)历史沿革

美国武器装备采购管理经过多次调整改革,逐步形成当今既有集中统一,又有分散实施的比较系统完善的管理体制。

以 1947 年 7 月 26 日杜鲁门总统签署《国家安全法案》并组建新的国防部及 1950 年签署《国防产品法案》为标志,美国国防工业体系形成。1958 年以前,美国武器装备采购由三军分别管理,各军种设有完备的装备采购管理机构,军种间互不通气,重复浪费和各行其是的现象十分严重。为克服分散管理造成的弊端,美国国防部于 1958 年组建了“国防研究与工程署”,统一领导全军国防科研工作。

1977 年国防部改组,在国防部常务副部长下设一名负责政策的副部长和一名负责研究和工程的副部长。1985 年 1 月,国防部调整国防采购管理体制,增设负责采购与后勤助理国防部长,由他全面领导武器装备采购工作。同时,负责研究和工程的副部长办公室仅管理国防科研,不管采购。同年 11 月,国防部又调整装备采购管理体制,由国防部常务副部长兼任国防研制执行官和采购执行官统一领导科研和采购工作。

1986 年 9 月,根据总统授权的国防管理特别委员会(即“帕卡德委员会”)的

特别建议，国防部再次调整国防采购管理体制，设一名负责采购的副部长兼国防采购执行官，负责整个国防部系统科研和武器采购工作。此后，美国武器采购工作一直由采购副部长统一领导。1993 年，美国国防部将负责采购的国防部副部长改名为负责采购与技术副部长，并延续至今。

1. 三军分散管理阶段

二战前，美国政府内阁设有军事部和海军部两个军种部。军事部统辖陆军和陆军航空兵，海军部统辖海军与海军陆战队，在装备采购方面没有统一的全军统帅和集中领导机构，两军种部各设有独立、完整的采购管理机构，两军种之间沟通较少，仅设一个“陆军与海军联合委员会”用来联络与协调。二战中，美国因缺乏全军集中统管部门造成的军种间资源重复浪费、项目执行决策及有关指挥冲突等问题，直接影响了作战效果。因而，战后美国总结经验教训决定成立一个全军集中统一的管理机构、统帅机构。于是，1947 年《国家安全法案》通过，设立国家安全问题的最高决策咨询机构“国家安全委员会”。陆军航空兵脱离陆军成为独立军种并成立空军部，原军事部改名为陆军部，在内阁中形成陆、海、空三个军种部。在三军种部之上，成立了“国家军事部”，负责制定国防政策与计划，对三军实施指导、管理与控制。在国家军事部内正式成立参谋长联席会议，由总统参谋长、陆军参谋长、空军参谋长和海军参谋长组成，作为总统和国家军事部长的参谋咨询机构，负责制定统一的战略计划并对三军实施指导。由于国家军事部不是政府内阁部，而三军种部是内阁部，使国家军事部难以充分行使统帅机关的职能，只起协调作用。为此，1949 年通过《国家安全法修正案》，规定国家军事部改名为国防部并成为内阁部，陆、海、空三军种部由内阁部降为国防部下属的部，国防部长为国家安全委员会成员，三军种部长不再是国家安全委员会成员，总统参谋长改为参谋长联席会议主席。这期间，虽然三军种部隶属于国防部，但武器装备采购仍由三军分散管理。由于各军种奉行不同的军事战略和采购战略，且各军种设有完备的装备采购管理机构，因此军种间互不通气，在装备采购管理上造成一定的重复浪费。

2. 国防科研统管阶段

冷战开始后，一直处于优势地位的美国，由于苏联率先发射了洲际导弹和人造卫星，惊呼出现了“导弹差距”。为克服分散管理造成的弊端，加速武器装备研制，缩短与苏联的“导弹差距”，美国国防部于 1958 年组建“国防研究与工程署”，统一领导全军国防科研工作，包括研究、发展、试验与鉴定工作，负责制定全军科研发展规划和计划。虽然有了统一的规划，但由于三军各自为政、互不协调，国防项目重复建设、资源浪费严重等问题依然没有解决。因此，1961 年麦克纳马拉担任国防部长后，美国国防部借鉴经济效益理论和大公司的管理方法，提出了规划计划预算编制体系(Planning, Programming and Budgeting System, PPBS),对国防管理体制和政策进行了改革,将国防计划和经费预算集中于国防部长办公厅统管,以便使资源达到最优化配置。

3. 国防科研和装备采购统管阶段

1977 年,美国国防部设立负责研究与工程的副部长办公室,既领导国防研究与工程署的国防科研工作,又负责全军重要武器系统的采购与装备工作,成为美国武器装备采购的统管机构,实现了国防科研与装备采购的统一管理,解决了资源重复浪费的问题。在美国国防采购制度改革不断向前推进的过程中,也曾出现过反复。1985 年,国防部调整装备采购管理体制,增设负责采购与后勤的助理国防部长领导武器装备采购工作,而负责研究与工程的副部长仅管理国防科研,不再管理装备采购,由此国防科研与武器装备采购工作再次分开。由于分开以后的工作中存在诸多扯皮现象,于是不到一年时间,美国国防部又一次调整武器装备采购管理体制,由国防部常务副部长兼任国防研制执行官和采购执行官,重新将科研和采购管理工作统一起来。1986 年,美国国会通过《国防部改组法》,对国防部内部组织机构进行了大的调整,此次调整更加强调了科研与装备结合的重要性。根据国防管理特别委员会的建议,设一名负责采购的副部长兼国防采购执行官,负责整个国防部系统的国防科研和装备采购工作。此后,美军武器采购工作一直由采购副部长统一领导。

4. 国防科研、装备采购和使用保障统管阶段

1986 年的《国防部改组法》规定由各军种负责人负责武器采购的后勤保障工作,但采购过程却将他们排除在外。这个制度上的缺陷造成了资源的浪费,20 世纪 80 年代后期开始,美国逐步加强装备研制、采购与使用保障工作的结合。20 世纪 90 年代后,装备使用保障逐步纳入装备采购管理体系中,在管理体制上逐步走向科研、采购与使用保障的集中统管。1993 年,克林顿上任后对国防部进行改组,将负责采购的副部长改为负责采购与技术的副部长,并改组了负责生产和后勤的助理国防部长办公室,成立负责后勤保障的副部长帮办办公室,该办公室接受负责采购与技术的国防部副部长的统一管理。这样,负责采购的副部长职责扩大,具体负责军事装备的生产事宜,促使国防科技工业生产与国防采购体制紧密相连。除此之外,美国还不断适应国防科技工业的发展需要,适时增设机构,以具体落实国防科技工业调整战略。1999 年 10 月,负责采购与技术的副部长改称为负责采购、技术与后勤的副部长,进一步实现国防科研、装备采购和后勤维修的集中统一管理,并延续至今。

(二)美国政府武器装备采购管理机构现状

美国建立了以国防部为主、其他政府部门为辅的系统庞大的武器装备采购管理体系。目前,美国与武器装备采购相关的政府管理部门和机构有总统、国会、国防部、国务院、能源部、国家航空航天局、运输部等,如图 1－3 所示。美国政府武器装备采购结构如图 1－4 所示。

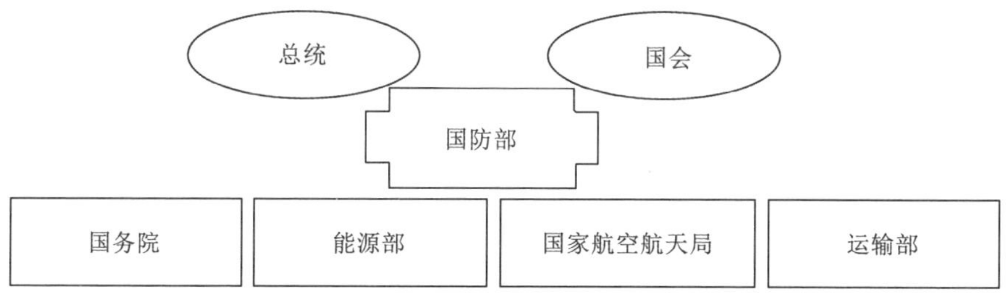

图 1－3　美国武器装备采购管理体系

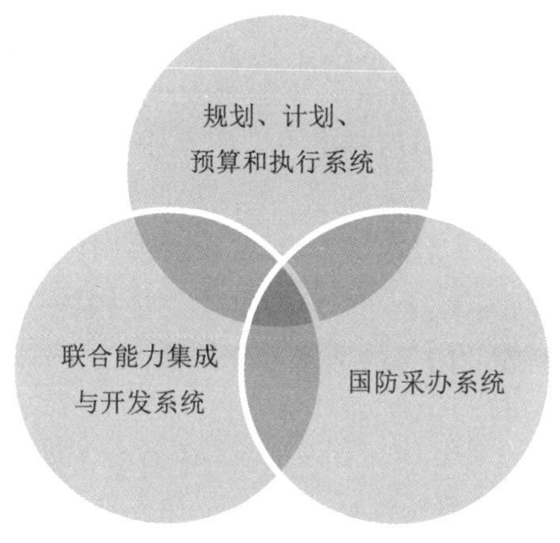

图 1－4　美国政府武器装备采购结构

其中,国防部是集中统一管理部门,发挥核心作用。美国国会和总统是国防科技工业的最高决策层,负责制定国家国防科技工业的总体发展职能,并通过预算拨款和政策对国防科技工业实施宏观调控。国防部负责国防科研和生产的统一管理和协调;陆、海、空三军则负责本军种武器招标科研、生产的具体组织实施,主要通过法规、投资导向、合同等手段调控军品研发、生产和采购等工作。其他有关政府部门也参与武器装备采购和国防工业管理。其中,能源部是主管核武器工业的政府部门,负责管理核武器系统的研制生产;国家航空航天局是美国

民用航天业务的主管部门，并承担一部分军用航空航天计划；运输部是美国运输交通业务的主管部门。

1. 总统

《美国宪法》第二条规定，总统是武装部队的总司令。总统作为美国最高行政首脑兼武装部队总司令，也是武器装备采购管理的最高协调者和决策人。为协助总统处理重大决策和日常事务，总统府设有一整套庞大的总统办事机构，包括白宫办公厅、国家安全委员会、科技政策办公室、行政管理与预算局等，这些机构的负责人，大多兼任总统助理或顾问，在起草总统给国会的国情咨文和预算咨文中起着重要的作用，主要发挥咨询、协调和监督功能。

(1)国家安全委员会

国家安全委员会是美国国家安全问题的最高决策咨询机构，负责向总统提供与国家安全相关的内政、外交和军事方面的总体政策、建议，以使军事部门和政府其他部、局，在国家安全事务上更有效地合作。

该委员会直属总统领导，其成员有总统、副总统、国务卿、国防部长、参谋长联席会议主席、中情局长和总统国家安全事务助理。除此之外，总统有权根据需要邀请有关人员参与会议。

国家安全委员会的日常工作由总统国家安全事务助理负责，会议所讨论的问题和提出的建议，总统拥有最后裁决权。国家安全委员会下设三个委员会，即国家安全委员部长级委员会，负责审查、协调和监督国家安全政策及执行情况；国家安全委员会副部长级委员会，负责审查和监督国家安全委员会下属部际之间的工作，对制定和贯彻国家安全政策提出建议；国家安全委员会协调委员会，负责制定与贯彻地区性或专门性的国家安全政策。

(2)白宫办公厅

白宫办公厅是美国总统办事机构的核心，也是整个联邦行政机构的中枢，负责处理总统的日常事务，与国会及其他行政机构和社会组织进行联系、磋商，进而议定有关政策。

(3)科技政策办公室

科技政策办公室负责分析和审定政府有关科技、工程等方面的主要政策、规划和计划项目，协助总统领导和协调各部门的科技发展。

(4)行政管理与预算局

行政管理与预算局是非党派机构，主要进行行政管理和预算协调，协助总统编制并执行联邦预算，推进行政改革等方面工作。

2. 国会

国会是美国最高立法机构，也是武器装备采购工作的最高立法者。尽管总

统是法定的三军总司令,但对外宣战、确定军队规模,以及军队管理规章制度制定、国防拨款等权力归于国会。因此所有与国防科技工业相关的高阶次法律法规须经国会批准才能生效,总统的国情咨文、预算咨文也须经国会批准才能准予拨款。举凡与国防相关的重大事项,国会都要举行听证会,可以请任何有关首脑及当事人到会作证,对其进行审查。国会可以三分之二票通过或否决总统的咨文和建议;总统对有关部、局、委首脑的任命必须经国会认可才能生效。国会参议院和众议院都设有军事委员会、预算委员会和拨款委员会,由他们审查、通过、批准重大的武器装备采购政策、规划、计划和预算。两院军事委员会负责每年审议武器装备采购计划和预算,通过授权法案,然后再经两院拨款委员会审议,通过拨款法案,并经总统批准签署后实施。国会设有国会预算局和技术评价局,协助两院分头或联合做出立法性决策,并设总审计署加强对国防部等政府部门装备采购等工作的审议。

3. 国防部

国防部在武器装备采购管理中所发挥的是核心作用。目前,美国所实行的是国防部统一管理和三军分散实施的管理体制,在武器装备采购上国防部集中统管,制定政策、规划和计划,并组织实施和监督,负责国防科研和武器装备研制、生产、采购、试验、鉴定、维修、保障全过程的统一管理和协调。三军作为武器装备采购的执行部门,负责本军种武器装备采购,包括装备研制、生产、采购、维修的具体推进实施。

(1)国防部长办公厅

①负责采购、技术与后勤的国防副部长,是武器装备采购工作的主管和国防部长与常务副部长的主要采购顾问,他兼任国防采购执行官,监管国防部采购系统的运行;制定和颁布指导国防部采购系统运行政策、计划和程序;主持国防采购委员会的工作;协调整个国防部的研究发展计划;制定增强美国国防工业能力的政策;制定并管理三军联合研究与发展计划。

国防采购委员会是武器装备采购的决策、计划协调和审查机构,负责对三军重要采购计划项目按阶段进行正式审查,为采购过程各阶段的决策提供可靠的客观依据。该委员会由国防部负责采购、技术与后勤的副部长主持,参谋长联系会议副主席任副主任,成员包括负责采购、技术与后勤的副部长帮办,国防研究与工程署署长,三军采购执行官,国防部审计长,负责计划分析与鉴定的助理国防部长,作战试验与鉴定局局长,以及国防采购委员会下属专业委员会主任。

国防采购委员会设有三个常设专业委员会:战略与空间系统委员会、常规系统委员会和C3I系统委员会。有时还设第四个专业委员会,即重要自动信息系统委员会。专业委员会负责协助国防采购委员会的工作。在国防采购委员会召

开正式审定会议之前，有关专业委员会要进行预先审议，并向国防采购委员会报告审议结果，提出项目是否继续进行的建议。此外，专业委员会在两个阶段审定之间，还经常对项目进行检查，以及时发现问题并提出解决办法。

②负责财务与审计的副国防部长（主计长），主管国防部经费运行，负责拟定财务计划、编制预算、财务管理，以及合同审计等工作。

③作战试验与鉴定局局长，负责制定作战试验政策与标准，分析作战试验结果，并负责监督三军种的作战试验工作。作战试验与鉴定局局长需由总统任命，经参议院批准，直接向国防部长和常务副部长报告工作，同时还拥有直接向国会报告工作的特权。

④国防部总监察长，是负责对国防部各项计划、活动进行指导、监督、调查和检查的独立官员，同时还负责国防部内审计工作。总监察长受国防部长的直接领导。

⑤负责指挥、控制、通信与情报的助理国防部长，负责为国防部制定指挥、控制、通信、情报及信息管理系统和软件管理政策。他是国防部首席信息官，并负责对信息技术和信息系统的研制、采购与使用进行监督。同时，他还担任重要自动信息系统委员会主席。

⑥国防部法律总顾问，是国防部在法律事务方面的首席顾问，负责国防部所有立法、司法事宜。

⑦国防后勤局，是国防部后勤保障机构，主要职责包括三军通用物资及装备供应、三军武器装备维修零配件供应及国防工厂设备管理等。

⑧国防合同管理局，该局除陆军弹药工厂合同以及海军的造船、改装和维修合同外，对国防部所有合同实行集中统一管理。

⑨国防合同审计局，主要有两项职能：一是对国防部负责的所有合同进行必要的审计，并在合同和转包合同的谈判、管理和结算时，向负责采购和合同管理的国防部各部门提供有关合同和子合同的会计和财务咨询服务。二是在武器装备采购的各阶段，向有关政府部门提供合同审计服务，对项目办公室的工作提供支持，主要包括：向负责采购和合同管理的国防部官员提供有关承包商财务方面的信息与建议，帮助他们获得一个慎重的、合理的合同；审查、监督或核对承包商和分承包商的账目、记录、档案和其他证据、内部控制制度、会计核算制度、成本估算方法等；审查直接收自承包商的偿付收据；调查主承包商的采购制度；与其他部局合作，对承包商的财务状况或财务会计政策、程序进行审查、分析；根据要求，在研究采购政策和法规时提供帮助；完成总监察长交办的其他任务。

（2）参谋长联席会议

美军参谋长联席会议（以下简称“参联会”）会同三军确定国防需求，参与负责采购、技术与后勤的国防部副部长领导的国防采购委员会的工作。

其成员包括参联会主席、副主席,陆军参谋长,海军作战部长,空军参谋长和海军陆战队司令。参联会主席由军队高级将领担任,是美国总统、国家安全委员会和国防部长的首席军事顾问。参联会其他成员是各军种中军衔最高的现役军人,他们既是美国总统、国家安全委员会和国防部长在某些特定问题上的军事顾问,又负责本军种的行政管理,对本军种部长负责。

参联会设有联合需求监督委员会(JROC)。该委员会是武器装备采购有关装备需求问题的联合审查机构,由参谋长联席会议副主席主持,负责确立武器装备需求及其优先顺序,提出三军共同研制生产的备选武器项目,为国防采购委员会的阶段审查提供依据。同时,参联会下设分别具有战场感知、指挥与控制、兵力应用、防护、聚集后勤和网络中心战6种"作战功能能力"的6个"功能能力委员会"。这6个"功能能力委员会"在联合需求监督委员会的统一领导下,审批和调整采购能力文件,供各部门采购项目管理机构执行。

联合能力生成系统的主要程序如下:

第一,军种或其他部门提出装备发展的能力概念提案(包括武器装备采购各阶段的初始能力文件、能力发展文件和能力生产文件,这三个文件取代过去的任务需求书和作战要求文件)。

第二,能力概念提案上报到联合参谋部,联合参谋部由部队结构、资源与评估局副局长担任能力需求审查的初审官,初审官根据项目经费数额和对联合作战能力的影响程度,进行联合潜在能力指派,把能力概念提案划分为三类,并确定相应的负责批准该需求的部门。第一类称为"联合需求监督委员会关注项目",是属于第Ⅰ类和第ⅠA类的重大装备系统或信息系统采购项目,或者是联合需求监督委员会特别关注的重大项目,这类能力概念提案送交相关领域的功能能力委员会进行审查,最后由联合需求监督委员会批准。第二类称为"联合集成类项目",是属于第Ⅱ类采购计划,以及互操作性和联合能力要求较高的项目,这类能力概念提案送交相应领域的联合参谋部进行审查,最后由本军种或部门批准。第三类称为"军种独立类项目",是对于联合能力影响不大的一般项目,这类能力概念直接由本军种或部门审查和批准。

国防规划与资源委员会是武器装备采购有关规划、计划、预算和资源分配等问题的联合审查机构,主席由国防部常务副部长兼任,成员包括参谋长联席会议主席、负责采购的国防部副部长、三军部长、负责政策的国防部副部长、负责计划分析与鉴定的助理国防部长和国防部审计长,负责规划计划预算有关事宜,向国防部长提出建议。国防规划与资源委员会拟定的《国防计划指导方针》是阐述国防战略和确定军事需求优先项目的纲领性文件,旨在确保更有效、更集中地进行规划计划工作、加强军事战略、具体计划项目和预算编制之间的联系。某些重大

武器采购项目，如果国防采购委员会、联合需求监督委员会、国防规划与资源委员会这三个委员会还难以决断，就要提交国防部长亲自主持的国防最高决策机构“执行委员会”审议裁决，如果仍难决断，就要提交总统或国会裁决。

(3)军种采购机构

陆、海、空三军在国防部内是独立的部门，每个军种都设有一名助理部长级别的专事军种采购的执行官，负责制定本军种采购政策与管理本军种采购系统。各军种司令部都成立有监督和指导采购系统，以及制定采购、合同政策及编制预算的办公室。此外，为突出信息系统在武器采购管理中的重要性，各军种还设立了首席信息官，负责各军种的信息技术政策、程序和标准，以及信息技术和系统的研制、采购和部署。其中，空军首席信息官设在采购机构内，而海军、陆军的首席信息官是独立建制。

①陆军采购机构

陆军采购机构主要由陆军采购执行官办公室、陆军科学委员会和陆军装备司令部构成。

(a)陆军采购执行官办公室。陆军采购执行官办公室采购执行官由负责采购后勤与技术的陆军助理部长担任。该办公室是陆军装备采购政策、计划的统一管理机构，负责执行国防部采购与技术副部长办公室有关武器装备发展的政策和计划，制定陆军研究、发展和采购政策，编制武器装备采购的规划、计划和年度预算，协调陆军武器装备采购计划，并统一管理有关经费。

(b)陆军科学委员会。陆军科学委员会是陆军高级科学顾问机构，人员来自工业界、学术界和科技界，为陆军重要武器装备发展计划提供技术支持和管理支援，提供相关的最新科技发展动态，同时为陆军高层领导提供咨询和建议。委员会设武器系统，指挥、控制、通信与情报，人才与人才资源，后勤与保障系统，研究与新措施 5 个小组。各小组根据委员会安排，承担陆军方面的研究课题。

(c)陆军装备司令部。该部门是陆军武器装备采购的统一管理部门，负责陆军武器装备的全寿命管理，包括研制、改进、生产、采购、储存、维护直至退役和销毁。陆军装备司令部有 8 个下属机构，分别是航空与导弹司令部，通信与电子司令部，工业管理司令部，坦克车辆与军械司令部，仿真、训练与设备司令部，试验与鉴定司令部，安全援助司令部和士兵系统司令部，具体负责不属于计划执行官管辖的武器系统的采购工作。

②海军采购机构

海军采购机构由海军采购执行官办公室和海军采购系统司令部组成。

(a)海军采购执行官办公室。这是海军武器装备采购政策、计划的统一管理机构，其负责人由负责研究、发展与采购的海军助理部长担任。办公室的职责是

执行国防部采购与技术副部长办公室的有关武器装备发展政策、计划，制定海军研究、发展和采购方针政策，编制采购规划、计划和年度预算，协调海军武器装备采购计划，并统一管理相关经费。

(b)海军采购系统司令部。海军共有5个采购系统司令部，包括海军海洋系统司令部、海军航空系统司令部、海军供应系统司令部、海军设施工程司令部、航天与海战系统司令部，负责海军各领域武器系统采购计划的具体实施，以及相关领域的武器系统采购和对作战部门的武器装备维护保障。

除了上述两机构外，海军还有12位独立于系统采购司令部的计划执行官，分别是联合攻击战斗机，战术航空，航空反潜战，突击与特种任务项目，攻击武器和无人航空、航天系统，濒海与水雷战，舰艇，潜艇，航空母舰，一体化作战，信息技术，C4I与航天计划执行官。此外，还有4位直接向海军采购执行官汇报工作的项目主任，分别是海军远征作战舰艇项目主任、海军战略系统项目直接报告项目主任、分布式通用地面系统、海军直接报告项目主任。其中，海军“联合战斗攻击站”的计划执行官同时是项目主任，负责管理海军/空军联合计划，项目主任由海军、空军轮流担任，并须以交叉方式向对方的采购执行官报告工作。

③空军采购机构

空军采购机构由空军助理部长(采购)办公室、空军装备司令部、空军计划执行官和空军项目办公室组成。

(a)空军助理部长(采购)办公室。空军助理部长(采购)办公室是空军武器装备采购的政策、计划管理部门，负责执行国防部采购与技术副部长办公室有关武器装备发展政策、计划，制定空军研究、发展和采购方针政策，管理相关经费，并协调和监督武器装备采购计划执行工作。助理部长下设业务主管，分别是任务领域主管、计划执行官和职能主管。其中任务领域主管负责信息控制、全球力量、全球到达及航天与核威慑，职责为制定政策、指导、资源分配与监督；职能主管主要负责签订合同、特种计划、科技与工程，以及管理政策与计划综合等方面工作。

(b)空军装备司令部。空军装备司令部是空军武器装备研究、发展、采购、装备、维护全寿命管理的统一组织实施机构。司令部机关负责武器装备采购政策、计划、管理、协调和指导工作。同时，空军装备司令部下设产品中心、研究试验室、后勤中心、试验中心和主要专业化中心，负责各项具体的装备管理工作，包括科研、采购、试验和供应保障，以及退役处置。

(c)空军计划执行官。空军设立了6个计划执行官，即空运与教练计划执行官、战斗机与轰炸机计划执行官、联合后勤系统计划执行官和航天计划执行官。他们接受空军采购助理部长直接领导，人员来自独立于空军装备司令部下属的

各产品分部。

(d)空军项目办公室。空军项目办公室是采购项目管理的最基层的组织机构。一个项目主任(或系统型号项目主任)负责一种武器系统或装备采购的全寿命管理。项目主任下设一个系统项目办公室(SPO)。项目办公室汇集了诸如研究、设计、计划、财务、技术管理、系统分析、数据分析管理、合同管理、试验评价,以及后勤保障等各方面的专业人员,其数量和专业根据需要做相应的增减和调整。

4. 其他相关政府部门

(1)国务院

国务院是联邦政府主管外交并监管部分内政事务的行政部门。在装备采购事务方面,国务院协调美国同外国的航天和军事装备领域合作,为美国参加国际合作和学术、技术、贸易活动创造条件。

(2)能源部

能源部是主管核武器科研生产的政府部门,设负责国防计划的助理部长主管核武器方面的工作。

(3)国家航空航天局

国家航空航天局除主管美国民用航天业务外,还承担一部分军用航空航天计划任务。

(4)运输部

运输部是美国运输交通业务的主管部门,其“船舶管理署”负责船舶工业(包括舰船工业)的管理和协调。

二、美国政府武器装备采购政策情况

进入21世纪以来,美军防务采购改革基本上还是延续了20世纪90年代的思路,主要是局部展开了更广泛、更深入的改革。美军2001年四年一度的“防务审查”(QDR)为美国国防部确定了向基于能力的部队转型的方向,推行“全寿命周期系统管理”(TLCSM)和“基于性能的后勤”(PBL)。2001年和2003年国防部两次修订采购指令和5000系列文件,采用了以知识为基础的渐进式采购策略,把技术开发和系统研制分开。此外,2003年建立了“联合能力集成与开发系统”(JCIDS),适应联合作战需求和基于能力的采购策略;2004年建立了“规划计划预算与执行系统”,改进国防资源分配工作;2005年建立了“防务采购绩效评估委员会”,加强对防务采购工作的监督和审查。

（一）优先采用“渐进式采购”策略，加速使成熟技术转变成作战能力

美军2001年颁发的5000.1“防务采购系统”采购政策指出，为确保服务采购系统尽可能迅速地向用户提供有用的军事能力，应将渐进式采购作为作战需求的优选方法。实质上，渐进式采购并不要求新研究装备一次达到所有的采购要求，而是通过一批、二批、三批……的不断研制，逐步改进来达到所有的采购要求。渐进式采购是为用户快速采购成熟技术时应优先采用的策略。它提供递增的、认可的和预先的能力，并满足未来提高能力的需要，其目的是使需求及现有能力与资源取得平衡，并使用户尽快获得能力。该策略的成功取决于协调一致和持续的要求定义以及技术的成熟性，它们促成了系统按规律研制和生产，从而为装备方案提供了不断增长的能力。

2003年颁发的5000.2“防务采购系统运行”指出，实现渐进式采购的途径要求用户、试验方和研制方之间开展通力合作，包括开展“螺旋式研制”和“递增式研制”方法。“螺旋式研制”是指项目所期望的能力已经确定，但是在项目开始时并不知道最终的能力要求，这些要求应通过演示验证和风险管理反复进行修改，同时，用户不断地反馈信息，而每一次能力增长都尽可能为用户提供最好的能力。未来的能力增长要求则取决于用户的进一步反馈和技术的成熟程度。“递增式研制”是指项目所期望的能力已经确定，而且项目最终的能力要求也已经知道，这种要求在一定的时间内可通过多次能力的递增来满足，每次递增都取决于现有的成熟技术。这两种方法完善了渐进式采购策略，目的在于使需求和现有能力与资源保持平衡，以迅速将所需能力送到用户手中。

（二）推行“基于能力的采购”策略，适应联合作战的需求

为配合国防战略的转变，美国建军模式要求重点建设应对21世纪新威胁的能力，而不只是应对特定地区的威胁和需求。同时，美军基于对当前世界形势发展的判断，提出对美国威慑存在着很大的不确定性的结论，制定防务战略的出发点已从“以威慑为基础”转变为“以能力为基础”。

为了适应联合作战的需求，实现新的防务战略，美国改变了“基于需求”的传统武器装备采购策略，确立了“基于能力”的新武器装备采购策略。美国国防部于2003年建立“联合能力集成和开发系统”（JCIDS）来取代“需求生成系统”（RGS）。JCIDS是按照国防部的设想对军队进行转型所需的三个主要决策支持过程中的一个。它所确定的程序可支持参谋长联席会议主席和联合需求审查委员会对联合军事需求进行确定、评估和优先排序。这些需求反映在支持采购过程的一系列文件中，包括初始能力文件（ICD）、能力开发文件（CDD）和能力生产

文件(CPD)。

(三)运用“基于性能的后勤”策略,减少后勤负担

2003年颁发的5000.1采购文件提出了“基于性能的后勤”(PBL)策略,要求项目经理制定和实施PBL策略,使整个系统的可用性最高,同时又使费用最低和后勤负担最小;并根据法律要求,借助政府或工业部门合作伙伴关系,最好地利用公共和私营部门的能力。

国防部2004年11月颁发的“基于性能的后勤产品保障指南”指出,PBL策略是国防部首选的产品保障政策。“基于性能的后勤”的本质是购买性能,而不是像传统的方法那样购买个别零部件或修理活动。在合伙的基础上,实施PBL可以经济有效地满足作战部队的作战要求。

国防部积极地改革合同和投资机制,以便购买按照效能准则度量的可用性和战备完好性。国防部和每个军种都积极地实施PBL。从2000年第一个PBL项目海军陆战队Honeywell辅助动力装置,到2002年有57个项目,2005年已有的和计划的主要PBL项目累计数达到143个。PBL项目已经取得明显的效益,海军项目的反应时间减少了70%~80%。

(四)要求评估采购过程,制定适应联合作战需求和基于能力的采购策略

在要求评估方面,2003年美国建立了JCIDS,以适应联合作战需求和基于能力的采购策略。首先,在要求分析方面有更大的联合性,利用各种机会把各相关的军种任务更紧密地结合在一起,如联合攻击战斗机(JSF)和联合战术无线电系统(JTRS)等。国防部建立JCIDS是通过建立新的要求审查联合组织来与各军种的狭窄的本位主义做斗争。这个组织称为联合能力委员会,替代联合需求。

三、美国政府武器装备采购规模情况

美国国防部公布了总额6 710亿美元的2012财年国防预算,其中5 530亿美元为基本国防预算,1 180亿美元为在阿富汗和伊拉克等地进行的作战行动拨款。

2012财年,美国国防预算总额比2011财年有所减少,但主要是由于国防部预计美军作战部队撤出伊拉克后,在伊拉克进行的作战行动将会减少。国防部在2011财年为伊拉克作战行动申请的预算总额约为460亿美元,而2012财年只有110亿美元。

在基本国防预算中,美国国防部拟通过合并数个空军的作战中心、减少陆军的建设费用和指示海军扩大多年期采购策略的应用等途径节约经费。另外,随着美国国家安全战略正式开始向后伊拉克/阿富汗作战时代转移,美国政府和国

防部将继续增加对核威慑、赛博战和 CBRNE(化学、生物、放射性、核及大当量爆炸物)的投资。

2012 财年国防预算提出的总采购金额为1 130亿美元,比 2011 财年的1 048 亿美元(估计值)有所增加;研究与开发预算为 753 亿美元,比 2011 财年提出的 804 亿美元略有减少,也低于 2010 财年的 793 亿美元。

2012 财年预算中提出的导弹防御费用约为 107 亿美元。该预算还体现了美国国防部提出的降本增效计划。

美国国防部计划实现1 002亿美元的节余,并将这些节余用于其他优先级更高的项目。节余计划中涉及装备项目的决定包括:终止空军的“红外搜索与跟踪”项目;取消陆军的地面发射型 AIM－120 导弹及非直瞄发射系统采购项目,这两个项目的总承包商都是雷神公司;终止美国联合部队司令部的联合多任务潜水器项目;终止美国海军陆战队的远征战车项目等。

2013 年美国防务合同承包商 20 强名单见表 1－1。

表 1－1　2013 年美国防务合同承包商 20 强名单

排名	防务公司	防务合同额/美元
1	洛克希德·马丁公司 Lockheed Martin Corp.	10 888 633 000
2	诺斯罗普·格鲁门公司 Northrop Grumman Corp.	8 212 891 000
3	波音公司 Boeing Corp.	5 051 984 000
4	通用动力公司 General Dynamics Corp.	4 576 415 000
5	雷神公司 Raytheon Corp.	4 095 309 000
6	凯洛格·布朗·路特集团 KBR Inc.	3 546 554 000
7	L－3 通信公司 L－3 Communications Corp.	3 332 433 000
8	国际科学应用公司 Science Applications International Corp.	3 280 980 000
9	DynCorp 国际公司(DCP) DynCorp International Inc.	2 398 874 000
10	惠普公司 Hewlett－Packard Corp.	2 344 325 000
11	博思艾伦公司 Booz Allen Hamilton	2 344 325 000
12	CACI 国际公司 CACI International Inc.	2 059 613 000
13	哈里斯公司 Harris Corp.	1 993 623 000
14	计算机科学公司 Computer Sciences Corp.	1 828 670 000

表 1－1(续)

排名	防务公司	防务合同额/美元
15	ITT 公司 ITT Corp.	1 808 674 000
16	福陆公司 Fluor Corp.	1 742 216 000
17	BAE 系统公司 BAE Systems Inc.	1 381 184 000
18	戴尔公司 Dell Inc.	1 263 236 000
19	ManTech 国际公司 ManTech International Corp.	1 167 928 000
20	联合技术公司 United Technologies Corp.	1 121 492 000

第三节　美国国防工业的融资类型及股权结构

美国国防工业社会资本投资形成大量涉军单位涉军资产,包括涉军单位自筹资金、社会组织资助等多种方式。

一、美国国防工业社会资本投资方式

美国国防工业社会资本投资起源于营利性私人企业承担武器科研任务。这些企业在创建和发展进程中先后采用自筹资金、金融寡头与大型财团投资、资本市场公开融资三种主要投资方式。与此相对应,美国国防工业社会投资主体也从私营涉军企业创办人、大型财团和金融寡头、社会公众发展到现在的机构投资者和公共基金。

(一)自筹资金

自筹资金是美国国防工业最早的社会资本投资方式。从 1812 年美英战争到二战期间,美国的绝大部分武器科研生产都由政府主办的兵工厂承担。因而,这一时期承担数量有限的涉军科研生产订单的私人企业,其相关涉军资产的投资主要来源于企业创办者个人的投入。

(二)金融寡头与大型财团的投资

财团是金融资本集团的简称,指由极少数金融寡头所控制的巨大银行和巨大企业结合而形成的垄断集团。在美国国防工业发展的历程中,财团起着十分重要的作用。

美国是垄断资本主义高度发达的典型国家。早在 19 世纪末 20 世纪初,就在

美国东部形成了第一批带有家族特点的东部财团。其中以摩根财团和洛克菲勒财团的实力最为雄厚。从 20 世纪 20 年代开始,地方性财团涌现,如中西部财团(主要包括克利夫兰财团和芝加哥财团)、西部财团(主要是美洲银行财团)和南部财团(以得克萨斯财团为主)。二战后,特别是 20 世纪 50 年代中期以后,美国财团的实力又进一步增长,各个财团之间的竞争更为激烈。据估计,1974 年美国前十大财团控制的资产总额约占美国全部公司资产总额的 30%,对于政策的制定也有很强的影响力。

1. 洛克菲勒财团对国防工业的投资

洛克菲勒财团是以洛克菲勒家族的石油垄断为基础,通过不断控制金融机构,把势力范围伸向国民经济各部门的美国最大的垄断集团。创始人 J. D. 洛克菲勒以石油起家,1863 年在克利夫兰开办炼油厂,1870 年以该厂为基础,扩大组成俄亥俄标准石油公司,又很快垄断了美国的石油工业,并以其获得的巨额利润投资于金融业和制造业,经济实力发展迅猛。资产总额在 1935 年仅为 66 亿美元,至 1960 年增至 826 亿美元,25 年中增长了 11.5 倍。其后又继续获得巨大发展,1974 年资产总额增达3 305亿美元,超过了摩根财团,跃居美国十大财团的首位。美国大的石油公司有 16 家,其中有 8 家属于洛克菲勒财团。

洛克菲勒财团是以银行资本控制工业资本的典型。它拥有一个庞大的金融网,以大通曼哈顿银行为核心,下有纽约化学银行、都会人寿保险公司以及公平人寿保险公司等百余家金融机构。通过这些金融机构,直接或间接控制了许多工矿企业,在冶金、化学、橡胶、汽车、食品、航空运输、电信事业等各个经济部门,以及军火工业中占有重要地位。在它控制下的军火公司有麦克唐纳·道格拉斯公司、马丁·马里埃塔公司(与梅隆财团共同控制)、斯佩里·兰德公司和威斯汀豪斯电气公司(与梅隆财团共同控制)等。洛克菲勒财团还单独或与其他财团共同控制着联合航空公司、泛美航空公司、美国航空公司、环球航空公司和东方航空公司等 5 家美国的大型航空公司。

1973 年能源危机以后,石油输出国组织国家同美国垄断资本展开了针锋相对的斗争,给洛克菲勒财团以沉重打击。该财团采取各种措施挽回这种不利的局面。首先参与美国国内石油的开发,争取国内沿海地区近海油田的租赁权,1976 年获得阿拉斯加和大西洋沿岸中部的石油租赁地 130 万英亩(1 英亩≈4 046.86平方米),又与英荷壳牌石油公司共同开发英国北海油田;它还渗入能源工业的其他有关部门;此外,它还大力向石油化学工业发展。

洛克菲勒财团不但在经济领域里占重要地位,在政府中也有一大批代理人,影响着美国政府的内政外交政策。它还通过洛克菲勒基金会、洛克菲勒兄弟基金会等组织,向教育、科学、卫生甚至艺术和社会生活各领域渗透,以扩大其影响力。

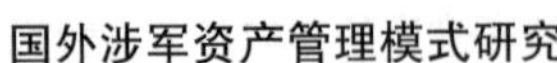

2. 第一花旗银行财团对国防工业的投资

第一花旗银行财团是战后兴起的东部大财团。历史虽短，但其控制的资产总额已超过几家老财团，跃居十大财团的前列。该财团以第一花旗银行为核心，依靠它的巨额资金，向军火工业（如火箭、导弹和飞机等）和民用工业（如电子、化工、石油及有色冶金等）扩张势力，控制了一大批著名的大企业和大公司。它也是对外扩张最活跃的财团之一。

第一花旗银行的前身是创立于1812年的纽约花旗银行，该银行为华尔街最老的银行之一。至19世纪末20世纪初，受斯蒂尔曼和洛克菲勒两大家族的控制，作为标准石油系统（美孚石油系统）资金调度中心，并因此获得迅速发展。20世纪30年代受到世界经济危机的打击，业务一蹶不振。在50年代发生的企业兼并浪潮中，它又重新活跃起来，1955年与纽约第一国民银行合并，更名为纽约第一花旗银行，1962年改用现名。以该银行为核心形成了第一花旗银行财团，跻身美国十大财团的行列。

第一花旗银行财团之所以发展得如此迅速，主要是由于该财团的经济实力是由第一花旗银行同与军火生产有密切关系的大公司和大企业所构成。它所控制的从事军火生产的波音公司和联合飞机公司，除生产大型民航客机外，历来都是美国主要的军火承包商，主要承包喷气式轰炸机、民兵Ⅲ洲际导弹、阿波罗计划，以及制造火箭和宇宙空间发射器等军用产品，每年从军事订货中获得惊人的高额利润。财团所属其他企业还有大西洋里奇菲尔德石油公司（与摩根财团共同控制）、菲利普斯石油公司（与摩根财团共同控制）、施乐公司、明尼苏达采矿与制造公司、履带拖拉机公司（与摩根财团和杜邦财团共同控制），以及生产电子计算机的国民现金出纳机公司。在商业方面则有彭尼公司（与摩根财团共同控制）和珠宝商店（与芝加哥财团共同控制）。

3. 摩根财团对国防工业的投资

1871年，J. P. 摩根在其父 J. S. 摩根资财的基础上，与人合伙创办德雷克塞尔-摩根公司，从事投资与信贷等银行业务。1894年合伙人逝世，公司由其独资经营，1895年改名为 J. P. 摩根公司，并以该公司为大本营，向金融事业和经济各部门（诸如钢铁、铁路及公用事业等）扩张势力，开始形成垄断财团。1912年，摩根财团控制了金融机构13家，合计资产总额30.4亿美元，其中以摩根公司实力最为雄厚，称雄于美国金融界，华尔街的金融老板称摩根公司为“银行家的银行家”。第一次世界大战中摩根财团大发横财，战后以其雄厚的金融资本渗入国民经济各个部门；20世纪30年代，摩根财团所控制的大银行、大企业的资产总额占当时美国八大财团的50%以上。

由于财团之间的竞争不断加剧，其他财团又无不以摩根财团为进攻的主要目

标,因而其实力地位相对下降,曾一度为洛克菲勒财团所超越。为挽回颓势,摩根财团采取了多种措施。在金融方面,其利用雄厚的金融基础,扩展实力;在工业方面,它积极开拓新兴技术工业,20 世纪 60 年代以来,在电子计算机、高速复印机和微型胶卷等工业部门中,已跃居首位。财团所属的国际商业机器公司,是全世界生产电子计算机最大的企业。财团原来基础较好的电气设备、电力设备和原子能设备等工业也取得很大发展。在军火工业方面,摩根财团控制的通用电气公司、通用动力公司和格鲁曼飞机公司,名列美国国防部最大军火承包商的前列。至 20 世纪 70 年代后期,摩根财团的信托资产迅速增长,大大超过了其他财团,加之电子计算机等尖端技术工业的兴起,又使该财团的经济实力成倍增强。摩根财团无论是在控制的企业数目还是拥有的资产方面,又都凌驾于洛克菲勒财团之上。

摩根财团在金融业方面拥有雄厚的基础。其主要支柱是 J. P. 摩根公司。摩根公司是世界最大跨国银行之一,在国内有 10 个子公司和许多分支行,还有 1 000多个通信银行。在国外约 20 个大城市设有支行或代表处,在近 40 个国家的金融机构中拥有股权。其经营特点是大量买卖股票和经营巨额信托资产。它控制着外国 37 个商业银行、开发银行、投资公司和其他企业的股权;此外,还有制造商汉诺威公司、纽约银行家信托公司、西北银行公司、谨慎保险公司及纽约人寿保险公司等。在工矿企业方面主要有国际商业机器公司、通用电气公司、国际电话电报公司、美国钢铁公司及通用汽车公司等;在公用事业方面则有美国电话电报公司和南方公司。

4. 波士顿财团对国防工业的投资

波士顿财团是由 19 世纪经营奴隶贸易而致富的波士顿地区的洛威尔、劳伦斯、亚当斯及洛奇等家族同新兴的肯尼迪家族联合组成的。当时,这几个家族把从海外殖民掠夺中积累起来的巨额资金投资于商业银行、保险事业和投资公司,并依靠这些金融机构提供资金,经营纺织、制革、制鞋、服装、食品和化工等轻纺工业。由于轻纺工业发展迅速,至 20 世纪初,波士顿地区的这几家世代互相通婚的家族,便以波士顿第一国民银行为核心,形成了波士顿财团。

波士顿第一国民银行创立于 1859 年,1903 年与马萨诸塞银行合并后,仍称波士顿第一国民银行。它是美国最早的一家跨国银行。除银行外,波士顿财团还拥有 4 家著名的保险公司,其中约翰·汉科克互惠人寿保险公司和马萨诸塞互惠人寿保险公司最大。

波士顿财团在工矿企业方面的实力不及东部大财团。它所控制的工业原来主要是轻纺工业,从 20 世纪 50 年代起,开始利用麻省理工学院的科研成果发展新兴技术工业,从轻纺工业转向电子、光学、空间、导弹等方面发展。例如它所控制的特克斯特隆公司,二战后兼并了许多中小公司,实力壮大,经营方向也由轻纺工业转向宇航工业和电子工业发展，成为拥有70多家子公司的多样化公司。它既制造航空和宇航产品、各种电子部件、飞机部件，又经营钟表发条、家具和家禽等。其子公司——贝尔宜升飞机公司，是一家军火出口商，为五角大楼和外国制造直升机。波士顿财团在发展新兴技术工业方面具有优越的技术力量，哈佛大学、麻省理工学院等著名大学的科研成果，有力地推动了波士顿地区尖端工业的发展。其所属特克斯特隆公司、雷锡昂公司和波拉罗伊德公司等，由于新兴技术工业的刺激，经济实力增长很快。在政治上，波士顿财团曾联合洛克菲勒财团支持J. F. 肯尼迪担任总统。肯尼迪入驻白宫，替波士顿财团争得大批军事订单，引起摩根财团的强烈不满。1963年11月22日肯尼迪遇刺身亡，给波士顿财团巨大打击，使它在同其他财团的竞争中地位不断下降。

5. 杜邦财团对国防工业的投资

杜邦财团是由杜邦家族组成的依靠化学工业和军火工业起家的财团。创始人为法国移民E. I. 杜邦·德内穆尔。他在法国大革命期间逃到美国，1802年在特拉华州威尔明顿市创办杜邦公司，经营火药生意；经过杜邦家族5代人的经营，终于使杜邦公司变成典型的家族托拉斯。在第一次世界大战中，杜邦公司资产从战前的7 500万美元增加到1918年的3亿美元，成为当时最大的垄断公司之一，杜邦财团也由此形成。1935年，杜邦财团的资产总额增达26.3亿美元，在当时的美国八大财团中居于第六位。在二战中，杜邦财团从五角大楼获得210亿美元的军事订单，战后又参加原子弹的制造，经济实力大为增强，在十大财团中跃居第五位；但至20世纪60年代，由于财团之间的竞争加剧，杜邦财团的地位下降，退居第九位。

杜邦财团的经济实力以工矿业为主。1974年该财团的工矿企业资产占其资产总额的69%。工业资本又主要集中在杜邦公司和通用汽车公司。杜邦公司是美国最大的化学公司，其所需原料80%是石油。自1973年以来，一再受到石油危机的冲击。20世纪80年代以来，该公司转向发展塑料工业和大力开展科学研究，生产不以石油为原料的产品，如用微生物发酵生产合成纤维等。杜邦财团的另一家大公司——通用汽车公司（与摩根财团共同控制），是美国规模最大的汽车公司。

杜邦财团的银行资本较其他财团薄弱，缺少一个资金雄厚的金融机构作为核心，长期以来，其金融业务不得不依附于摩根财团和其他财团提供资金。杜邦财团是一个典型的家族托拉斯，基本上是由杜邦家族组成，其资本多半是家族的财富。所有重要职务都由家族成员担任，直到20世纪70年代上半期，公司的董事长和总经理才相继由外界“能人”担任。

6. 梅隆财团对国防工业的投资

梅隆财团是以梅隆家族为中心，以金融起家的大垄断资本集团。创始人 T. 梅隆于 1869 年创办托马斯·梅隆父子银行，发展迅速。1902 年改名梅隆国民银行，是梅隆财团赖以起家的金融支柱。它以此为起点，逐步与工业资本融合，财团逐步形成。梅隆财团所控制的金融机构，除梅隆国民银行外，还有匹兹堡国民银行和通用再保险公司。长期以来，梅隆财团通过这些金融机构控制了匹兹堡地区的银行资本和工业资本。

梅隆财团所控制的工矿企业，资格最老的是美国铝公司。它的前身是匹兹堡冶炼公司，1890 年就为梅隆父子银行所控制。1910 年以来，美国铝公司一直垄断着美国铝的生产，是梅隆财团的工业支柱之一。另一个重要工业支柱是海湾石油公司。它是美国最大的石油垄断企业之一，主要业务包括石油开采、提炼、运输和销售；20 世纪 80 年代以来扩大了石油化工和乙烯的生产能力，在美国化学公司中居第三位。梅隆财团在钢铁工业生产中也占有一定的地位，拥有阿姆科钢铁公司（与洛克菲勒财团、克利夫兰财团共同控制）、国民钢铁公司（与克利夫兰财团共同控制）及惠灵 - 匹兹堡钢铁公司、阿勒格尼 - 勒德卢姆工业公司等 4 家大钢铁公司。此外，财团还拥有威斯汀豪斯电气公司（与洛克菲勒财团共同控制）、固特异轮胎橡胶公司（与洛克菲勒、芝加哥及克利夫兰财团共同控制）及罗克韦尔公司。罗克韦尔公司未受其他财团渗透，专门设计和制造飞机、导弹以及火箭，长期以来一直是五角大楼和国家宇航局的主要承包商，获利甚巨。

7. 克利夫兰财团对国防工业的投资

克利夫兰财团因所在地克利夫兰得名。19 世纪后半叶，克利夫兰地区的几家相互密切联系的富豪家族，主要有马瑟、汉纳、汉弗莱、伊顿等家族，利用当地丰富的煤铁资源，创办钢铁工业，获得巨额利润后，又投资于银行业，并向橡胶工业和铁路运输方面发展。这些家族在第一次世界大战后具备了财团的条件，1935 年拥有资产 14 亿美元，为当时美国的第八大财团；在第二次世界大战期间，又获得进一步发展，1955 年资产增达 157 亿美元，上升为美国第六大财团；60 年代，由于所处的地区限制，实力衰退。

克利夫兰财团的经济实力以钢铁、橡胶、铁路运输等部门为主，在美国基本工业中有一定的地位。钢铁工业是该财团的主要利益所在，它控制了美国最大 10 家钢铁公司中的 4 家，即共和钢铁公司、莱克斯 - 杨斯顿公司、阿姆科钢铁公司（与梅隆财团、洛克菲勒财团共同控制）和国民钢铁公司（与梅隆财团共同控制）。克利夫兰财团在美国橡胶工业中也有重要利益，美国最大的两家橡胶公司——固特异轮胎橡胶公司和费尔斯通轮胎橡胶公司，均为克利夫兰和其他财团共同控制。克利夫兰财团金融资本薄弱，它拥有的克利夫兰信托公司等 5 家金融机构实力有限，筹措资金只得仰赖东部财团，特别是摩根财团的金融机构。

8. 芝加哥财团对国防工业的投资

芝加哥财团是美国中西部地区的财团。20 世纪初期，由当地的富豪家族麦考密克家族、伍德家族及新兴的克朗家族组成，因芝加哥地区为活动中心而得名。

芝加哥地区气候适宜，雨量充足，土地肥沃，宜于发展农牧业，很早就成为美国重要的粮食产区和牲畜饲养区。因农业和畜牧业发达，肉类加工和农业机械工业随之发展，芝加哥地区很快就成为仅次于纽约的工商业中心和金融中心。这些富豪家族结合在一起，形成了垄断财团，1935 年拥有资产 43 亿美元，在当时美国八大财团中居于第四位。

芝加哥财团的金融实力比较雄厚，拥有 5 家大银行：大陆伊利诺伊公司、第一芝加哥公司、哈里斯银行公司、北方信托公司和美国银行公司。此外，还有两家保险公司：西纳（CNA）金融公司和各州保险公司。近年来，芝加哥财团受到华尔街大财团的排挤，金融实力远不如前。大陆伊利诺伊公司受到摩根财团的渗透，已成为两家财团共同控制的公司；第一芝加哥公司又为洛克菲勒财团所控制。芝加哥财团实际上已从属于这两个大财团。

芝加哥财团所控制的工业部门，主要是农产品加工工业、传统的农业机械制造业和以农业地区为对象的商业。在农产品加工工业方面，它控制了 12 家肉类加工公司，其中规模较大的有埃斯马克公司和联合食品公司。在农业机械方面，它拥有国际收割机公司、履带拖拉机公司（与洛克菲勒财团共同控制）和迪尔公司。这 3 家农业机械公司生产的拖拉机占全国拖拉机销售市场的 60%。第二次世界大战后，芝加哥财团在石油工业方面的扩展引人注目，它在属于洛克菲勒财团的印第安纳标准石油公司和德士古公司拥有大量投资，而且有重要的人事结合。

芝加哥财团在商业方面占有重要地位。拥有西尔斯－娄巴克公司、联合百货公司、珠宝商店和马歇尔·菲尔德公司等巨大的商业零售公司。西尔斯－娄巴克公司创立于 1866 年，20 世纪初经营邮购业务获得巨大发展，零售商店和供应点遍及美国各地，1982 年公司资产增达 366 亿美元，全年销售额 300 亿美元，在美国的百货公司中居于首位。

9. 加利福尼亚财团对国防工业的投资

加利福尼亚财团是第二次世界大战后崛起的新兴大财团，包括美洲银行集团、旧金山集团和格杉矶集团。这三个集团的经济实力在第二次世界大战期间，随着加利福尼亚州军火工业的迅速发展而获得急剧增长，特别是金融资本的增长速度尤为惊人，形成以美洲银行为金融中心的大财团。1974 年拥有资产1 671 亿美元，在美国十大财团中居第三位，在美国的政治、经济生活中起着重要作用。它与南部财团组成一股新兴的军火工业集团势力，成为与东北部老财团相抗衡的力量。

加利福尼亚财团的金融资本极为雄厚，拥有的主要商业银行有美洲银行、西方银行公司、安全太平洋公司，以及旧金山地区的韦尔斯·法戈公司和克罗克国民公司等。

美洲银行是加利福尼亚财团的金融核心，其前身为意大利移民后裔 A. P. 基安尼尼于 20 世纪初所创办的意大利银行。由于业务的迅速发展，意大利银行至 20 年代就成为美国西部最大的银行；30 年代初，与加利福尼亚美洲银行合并，改名为美洲银行（全称美洲国民信托储蓄银行）。第二次世界大战给它带来了巨额利润，超过了当时纽约的大通国民银行，成为美国最大的商业银行。只是美洲银行的最大表决权已为摩根财团和第一花旗银行财团所控制，加利福尼亚财团在美洲银行的势力远不如从前。

加利福尼亚财团所控制的工矿企业，在第二次世界大战前以农业和采矿业为主；二战期间和战后，由于加利福尼亚州已成为美国最大的军火生产基地，该财团所控制的工业公司以军火生产为主。例如洛克希德飞机公司、利顿工业公司和诺斯罗普公司。这些公司都是位列美国前十名的军火商和军火出口商。战后，洛克希德飞机公司在美国国防部的军火订单中，长期居于首位。但是这些生产军火的公司的控制权逐渐落入东部大财团的手里，加利福尼亚财团的实力地位已相对下降。

10. 得克萨斯财团对国防工业的投资

德克萨斯财团是第二次世界大战后在得克萨斯州崛起的一个新财团，主要是依靠石油工业和军火工业发展起来的，以 K. W. 麦基逊、S. 理查逊、H. L. 亨特、J. 柏朗、J. A. 埃尔金斯等创立的家族为代表。

得克萨斯财团的银行资本比较薄弱，虽拥有 4 家银行和 3 家保险公司，但没有形成强大的金融中心。4 家银行分别是达拉斯第一国民银行、休斯敦第一城市国民银行、达拉斯共和国民银行和得克萨斯商业银行。得克萨斯财团所控制的工矿企业以休斯顿的坦尼科公司为最大。它本是美国最大的一家石油天然气管道运输公司，现已发展成多种经营的综合公司，该公司因受到洛克菲勒财团的渗透，已成为两家财团共同控制的公司。在军火工业方面，得克萨斯财团控制了两家著名的公司。一家是 LTV 公司（原译林 – 特姆科 – 沃特公司），创办人J. J. 林，善于兼并，在 1960 年兼并特姆科飞机制造公司，后又于 1961 年兼并沃特公司（制造飞机和导弹）；20 世纪 80 年代以来进行多样化经营，但仍以制造军火为主，获利甚厚，发展迅速。另一家是休斯飞机公司，创办于 1933 年，经营业务本限于设计和实验性制造，1942 年才开始商业性生产，制造飞船、侦察摄影机及各种飞机零件；20 世纪 80 年代上半期，该公司生产的电子控制系统和其他电器部件在美国飞机制造业中处于领先地位，因此该公司生意兴隆，营业额大增。此外，得

克萨斯财团还拥有一些生产尖端技术工业产品的公司，如得克萨斯仪器公司。

（三）金融机构对国防工业的投资

1. 风险投资基金

风险投资基金是一种以促进高科技产业发展为己任，进而支持经济发展的金融制度创新。虽然风险投资一般不直接介入国防科技工业领域，但其对国防经济运行的基础性技术和产业支持作用却日益显著。风险投资作为高科技产业发展过程中投融资系统中的关键环节，对高科技产业发展的作用如同杠杆的支点，其金融价值、经济价值已在高科技产业发展的历程中充分展示。从美国风险投资的产业结构看，主要集中在知识技术密集程度高的高科技产业，其投资的热点基本反映了科技发展的最新趋势，在计算机硬件、生物技术、医药、通信等行业的投资占其总投资的90%左右。至2001年底，风险投资公司达4 700多家，风险投资的注册资本达1 600亿美元，每年为12万家高新技术企业提供创业资本。由此形成的高技术产业群不仅成为促进经济稳定快速增长的重要力量，而且奠定了推动国防现代化建设的高技术基础。

事实上，近年来美国著名高科技企业的发展，无不与风险资本的支持相关。如在信息技术产业中，数据设备公司（DEC）是在波士顿的美国研究发展公司（ARD）的支持下成长起来的，而ARD是美国高技术风险投资的先驱；著名的英特尔就是在风险资本家罗克的支持下发展成了世界电子工业的巨人。此外，戴尔（DELL）公司、苹果（APPLE）电脑公司和世界闻名的软件厂商微软（MICROSOFT）公司同样是在风险资本的支持下成长起来的。以这些高新技术企业为核心的高技术产业对美国20世纪90年代经济的“低通货膨胀、高就业和高增长”做出了重要贡献。据统计，1994—1996年间，高技术产业对美国GDP的贡献率已达27%，远高于房地产业的14%和汽车产业的4%贡献率。

因此，发展风险资本无疑有利于培植高科技产业，并通过促进高科技产业的发展培植未来的经济增长点，加速知识经济的形成。因此可以说，正是风险投资的发展使美国进入20世纪后半期以来，在信息技术、生物科技、航空航天等高新技术领域独领世界风骚，同时在市场的沃土中迅速成熟的大规模集成电路技术、计算机程序设计技术、新材料技术、数字通信技术等许多高新技术，直接或经过进一步研究开发后被大规模用于军事领域。这是美国国防经济发展实现高速率、高效益技术进步的重要动力源之一。

2. 机构投资者和公共基金

机构投资者主要是指一些金融机构，包括银行、保险公司、投资信托公司、信用合作社、国家或团体设立的退休基金等组织。机构投资者的性质与个人投资

者不同,在投资来源、投资目标、投资方向等方面都与个人投资者有很大差别。公共基金是从私人财产中提取一部分作为积累,最终返诸社会。基本性质决定了政府在公共基金中的角色是代管人。所谓公共即大家一起所拥有的基金。

当前,机构投资者和公共基金成为美国国防工业社会资本投资的主要来源,主导美国政策的大型财团通过控股机构投资者和公共基金影响美国国防工业的社会资本投资,大型财团、机构投资者与公共基金、涉军企业通过交叉持股形成利益共同体,保证国防工业社会资本投资的稳定性。以五大涉军企业为例,美国国防工业社会资本主要来源于少数超大金融机构,从而奠定了美国国防工业和涉军企业与政府之间稳定的经济基础。

二、美国典型国防工业企业的股权结构特征

美国政府并没有通过控股方式来控制涉军资产,而主要是通过出口限制、市场准入、技术转移、产业合作、合同履行方面的法规及合同规定对涉军企业进行严格监管。美国上市涉军企业的投资者数量众多,股权非常分散,但是上述企业比较大的股东却全是同一批大型国际投资集团(美国道富银行、资本世界投资者集团、马萨诸塞金融服务公司、先锋集团、资本研究全球投资者集团、纽约梅隆银行、巴克莱全球投资英国控股有限公司、德意志银行等)。

(一)洛克希德·马丁公司的股权结构

洛克希德·马丁公司为美国国内外客户提供国防、民用和商业应用程序方面的产品和服务,主要关注的领域是国防、空间、情报、国土安全和信息技术(包括网络安全),其主要客户是美国政府。2012 年,公司 472 亿美元的净销售额中 82% 来自美国政府(其中 61% 来自美国国防部(DoD)),这些合同依赖持续性的国会拨款;17% 来自国际客户,包括通过美国政府的外国军售 FMS 合同,1% 来自美国商业和其他客户。

截至 2012 年 12 月 31 日,公司在全球有 523 处经营地点(包括办公室、工厂、仓库、服务中心、实验室和其他设施),其中 45 个地点公司拥有所有权,合计约 2 900万平方英尺(1 英尺 = 0.304 8米,租用了 478 处地点,合计2 370万平方英尺。公司也在以国有民营的方式运营一些国有设施(如爱德华国家工程实验室、橡树岭国家实验室、桑迪亚国家实验室等),美国政府还提供了一些设备供企业使用。

公司拥有授权发行的所有类股票的股份总数为1 550 000 000股,分为 50 000 000股系列优先股股票(每股票面价值为1.00美元),以及普通股 1 500 000 000股(每股票面价值为1.00美元)。所有类别的所有股份的面值总额

为1 550 000 000.00美元。

公司股票持股机构 777 家,持股数279 355 985股,总价值达31 435 928 992美元,占发行股数的86.79%,前十名机构持有人如表 1-2 所示。

表 1-2 洛克希德·马丁公司股权结构

机构名称	持股数/股	所占比重/%
美国道富银行	59 565 245	18.51
资本世界投资者集团	37 920 237	11.78
马萨诸塞金融服务公司	17 569615	5.46
先锋集团	12 718 720	3.95
资本研究全球投资者集团	12 594 320	3.91
巴克莱全球投资英国控股有限公司	6 941 514	2.16
贝莱德基金	6 406 488	1.99
惠灵顿管理公司	5 789 659	1.80
纽约梅隆银行	5 650 594	1.76
VERITAS 资产管理公司	4 710 002	1.46

数据来源:纳斯达克网站。

美国政府并没有通过控股的方式控制公司,主要是通过行政法规及合同规定的方式对公司进行监管。公司国外销售要遵守美国政府在出口限制、市场准入、技术转移、产业合作、合同履行方面的规定。公司业务受到严格监管,限制使用和传播与国家安全相关的信息和限制出口特定的产品、服务和技术数据。

(二)波音公司的股权结构

波音公司国防、空间及安全部门与军方关系最为密切,该部门 2012 年大约 70% 的销售收入来自美国国防部(不包括通过美国政府的外国军事销售)。其他收入来自美国国家航空航天局(NASA)、国际防务市场、商业卫星市场。2012 年,集团 33% 的收入来自美国政府合同,政府国防开支水平会给公司经营状况带来极大影响。公司股票持股机构1 077 家,持股数569 583 835,占发行股数的 75.08%,前十名机构持有人如表 1-3 所示。

表1－3　波音公司股权结构

机构名称	持股数/股	所占比重/%
资本世界投资者集团	73 864 500	9.74
EVERCORE 信托	58 386 241	7.70
先锋集团	33 607 508	4.43
美国道富银行	32 183 405	4.24
T. Rowe Price 集团	29 590 518	3.90
巴克莱全球投资英国控股有限公司	19 767 987	2.61
Jennison Associates LLC	12 816 097	1.69
维京全球投资者 LP	12 375 078	1.63
惠灵顿管理公司	12 278 777	1.62
北方信托股份有限公司	9 901 818	1.31

数据来源:纳斯达克网站。

(三)通用动力公司的股权结构

2012 年,通用动力 66% 的销售收入来自美国政府,13% 来自美国商业客户,8% 来自国外国防客户,剩下的 13% 来自国际商业客户。来自美国政府收入所占比重呈逐年下降趋势。2012 年,公司股票持股机构 725 家,持股数308 797 712 股,占发行股数的87.43%,前十名机构持有人如表 1－4 所示。

表1－4　通用动力公司股权结构

机构名称	持股数/股	所占比重/%
朗维尤资产管理公司	33 399 076	9.46
资本研究全球投资者集团	32 858 700	9.30
EVERCORE 信托投资公司	29 784 932	8.43
先锋集团	16 850 193	4.77
美国道富银行	15 911 031	4.50
巴克莱全球投资英国控股有限公司	8 692 213	2.46
哈里斯联营公司	8 398 540	2.38
资本世界投资者	6 275 000	1.78

表 1 -4(续)

机构名称	持股数/股	所占比重/%
惠灵顿管理公司	6 160 004	1.74
贝莱德基金顾问	4 668 048	1.32

数据来源:纳斯达克网站。

(四)雷声公司的股权结构

2012 年雷声公司股票持股机构 700 家,持股数259 001 793,占发行股数的 79.79%,前十名机构持有人如表 1 -5 所示。

表 1 -5　雷声公司股权结构

机构名称	持股数/股	所占比重/%
BARROW HANLEY MEWHINNEY & STRAUSS 有限公司	19 887 033	6.13
先锋集团	15 664 626	4.83
美国道富银行	13 717 116	4.23
惠灵顿管理公司	11 241 991	3.46
巴克莱全球投资英国控股有限公司	9 307 388	2.87
富兰克林资源公司	7 938 190	2.45
贝莱德基金顾问	7 723 115	2.38
纽约梅隆银行	5 601 812	1.73
Ameriprise 金融公司	4 787 676	1.47
麦格理集团有限公司	4 748 964	1.46

数据来源:纳斯达克网站。

此外,美国国防部发现当前的采购系统已经无法满足其对技术需求的快速满足。这主要有两个原因:首先,大部分的科技创新发生在小企业中,然而大部分小企业并不与政府进行交易;其次,政府缺乏足够的时间、专家和人力去跟踪成千上万的高科技小企业。然而风险投资界有助于解决上述问题。美国力量转化办公室(the Office of Force Transformation)对于利用风险投资家来获得国防部急需的技术甚感兴趣。美国在全球风险投资业中独占鳌头,为其国防工业引入风险投资打下了良好的基础。

美国国防工业风险投资从1982年小企业创新研究(SBIR)计划可以得到求证。1992年通过的小企业科技转化(STTR)计划与SBIR一脉相承,并弥补了SBIR中存在的不足。1995年10月国防部SBIR/STTR(DoD SBIR/STTR)开展了快速跟踪计划(the Fast Track Program)来吸引具有资格进行第二阶段研发的外部投资者。DoD SBIR/STTR与快速跟踪计划并不是传统意义上的风险投资,然而它们具有了传统风险投资的特征并与传统的风险投资进行了合作。美国国防工业传统意义上的风险投资活动主要由一些具有政府背景的风险投资机构(GVC)和一些直接进行国防风险投资的私人投资机构(VC)开展。具有代表性的是1999年组建的In-Q-Tel、1999年成立的CTTO、2002年成立的OnPoint Technologies,以及2006年成立的DeVenCI。

SBIR是一种具有高度竞争性,通过政府部门与私人部门合作,对私人部门的早期R&D活动提供资金,以推进小企业的研发,并实现联邦政府研发的商业化的计划。SBIR雏形始于1977年成立的国家科学基金会(NSF),其目的在于帮助小企业成为美国创新与就业的重要来源。DoD SBIR的主要目的是促进国防科技的创新,并实现国防科技的成功商业化。DoD STTR与DoD SBIR结构相似,资助由小企业和研究所合作的研发项目,并帮助项目推向商业化。DoD SBIR/STTR对国防部获得高新技术起到了重要作用,并促进了美国小企业的发展。

“9·11”恐怖袭击事件以后,美国意识到了其敌人想通过非对称、非常规的战争击溃它。“9·11”恐怖袭击事件加速了美国军队的改革与转变,国防部欲通过信息保护系统来防止袭击事件并且利用信息技术来实现美军的联合作战。一些高级官员认为现今的国防采购系统已经无法满足对信息最佳优势的保持,并且它的官僚作风和风险规避的文化已经限制了它的发展潜力。Rumsfeld提出,“我们要发展具有创新精神的方法来发展我们军队的作战能力——让我们的人具有主动出击的意识,而不是被动‘挨打’,让我们的人少一些官僚主义,多一些像风险投资家那样的精神。”

1958年,美国国会通过《小企业投资法》,通过政府提供资金的形式支持小企业投资公司(SBIC)的发展,来刺激私人部门以股权投资和长期贷款的形式对小企业的成长、扩张和现代化产生作用,从而改善和刺激美国的经济发展。小企业管理局负责对SBIC计划的管理与实施。最初,SBIC计划意在解决广大美国军人退伍就业的问题,随着时间的推移,其逐渐发展为有效率的美国小企业投融资体系。SBIC肩负着美国的一些公共政策的实施,比如增加出口、对少数族裔及妇女开办的企业进行支持、促进经济的竞争力等,其中明确表示对因联邦财政预算减少而缺乏资金的美国国防工业企业进行投资,因此许多小企业投资公司都有对美国国防工业小企业进行风险投资的兴趣与活动,如Kline Hawkes California

SBIC,L. P. 和 Magna Pacific Investments(SSBIC)。

第四节　美国涉军资产的部门分布现状

一、美国政府所有的涉军资产分布情况

美国国有涉军资产是由其国防投资体系形成的。通过直接投资可以形成国有涉军资产,而合同采购形式并不形成国有涉军资产。

美国国有涉军资产分布在以下部门中:

一是国防部及军兵种所属的研究机构、生产单位。由美国海军直接领导的海军分析中心(Center for Naval Analyses,CNA)属于这类研究机构。此类国营生产企业主要分布在陆军。例如,20 世纪 90 年代末陆军所属的国营兵工厂有 5 家,如生产火炮的沃特弗利特兵工厂和岩岛兵工厂等。

二是服务于国防工业的非营利组织。例如,国防分析研究所、兰德公司、MITRE 公司等都是服务于美国国防的重要非营利组织。

三是部分大学内的一些研究机构。例如,位于麻省理工学院的林肯实验室、位于卡耐基梅隆大学的软件工程研究所等都是国防部投资的重要研究机构。

二、科研机构所有的涉军资产分布情况

科研机构是美国涉军资产尤其是从事基础性、战略性和前瞻性国防科研的涉军资产的重要载体。按照所属部门的不同,美国的国防科研机构主要由联邦政府国防科研机构、大学国防科研机构、工业企业国防科研机构和其他非营利机构等组成。

(一)政府国防科研机构

政府国防科研机构由联邦政府直接管辖和支持,是美国国防科研系统的一个重要组成部分,拥有良好的科研环境和试验条件,是美国国防科研的骨干力量,主要包括美国国防部、能源部和国家航空航天局所属的实验室、各类试验鉴定机构、研究所、技术中心、情报中心等。

美国政府国防科研机构所从事的科研项目主要有如下特点:

①研发周期长、风险大、短期难以实现经济效益或有战略要求的项目;

②跨学科、跨部门的,需要政府牵头组织的基础性、萌芽性或探索性的研究项目;

③国家急需研究项目，并且需要高度保密；

④需要高成本劳动力，且仪器设备及实验设施的固定投资高；

⑤直接或间接地推广和深化科技知识，保持基础或前沿科学与技术研发优势和国家整体科研技术水平。

政府国防科研机构的所有权属于政府，按照管理模式的不同，分为政府直接管理（国有国营，GOGO）和政府委托管理（国有民营，GOCO）两种类型。政府直接管理的国防科研机构，政府直接对国防科研机构进行全面行政和业务管理，国防科研机构领导由政府主管部门任命，基本经费和科研经费按年度预算计划拨款，人员享受政府公务员待遇。政府委托管理的国防科研机构，所有权属于政府，但以合同方式委托给大学、企业或非营利国防科研机构管理，在人员管理方面，一般采用与委托单位管理方式相似或相同的人事管理办法。

（二）国防部及军种部所属研究机构

美国国防部所属研究机构，是自二战以来逐渐组织和发展起来的，是美国国防科研的重要力量。1992 年，美国三个军兵种拥有的研究所、研究与发展中心以及其他科研单位共 76 家，约占联邦政府科研单位总数（726 个）的 1/10。这些年来，国防部实验室不断调整。截至 2012 年 4 月，国防部总共有 66 家实验室，其中陆军 28 家、海军 26 家、空军 11 家、国防部直属 1 家。这些研究机构是承担军事研究特别是预先研究（基础研究、应用研究、先期技术发展）的核心力量。这些研究机构的经费由政府逐年按计划下拨，经费规模由其规模大小和任务多少确定。

国防部所属研究机构的特点有：

①不受商业市场的支配，完全可以根据作战需求和科技发展开展科研活动；

②监督科研合同执行，评估涉军厂商的科研项目和装备；

③为武器装备采购提供技术咨询，参与计划制定和管理；

④承担私人企业不愿承担或不能承担的特殊项目，如爆炸品、核生化武器保密科研项目等，承担特殊紧急的科研项目。

国防部研究机构承担的业务主要有：

①基础研究，探索性研究（应用研究），先期发展（包括先期技术发展和先期系统发展）；

②系统方案探索与演示验证，工程研制，生产过程的工程保障，试验与鉴定，使用阶段的后勤保障（包括产品改进）。

此外，美国国防部拥有 10 家信息分析中心，由国防部研究与工程署下属机构——国防信息技术中心统一管理。

美国国防部所属研究机构名称及主要业务方向如表 1－6 所示。

表 1－6 美国国防部所属研究机构名称及主要业务方向

序号	名称	主要领域
		陆军
1	美国陆军航空医学研究实验室（United States Army Aeromedical Research Laboratory）	减少陆军航空平台、战术战斗车辆和武器系统中人员健康伤害，改善人员执行任务能力；噪声、加速度、冲击、压力、系统操作人员疲劳导致的伤害评估及减轻；航空和战斗系统中生命保障装备的改善；军用医疗飞行器上医疗设备的评估
2	武器研发工程中心（Armament Research, Development and Engineering Center）	声敏元件；先进能源；弹药后勤；爆炸物处置火控系统；引信；非致命性武器；精确制导；战斗部
3	通信电子研发工程中心（Communications Electronics Research, Development and Engineering Center）	作战身份识别；任务管理；网络战；电子战；雷区探测；搜索；军人传感器；战术通信和网络系统工程
4	陆军材料系统分析机构（Army Material Systems Analysis Activity）	对军品物资和后勤系统提供主动高效的分析，为美国陆军装备和维护的决策提供支撑，包括：分析赢得未来军事行动的士兵的决定性能力；为陆军选择、采购和维持新技术提供分析
5	陆军地理空间技术和结构物实验室（Army Geotechnical and Structures Lab）	防御工事、飞机场/公路等领域军事工程学研究
6	陆军建筑和工程研究实验室（Army Construction and Engineering Research Lab）	陆军工程兵研发中心的一部分，针对军事设施的维护开展研究，包括：提高陆军建造、运行和维护设施的能力的相关研究；环境质量和安全性研究；为陆军训练、战备、动员等任务提供设施等
7	陆军寒冷区域研究和工程实验室（Army Cold Regions Research and Engineering Lab）	在各种季节和气候条件下，针对复杂环境、原材料、加工工艺开展科学和工程研究，为美国陆军工程兵、陆军、国防部和美国提供支撑

表1-6(续)

序号	名称	主要领域
8	陆军海岸和水力实验室(Army Coastal and Hydraulics Lab)	隶属陆军工程兵研发中心,主要进行海洋、港湾、河流和相关流域的系统分析和研究
9	陆军信息技术实验室(Army Information Technology Lab)	电脑辅助跨学科工程、电脑辅助设计和制图、地理信息系统、计算科学、高性能计算、多用途计算、传感器和仪表等
10	陆军环境实验室(Army Environmental Lab)	环境科学和工程领域的研发、特殊攻关和技术转移
11	航空动力学理事会(Aero flight dynamics Directorate)	旋翼飞机航空力学;人机集成系统
12	陆军支持司令部(Army Sustainment Command)	集维护、采购、研发、应急签约、装备管理于一身,及时沟通、更快得到解决方案、更快采购、更快地将所需装备交付战场
13	陆军行为和社会科学研究院(Army Research Institute for the Behavioral and Social Sciences)	组织效力;新兵筛选;训练方针;军人管理和行为评估;军人行为标准;军人晋升方式
14	美国陆军环境医学研究院(United States Army Research Institute of Environmental Medicine)	环境医学、生理学、营养学、人体温度调节、军人认知和行为测试评估、生物力学评估
15	陆军研究实验室(Army Research Laboratory)	武器概念;弹道攻击/损伤;高能材料和推进;电子战;人机交互;信息保障/计算机网络防御;网络科学;神经人类工程学;射频技术;车辆推进和防护
16	陆军研究办公室(Army Research Office)	陆军研究实验室下属办公室,工程学、物理学、信息和生命科学方面的基础研究机构

表 1－6(续)

序号	名称	主要领域
17	航空和导弹研发工程中心(Aviation and Missile Research, Development, and Engineering Center)	有人/无人航空器、导弹技术、系统:航空动力学和航空力学;半自动和自动目标识别;布局和结构设计分析;制导、控制和导航;特超音速空气动力学;推进器和驱动系统。 航空器和导弹技术系统工程化及集成:航空电子学;建模仿真;人机界面;武器和平台。 导弹、航空器和武器系统支持:软件开发和协同;全寿期和系统工程;飞行释放的耐飞性和安全性
18	埃奇伍德生化中心(Edgewood Chemical Biological Center)	生化制剂光谱学/算法;吸入毒物学;气溶胶物理学;过滤科学;测试;生化战
19	工程兵研发中心(Engineer Research and Development Center)	地理空间信息结构和框架;成像和地理数据科学;信号及特征现象的地形分析;战场指挥地理学应用;适应性防护
20	陆军外科研究院(Institute of Surgical Research)	战场知觉丧失;血液和凝结物研究;外伤系统综合救治
21	陆军化学防护医学研究院(United States Army Medical Research Institute of Chemical Defense)	净化剂和稀释剂;分析化学;分子和细胞生物学;吸入物照射
22	美国陆军传染病医学研究院(United States Army Medical Research Institute of Infectious Diseases)	病原体;空气生物学;疫苗;治疗学;诊断学
23	内蒂克军人研发工程中心(Natick Soldier Research, Development, Engineering Center)	空投及空中传输;保护性设备;远征基础;小型战术单元技术验证;人体系统综合科学
24	仿真和训练技术中心(Simulation and Training Technology Center)	教学、训练、实验和任务演习的模拟技术研发

表 1-6(续)

序号	名称	主要领域
25	空间和导弹防御技术中心(Space and Missile Defense Technology Center)	高能固态激光;高能微波装置;小型卫星及运载器;空间数据开发;空间状态获知;应用于导弹和导弹防御的材料;拦截技术;传感器
26	坦克车辆研发工程中心(Tank Automotive Research, Development and Engineering Center)	地面车辆动力和机动性;地面车辆机器人技术;建模仿真和物理仿真;系统集成;系统工程
27	沃尔特里德陆军研究院(Walter Reed Army Institute of Research)	生物学和医学研究;抗原;麻醉药;生物制剂试制;神经系统科学
28	地形工程中心(Topographics Engineering Center)	地理空间信息需求的协调、整合和同步;地理空间系统的研发和布置;为士兵直接提供地理空间支持和产品
	海军	
29	海军陆战队战斗实验室(Marine Corps Warfighting Laboratory)	隶属海军陆战队战斗发展司令部,在机动、火力、情报、指挥控制、后勤保障、部队防护等范畴开展作战实验
30	海军健康研究中心(Naval Health Research Center)	士兵战斗能力研究;环境压力研究;物理压力、载荷和冲击;行为科学和流行病学
31	海军医学研究中心(Naval Medical Research Center)	全世界范围军事行动相关的健康和医学研究
32	海军研究实验室(Naval Research Laboratory, NRL)	传感器、电子学和电子战;战场环境;水下战、信息系统技术;空间科学和平台纳米科学
33	海军水下战中心——纽波特部(Naval Undersea Warfare Center—Newport Division)	海军水下战中心两个分部之一,潜艇和其他水下战系统的研发、实验、评估、工程研究和舰队支持中心
34	海军水下战中心——Keyport 部(Naval Undersea Warfare Center—Keyport Division)	海军水下战中心两个分部之一,水下战的实验和评估、维护、工业基础支援、舰队材料准备、退役管理等

表 1-6(续)

序号	名称	主要领域
35	空间和海军作战系统中心——太平洋中心(Space and Naval Warfare Systems Center—Pacific)	通信和网络;自主系统;预示分析;环境科学;指挥和控制;建模和仿真;无人系统 C4ISR;导航系统;可视化识别
36	空间和海军作战系统中心——大西洋中心(Space and Naval Warfare Systems Center—Atlantic)	网络安全和分析;空间系统;系统测试、评估和认证;软件开发
37	空间和海军作战系统中心——空间战场机构(SPAWAR Space Field Activity)	为美国国家勘测局(NRO)和其他非海军空间项目的研发、采购进行协调,提供海军空间作战经验,研发高级、经济性好的空间系统
38	海军空战中心飞行器部——Patuxent River(Naval Air Warfare Center Aircraft Division—Patuxent River)	飞行器;推进和动力;航空电子和传感器
39	海军空战中心——训练系统部(Naval Air Warfare Center—Training Systems Division)	指导性系统设计分析;仿真和训练的技术和方法;训练系统标准开发
40	海军空战中心飞行器部——莱克赫斯特(Naval Air Warfare Center Aircraft Division—Lakehurst)	发射和回收;航空信息系统;可视化着陆系统;飞行甲板和武器装卸;推进器维护;飞机/武器/船舶兼容性
41	海军空中作战中心武器部——China Lake(Naval Air Warfare Center Weapons Division—China Lake)	海军空中作战中心武器部隶属海军空中系统司令部(NAVAIR),China Lake 分部负责陆地实验
42	海军空中作战武器中心——Point Mugu(Naval Air Warfare Center Weapons Division—Point Mugu)	海军空中作战中心武器部隶属海军空中系统司令部,Point Mugu 分部负责海上实验

表 1－6(续)

序号	名称	主要领域
43	海军水面战中心——Carderock部(Naval Surface Warfare Center,NSWC—Carderock)	船舶和潜艇设计和集成;船舶和潜艇系统概念、技术;无人运载器工程学;船型和流体力学;推进器;水面和水下电力推进系统;水面和水下辅助机械系统
44	海军水面战中心——达尔格伦部(NSWC—Dahlgren Division)	平台级作战系统分析和建模;武器系统分析及效用;雷达和光电系统;水面战系统工程和集成;水面作战控制系统;导弹系统集成;定向能系统;一体化水面作战系统
45	海军水面战中心——怀尼米港部(NSWC—Port Hueneme Division)	航行补给系统;水面导弹系统;水面导弹发射系统;雷达系统;定向能系统
46	海军水面战中心——Indian 总部(NSWC—Indian Head Division)	武器模拟器、训练、评测;传统弹药工程
47	海军水面战中心——科罗纳部(NSWC—Corona Division)	作战系统性能评估;安全评估;计量、测试和监测系统评估;部队训练评估;武器系统界面评估
48	海军水面战中心——巴拿马部(NSWC—Panama Division)	水雷战、反水雷战系统、两栖作战系统、海军特种战系统工程;生化战个人防护系统;气垫船系统;水雷传感器和目标探测技术;布雷平台;潜水和潜水保障系统;极端环境水面生命保障系统
49	海军水面战中心——克雷恩部门(NSWC—Crane Division)	战略系统硬件工程;电子战系统;声敏元件;微波技术;微电子技术
50	海军水面战中心——爆炸军械处理技术部(NSWC—Naval Explosive Ordnance Disposal Technology Division)	爆炸军械处理技术

表 1-6(续)

序号	名称	主要领域
51	海军水面战中心——Carderock部船舶系统工程站(NSWC—Carderock Division Ship Systems Engineering Station-Philadelphia)	海军军械研发;海军军械全寿期工程学研究
52	海军潜艇医学研究实验室(Naval Submarine Medical Research Laboratory)	夜视技术;声呐识别;水下人员基因研究;感官科学;军事行动用药
53	海军航空航天医学研究实验室(Naval Aerospace Medical Research Laboratory)	航空航天医学的研发、实验和评估;其他相关科学研究
54	海军健康研究中心——环境健康实验室(Naval Health Research Center—Environmental Health Effects Laboratory)	对人类健康有影响的毒物学研究
	空军	
55	空军科学研究办公室(AFRL—Air Force Office of Scientific Research)	飞机结构学;能源动力和推进器;复合材料和结构;等离子物理;光学、电磁学
56	空军研究实验室——航空器理事会(Air Force Research Laboratory—Air Vehicles Directorate)	空气弹性变形分析;控制系统;低速/高速空气动力学;推进器和武器结构性集成;结构整体性和动力学
57	空军研究实验室——定向能理事会(AFRL—Directed Energy Directorate)	高能微波:脉冲;低频射频;高频射频;等离子。激光:气体激光器;固态激光器;激光系统集成。电波控制:大气传播;空间状态感知
58	空军研究实验室总部(Headquarters Air Force Research Laboratory,AFRL)	空军在空中、空间和赛博空间技术探索、研发和整合的唯一机构

表 1－6（续）

序号	名称	主要领域
59	空军研究实验室——人员效能理事会（AFRL—Human Effectiveness Directorate）	行为预判；决策支持（认知界面技术）；效能；训练等
60	空军研究实验室——信息理事会（AFRL—Information Directorate）	计算机工程；指挥和控制；连通性；信息开发；信息整合和判断；信息管理
61	空军研究实验室——材料和制造理事会（AFRL—Materials and Manufacturing Directorate）	光学和红外材料；高温金属；特种陶；电磁材料；纳米材料等
62	空军研究实验室——军需理事会（AFRL—Munitions Directorate）	弹药；先进制导；军需系统；建模和仿真等技术
63	空军研究实验室——推进器理事会（AFRL—Propulsion Directorate）	涡轮机：热力学有效性；性能优化；技术革新。空间和导弹推进器：航天器推进；关键系统技术。高速/特超声速空气动力：超音速冲压喷射装置；推进器集成
64	空军研究实验室——传感器理事会（AFRL—Sensors Directorate）	射频传感器；光电传感器；光电电子战；自动目标识别传感器等技术
65	空军研究实验室——空间运载器理事会（AFRL—Space Vehicles Directorate）	空间状态感知；防御性空间控制；情报、监测和搜索；快速响应等技术
国防部直属		
66	武装力量放射生物学研究所（Armed Forces Radiobiology Research Institute）	士兵及平民防护；电离辐射效果研究；医学训练；辐射泄漏事故应急处理

（三）能源部国防科研机构

美国能源部成立于 1977 年，是美国最重要的联邦政府机构之一，主要负责核武器研制、生产和维护，制定相关能源政策，对能源行业进行管理和指导，组织

并负责能源相关技术研发等。

能源部的工作重点随着国内外形势的变化而不断调整。20 世纪 70 年代末，其工作重心是能源开发和制定相关法律法规；到 80 年代，转为核武器的研发和生产；冷战结束后，转到了核武器的管理、防止核扩散、核设施环境的清理、能源效率与节能、能源可靠供应与运输等方面，包括减轻处理掉的核原料带来的风险，解除那些能源部不再使用的核设施，通过颁布并执行核安全及人员健康与安全条例来保护公众利益。此外，能源部还负责保持国家核威慑的重大职责，并在国际上担负着防止核扩散的责任。

进入 21 世纪，在推动国家能源、科学、环境及国家安全问题上，能源部始终冲在最前线，包括开发并应用新能源技术、减少对国外能源的依赖、保护核武器存放、确保美国在全球市场中的竞争性，等等。美国 50 多年来的核防务活动给美国 8 100 km^2 区域的环境带来了影响，能源部负责管理这些污染的清理。

面对新的挑战，能源部于 2003 年下半年出台了《能源部战略计划》，该战略计划确定了其在未来 25 年内的核心任务和四大战略目标，提出了实现这些战略目标的中期具体目标和措施。2003—2028 年，美能源部核心任务是“促进美国的国家、经济、能源安全，推进为实现上述任务所需的科技创新，对国家核武器设施及试验场进行环境清理”。

能源部四大战略目标：

①国防战略目标，利用先进科技，尤其是核技术来维护国家安全。

②能源战略目标，通过促进可靠、经济、环境友好的能源供应多样化来维护国家和经济安全。

③科学战略目标，通过世界一流的科研能力和科学知识的不断发展来维护国家和经济安全。

④环境战略目标，解决冷战时期发展核武器遗留的环境问题，对高辐射性核废料进行永久性处理。2006 年 3 月，能源部公布了《能源部实验室规划》，将能源安全、核安全、科学发现与创新、环境保护，以及卓越的管理作为其未来五大核心发展战略。

经过近 30 年来的发展，能源部如今运营着 21 个研究型实验室和 4 个职能部门，其中有 10 个是大型综合项目实验室，每个实验室在研发及管理上高度自主，独立性强。能源部雇员达 12 万余人，其中实验室雇员近 6 万人，研究人员约有 3 万人。

能源部十大重点实验室基本情况如下：

①艾姆斯实验室(Ames)。Ames 实验室成立于 1947 年，在开发出高纯度铀批量加工及生产技术后，参与“曼哈顿计划”。现在，该实验室主要专注于材料科

学、工程、分析仪器及化学科学，为能源及环境改进领域提供专门技术。未来Ames实验室将重点关注以下五个核心能力：材料设计、合成及处理，分析仪器/设备设计/装配，压缩物理理论（包括光子间隙及其他新型材料），材料特性描述、X射线及中子散射、固态核磁共振、光谱学/显微镜，离析科学。

②阿尔贡国家实验室（ANL）。ANL成立于1946年，过去主要负责核能工业研究，如今已经转型成为一个多功能实验室，致力于基础性及应用性材料、化学科学、能源技术及分析、高性能计算机、物理及生物科学的研究，此外，还参与环境和国家安全方面的科学研究。主要研究领域为：纳米级材料研究；低能核物理，特别是稀有和不稳定的同位素；聚合材料科学、计算科学；世界领先加速器开发；千兆兆级计算机开发；用于提高化学能转换的纳米生物能力开发。

③布鲁克文国家实验室（BNL）。BNL成立于1947年，起初为一个由9所主要大学代表联合拥有的核科学实验室。如今，该实验室主要研究领域为物理科学、基础能源科学、生物药学，此外，在环境科学、能源技术及国家安全领域都颇有建树。该实验室未来四个重点研究领域为：先进加速器、检测器、磁铁及仪器概念设计；同步加速器辐射科技；成像技术（包括放射性化学及成像仪器）；高能物理及核物理数据分析用高级软件与设备。

④费尔米国家实验室（FNAL）。FNAL实验室是美国最大的粒子物理实验室，其主要研究领域为高能物理。目前所知的18种基本亚原子中，有3种是在该实验室发现的，即顶夸克（1977年）、底夸克（1995年）及τ中微子（2000年）。1971年运行的环形加速器是当时世界上最先进的加速器，1983年投入使用的万亿伏电子加速器，是当时采用超导电磁技术的最大质子加速器。FNAL未来发展方向为：粒子物理及粒子天体物理实验室的建造和运行；加速器技术的研究、设计及开发；高性能科学计算机及网络技术开发；国际科学合作；理论粒子物理和粒子天体物理学。

⑤劳伦斯伯克利国家实验室（LBNL）。LBNL成立于1931年，从最初的核科学及医疗研究发展成如今的多学科研究实验室，研究领域主要集中在纳米材料、复杂生物学、先进能源科技、合成材料与纳米技术、物理、计算机科学工程、宇宙、疾病防止等。

⑥奥克利奇国家实验室（ORNL）。ORNL是能源部最大的科学能源实验室，成立于1943年，当时为“曼哈顿计划”的一部分。20世纪五六十年代，ORNL成为国际核能、物理及生命科学研究中心，70年代进入发电传输及电储存领域，目前，主要研究领域为中子科学、能源、高性能计算机、生物系统、材料科学及国家安全。

⑦太平洋西北国家实验室（PNNL）。PNNL成立于1965年，主要关注于能源

安全、国家安全及环境问题。最初,实验室主要设计反应堆、添加反应堆燃料并进行环境保护,之后,PNNL 逐步发展成为一个综合性实验室,进行各种科学发现和创新。主要研究领域为环境科学、气候物理学、分子科学、测量技术、放射科学、信息分析与数据管理/挖掘。

⑧普林斯顿等离子物理实验室(PPPL)。PPPL 是 DOE 中唯一一个主要研究等离子及核聚变的实验室。从事的主要工作为:实验等离子物理学,包括建造及运行独特的核聚变设施、磁离子物理中的无线电等离子加热与实验研究;理论等离子物理学,包括非线性磁液体动力研究、快速离子引发的不稳定性研究;计算领域,包括算法开发、大规模并行技术、可移植技术。

⑨斯坦福线性加速器中心(SLAC)。SLAC 成立于 1962 年,由斯坦福大学负责运作,主要任务是设计、建造及操控先进的电子加速器及相关实验设施,以及高能物理及同步加速器放射研究。在未来 5 年的研究重点为:开发新型电子加速器、仪器、检测器,提高现有设施质量的同时注重开发下一代相关设备;开发富有创造性的数据分析、建模及模拟技术。

⑩托马斯杰斐逊国家加速器实验室(TJNAF)。TJNAF 于 1995 年开始运转,未来主要研究领域包括强子物理、超导加速器技术。

(四)国家航空航天局国防科研机构

国家航空航天局的前身为国家航空咨询委员会(NACA),NACA 成立于 1915 年。1958 年,苏联成功发射第一颗人造卫星,为了加速实现在卫星方面赶上苏联的计划,美国政府将 NACA 在航天方面的职能扩大,改组为国家航空航天局(NASA)。

NASA 是美国联邦政府中主要开展航空、空间研究和国家民用空间项目的航空航天科研机构,负责向有关单位提供有价值的航空航天研究和科研成果,并提供航空航天技术咨询。通过科研课题、合同、计划等形式与国防部、高等院校、工业企业的研究机构保持密切的关系。目前,NASA 的主要研究范围包括以下四点:

航空:开发新的飞行技术,提高探索能力,并且在地球上有应用价值;

探测系统:创造新的能力,适合人类或机器人探险;

科学:探测地球、月球、火星及更远的星球,制订最佳的探测路线,让社会能够从地球及空间的探测中受益;

太空业务:为太空飞船、国际空间站及飞行提供关键性技术。

NASA 总部位于华盛顿,负责对各部门进行全面的指导。在管理层上,分为局长、常务副局长和副局长。副局长对 NASA 下属 10 个中心负责,并向局长和常

务副局长汇报。各中心相对独立，中心主管对中心的日常工作进行管理，并与总部各部门共同对中心重要事项进行批准。中心是 NASA 战略管理理事会、运营管理理事会和项目管理理事会成员。

NASA 主要实验室及研究中心的基本情况如下：

1. 艾姆斯研究中心

主要研究领域：航空学，包括基础空气动力学、计算流体动力学、飞行动力学与飞行控制、导航、飞机自动化、人类工程学、直升机与动力升力技术，以及高性能飞机等；生命科学，包括生物医学辅助系统、生物实验、空间运输人员选择标准和宇宙生物研究；理论与实验空间科学，包括红外天文、天体物理学和行星大气等；飞机研究。该中心的研究内容还包括空间人类工程学、进入大气层的飞行器的热防护系统及空气热力学技术、计算物理与计算化学，以及人工智能与自控系统等。

2. 马歇尔航天飞行中心

马歇尔航天飞行中心负责航天运输和推进系统的研究、设计、技术应用和组装。它主要从事载人航天飞行器系统的设计和研制（包括可重复使用和一次性使用航天运载工具、轨道转移飞行器及深空探测器等），参与国际空间站建设、空间科学研究，以及进行高能天体物理、太阳磁场和低能空间离子物理的研究等。此外，该中心还是 NASA 的微重力研究中心。主要研究领域：设计与开发空间运输系统、空间站设备、科学与应用有效载荷，以及其他空间探索应用系统；大火箭推进系统、载人航天系统、太空实验室任务管理、大型复杂专用自动化航天器、空间材料加工管理、太阳与磁圈物理学和天体物理学等。

3. 戈达德航天飞行中心

研究领域：该中心的任务是开发和利用近地轨道航天器，以增进人类对地球、地球大气、太阳系和宇宙的了解。具体研究内容包括地球轨道航天器开发、跟踪与数据获得系统、太空实验室有效载重、太空物理学与天文学有效载荷、高层大气研究、应用研究与开发（天气与气候、地球动力学与资源、通信）、信息系统技术、探空火箭及有效载荷开发、行星科学、传感器、环境监测与海洋动力实验。该中心还参与研究地球和空间科学；设计、制造实验科学卫星，并对卫星和亚轨道空间飞行器进行跟踪。

4. 喷气推进实验室

该实验室为联邦资助研究发展中心，由加利福尼亚理工学院在合同框架下进行管理，主要任务是利用自动航天器探索太阳系，研发领域有航空航天、通信、计算机科学与数学、地球与空间科学、电子学和物理学。在国防、能源、生物医学和航空等技术领域也具有很强的研究实力。除此之外，该实验室曾设计开发并

负责运行国家航空航天局的深空间跟踪网。喷气推进实验室负责实施与管理NASA的深空探测飞行任务,包括旅行者、伽利略和麦哲伦深空探测器任务、火星探测任务及尤利西斯太阳探测器计划等。该实验室还负责建设和管理深空探测网,研制航天飞机天基红外成像雷达,并为哈勃望远镜研制宽视场/行星相机。

5. 肯尼迪航天中心

研究领域:该中心主要负责空间运输系统组件的装配、检测、维修、发射、回收和运行保障等,设计和开发发射、着陆设施与设备。

6. 兰利研究中心

研究领域:航空航天技术(包括声学与降噪、空气动力学、航天飞机结构与材料、空气热气学)、航空电子技术、环境质量监测技术、传感器与数据获取技术、远程飞机、专用飞机、军事支持以及先进航空飞机械构造等。该中心在结构与材料方面的研究尤为突出,负责为NASA研发和测试用于飞机和航天器的新型材料和新型结构。

7. 约翰逊航天中心

该中心的研究任务包括:载人航天器及有关系统的设计、开发和试验;宇航员选择及培训;为航天飞机计划提供系统工程与综合化方面的技术、程序管理,以及商业与业务管理;规划和执行载人航天飞行任务;地球资源技术与应用研究;空间生命科学研究。

8. 斯坦尼斯航天中心

斯坦尼斯航天中心是国家航空航天局的主要大发动机试验基地,包括航天飞机主发动机的研制试验。其研究领域主要是负责国家航空航天局的火箭推进试验(包括航天飞机轨道器及未来运载器的推进部件试验);作为NASA的遥感成果商业化的主要中心,协助工业界共同发展商业遥感技术,进行环境咨询、陆地使用规划和自然资源管理等。

9. 格伦研究中心

格伦研究中心原名刘易斯研究中心,成立于1941年,是航空航天技术科研中心之一,主要从事航天推进器开发和航天应用研究,并研发飞机推进系统、空间电源和卫星通信技术。此外,该中心还负责设计开发美国空间站能源系统、主要研究领域包括空气喷气推进系统与航天推进系统、燃料与燃烧、输电、摩擦学、内装式发动机计算流体动力学、高温发动机仪表和空间通信学。

10. 德莱顿飞行研究中心

德莱顿飞行研究中心是NASA的航空飞行研究中心,专门研究、开发、校验先进航空航天及相关技术。此外,还为太空飞船的着陆点提供相应支撑,并为各种轨道开发及运行的设计概念、系统提供实验验证。中心的设施与美国空军飞

行试验中心和美国空军研究实验室共享，实现基础设施备份和研发成本的最小化。

（五）大学国防科研机构

大学国防科研机构指行政隶属关系属于大学管理，从事国防科研活动的科研机构，主要从事国防科技的基础研究工作，所承担的国防科技基础研究在美国国防科技基础研究经费的比例较大。政府不干预大学内部国防科研机构管理，仅通过合同进行管理，科研经费按合同拨款。为了维持对于美国国防工业而言必不可少的、重要的核心工程、研究和发展能力，国防部研究与工程署在大学内部选定了一批研究机构，由国防部与其签订资助合同，这些研究机构称为国防部大学附属中心（University Affiliated Research Center，UARC）。美国国防部大学附属中心见表1－7。

表1－7　美国国防部大学附属中心

序号	名称	管理机构	2010财年预算/亿美元
1	美国加州大学圣巴巴拉分校的协同生物技术研究所（University of California at Santa Barbara：Institute for Collaborative Biotechnologies）	陆军	11.9
2	美国南加州大学创新技术研究所（University of Southern California：Institute for Creative Technologies）	陆军	31.3
3	佐治亚理工学院：佐治亚技术研究所（Georgia Institute of Technology：Georgia Tech Research Institute）	陆军	13.2
4	麻省理工学院士兵纳米技术研究所（Massachusetts Institute of Technology：Institute for Soldier Nanotechnologies）	陆军	12.0
5	德克萨斯大学奥斯汀分校先进技术研究院（University of Texas at Austin：Institute for Advanced Technology）	陆军	6.1
6	犹他州州立大学：空间动力实验室（Utah State University：Space Dynamics Laboratory）	导弹防御局	30.5
7	约翰斯·霍普金斯大学应用物理实验室（Johns Hopkins University：Applied Physics Laboratory）	海军	684.3

表 1－7(续)

序号	名称	管理机构	2010 财年预算/亿美元
8	美国宾夕法尼亚州立大学应用研究实验室(Pennsylvania State University:Applied Research Laboratory)	海军	97.7
9	德克萨斯大学奥斯汀分校应用技术研究实验室(University of Texas at Austin:Applied Research Laboratories)	海军	81.2
10	华盛顿大学应用物理实验室(University of Washington:Applied Physics Laboratories)	海军	14.0
11	夏威夷大学马诺阿分校应用研究实验室(University of Hawaii at Manoa:Applied Research Laboratory)	海军	2.5
12	马里兰大学帕克分校高级语言研究中心(University of Maryland, College Park: Center for Advanced Study of Language)	国家安全局	18.7

(六)工业企业国防科研机构

美国有 1 000 多家企业从事武器系统的研制、实验和生产。大型涉军企业既是军品试制和生产的基地,也是开发和研制先进应用技术的基本力量,一般都具有很强的科研开发能力和先进的科研设施。政府部门和工业企业科研机构之间不存在行政隶属关系,主要通过合同对企业承担的国防科研项目进行管理,科研经费按合同进行拨款。工业企业的国防科研活动主要有两类:一是联邦政府通过研究合同或采购合同委托企业进行的研究;二是工业企业本身投资进行的研究。

(七)其他非营利性国防科研机构

美国非营利国防科研机构主要包括联邦资助研究发展中心(FFRDC)、独立的非营利研究所、各种职业科学技术协会、科技信息服务与咨询机构、技术标准与专利服务机构、国家科学院和地方、科学技术中心和私人基金会等。

其中,FFRDC 是一种重要的类型,承担了部分国防科研任务,其经费基本上全部来自联邦政府各有关部门,如国防部、能源部、航空航天局、国家科学基金会等。联邦资助研究发展中心根据其行政管理机构的不同,分为大学管理 FFRDC、工业界管理 FFRDC 和非营利组织管理 FFRDC 三种类型。这些研究机构不以营

利为目的，不参与政府研究项目的竞争，不为商业客户服务，不制造产品，而是由有关政府部门下达科研任务，主要从事高风险的、长远的研究和开发项目。

国防领域的其他非营利国防科研机构主要有兰德公司、斯坦福国际咨询研究所、巴特尔研究所等。它们既不隶属于政府部门，也不设在大学内，也不像工业企业那样以营利为目的。此类研究机构虽然数量不多，但对美国国防科技的影响很大，是其他几类科研机构的有益补充。

20 世纪 70 年代开始，美国各界开始认识到非营利国防科研机构对于提高技术创新能力的重要作用，美国政府开始对非营利国防科研机构采取一套行之有效的管理机制，确保其在美国国防科研管理体系中能够发挥出重要的作用。

政府与非营利性科研机构之间不存在行政隶属关系，一般是合同委托关系，研究机构的收入主要来自政府部门委托的合同收入。

三、企业所有的涉军资产分布情况

美国涉军企业所有的涉军资产包括自行投资形成的涉军资产和美国政府以国有民营形成的涉军资产。国有民营方式运营管理的涉军资产所有权归国家，国家与有关机构签订合同，委托运营该资产。委托管理国有资产的企业可以是上市公司，但其管理的国有资产不进入上市公司的资产列表，不进入公司的合并报表，上市公司的任何变动，包括股权变动、兼并重组等，都不影响国有民营的那部分资产。美国国有民营方式运营管理的涉军资产相对少于国有国营方式，如国有民营研发机构研发经费仅占国防部研发预算的 1% 。

第二章
美国涉军资产的监管架构及政府职能

第一节　美国涉军资产监管的总体架构

一、国防工业管理部门

美国涉军资产的管理职能主要分布在国防部、能源部和航空航天局。其中能源部主要负责核相关资产的运营和维护；航空航天局是美国政府系统中最主要的航空航天科研机构，主要负责航天相关涉军资产的运营与维护；国防部负责除核、航天之外的涉军资产管理。

（一）国防部

美国国防部主导着对国有涉军资产的上市和管理。美国对禁止上市的国有涉军资产日常管理，主要由国防部及军兵种实施。例如，国防部总监察办公室经常发布《军方不动产数据库中国有民营资产情况报告》等。在兼并重组活动监管中，国防部作为“美国外国投资管理委员会”的重要成员，主导审查涉军企业外国投资活动，以保证国防安全。国防部在涉及国家安全的国有涉军资产处置、管理和控制中起着举足轻重的作用。美国国防部还对涉军资产的兼并重组进行严格的监管。国防部将《反托拉斯法》引入本土涉军企业兼并重组管理中，制定了5000.62 指令《主要国防部供应商的合并或收购对国防部项目的影响》，由国防部联合司法部反托拉斯局和联邦贸易委员会进行审查。对兼并重组审查的主要内容包括：是否削弱主要供应商间的竞争程度；是否增加项目成本；影响项目完成质量的其他因素。此外，涉及国防工业领域兼并重组相关活动，国防部内部由制造与工业基础政策办公室（MIBP）进行跟踪分析与审查，确保国防相关技术安

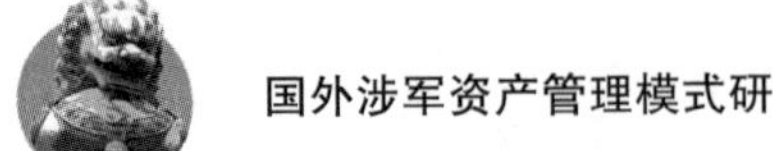

全,并向外国投资委员会(CFIUS)提出国防部的立场和相关建议。

(二)能源部

美国能源部主要负责对核工业领域的涉军资产进行监管。自美国发展核武器以来,美国对核武器的研制、生产和实验一直采取“国有民营”的方式,通过签订合同来进行承包管理。承包单位主要为院校和工业企业。承包方式分为两类:非营利性承包和营利性承包。根据美国1954年的《原子能法》,由能源部负责核武器的研究和生产,由国防部负责确定核武器军事特性等。在国防部和能源部之间担任协调工作的机构是核武器委员会。

(三)美国航空航天局(NASA)

美国航天科研机构分为四类:政府研究机构;政府部门资助、指导或参与的各大专院校的研究机构;工业界(承包商)各导弹与航天公司所属的研究机构;其他民间非营利性科研机构或学术团体。

其中,政府研究机构按照管理体制和运行机制的不同又分为三类:一是联邦政府的实验室,是国家级科研机构,由政府部门直接管理和支持,是航天科研系统的重要组成部分;二是国防部和三军所属的研究机构,由国防部直接管辖,主要负责军事航天技术、新概念武器等研究;三是联邦资助的研究与发展中心,经费由政府有关部门(包括国防部、NASA)等提供,政府以合同的方式实施管理。

大学和工业界的科研机构在航天科研方面占有重要地位。美国3 000多所高等院校是航天基础研究的主要力量。这些大学主要的航天科研经费来源于NASA和国防部。美国工业企业具有很强的研发实力和较高的研发投入,政府部门和工业企业之间主要通过合同对企业承担的航天科研项目实施管理。

此外,NASA还组织和资助了10多个商业航天研发中心,以提高私营企业对商业航天的兴趣和投资。这些非营利科研机构的科研经费主要来源于政府各部门,NASA、国防部与这些非营利性科研机构的关系一般是通过合同委托的方式。

美国的航天科研管理机制主要是通过合同管理和项目管理的方式,对政府科研机构、航天承包商、高校科研机构等实施管理、指导和监督。在合同招标和管理过程中,国防部和NASA十分注重运用竞争机制、评价机制、监督机制和激励机制,并制定了一系列的政策与法规,对航天工业科研工作实施有效管理。

二、国有资产管理部门

美国的经济垄断分为国家垄断和私人垄断两种。国家垄断即由国家直接或间接占有企业资产,对企业的生产经营行为进行直接或间接的支配或影响。美

国国家垄断进一步可以划分为两种情况：一种是国家对国有企业实行绝对的掌控，成为企业的唯一经营者；另一种是国家对企业不是完全控制或操纵，仅以市场经济补充力量的身份对企业的重大经营决策施加影响。第一种情况主要存在于邮政服务、航天工业和某些提供公共设施服务的领域，第二种情况多存在于医药卫生设施等行业。相比西方其他发达国家，美国国有企业的比例较低。

具体而言，美国国家所有制企业具有区别于一般政府机构的以下特点：一是该类企业在日常业务经营活动中具有较大的自主权，有权以自己的名义进行资金往来和处理不动产业务。二是该类企业类似于一般私营企业，实行董事会领导体制，但董事由总统直接任命，有固定任期，不得随意撤换。同时，美国还存在不少准国营（国家出资，私人经营）、半国营和其他国家不同程度参与的公营性质的企业。国家通过经济干预与垄断组织相互渗透，实现对经济的直接或间接影响的同时便于向垄断组织提供资金支持，保证垄断企业不同公益目标的实现。除此之外，美国还以各种方式将国有化企业推向市场，实现市场化运作。如以发售股票的形式转国营企业为私营企业；在诸如城市供水、煤气管道等城市公用事业领域放松市场准入，鼓励私营企业经营；对于可以实现市场竞争的公共产品和服务的生产或供给，通过特许经营权招投标等手段与私营企业合作共营。

美国国有企业按级别分为归联邦、州和市镇所有，并相应形成以“分级监管”为特征的国有企业监管体制。其中，联邦政府所属企业有部分电力、全国邮政、国土管理、运输、保险、医疗卫生、部分工业、环境保护八大类。由联邦政府管理的国有企业具有数量少、规模大的特点，具有相当的重要性；州政府所属企业主要是指本州范围内的电力供应、保险、港口、公路、烈性酒类、医疗、彩票发行、公共交通八类。美国各州所属的国有企业数量较多，主要通过设立政府机构的形式实行有效监管。在美国国有企业监管体制建设中，以民营方式实现对国有企业监管是其最大的特点。美国针对实行国家所有制的企业建立以国会为主的监管体制和以国会立法为核心的监管制度。每一个国家所有制企业的成立，该企业的设立目的、董事会组成、经营范围及经营方式的具体细节都会有国会通过的单行法律为监管依据。

三、资本市场管理部门

对于已经上市的涉军资产，美国采取市场监管和行业监管并用的监管架构。其中，证券交易管理委员会、联邦证券交易所和美国证券交易商协会负责市场监管，国防部负责行业监管。对兼并重组资产的监管主要由司法部反托拉斯局和联邦贸易委员会负责。与此同时，联邦法院也起着关键甚至是核心的作用。而当资产兼并重组涉及国防涉军时，美国国防部也会在审查中发挥重要作用。由

此可见，美国对涉军资产兼并重组的监管是包括司法部反托拉斯局、联邦贸易委员会、联邦法院和国防部在内的多元行政架构。

四、外国资本管理部门

美国的国家安全审查机关主要是CFIUS，这是一个跨部门的委员会。国家安全是政府重点关注和担心的问题，因此，外国投资委员会当然是服务于重要的国家利益。随着美国对外国投资引起的国家安全问题的重视，外国投资委员会的职权不断增加，地位也逐渐提升。

20世纪70年代，由于中东地区阿拉伯国家对美直接投资的不断增长，美国国会开始担心从不断增长的石油价格中获利的石油出口国家组织成员会投资美国的战略性资产领域。并且，美国经济十年滞胀导致美元贬值，使得美国经济对以外币投资的投资者更有吸引力，国会已意识到上述压力，遂就有关外国投资问题进行了一系列的立法论证，结果表明，美国缺少一个解决急剧增长的外国投资问题的统一机制。针对此种担忧，在国会的推动下，福特总统于1975年签署了第11858号行政命令，根据该命令成立了外国投资委员会，其职责是监督和评估外国投资对美国的影响。

第二节　国有国营涉军资产的监管架构

美国国有涉军资产主要包括国有涉军企业和国有国防科研机构。本部分主要研究这两类国有涉军资产的监管问题。

一、美国国有涉军企业及其监管

（一）美国国有涉军企业概况

美国国有企业与资产的产生始于1861—1865年的南北战争以后，最早的联邦企业是1789年根据宪法作为一个特别机构所建立的邮政事业。两次世界大战期间，美国国有资产得到较大发展，政府组建了一批国有企业，战争结束后，这些企业大部分转为私有。在20世纪六七十年代，美国国有企业又有新的发展。无论是联邦政府，还是州、县、市各级地方政府，他们兴办的国有企业的数量都有较大的增加。20世纪80年代以来，美国国有企业的规模没有明显变化。当前，美国的国有涉军企业主要包括海军的一些修船厂等。

(二)美国国有涉军企业主要监管架构

美国的国有资产管理机构主要包括美国国会、财政部、审计署和相关职能部门,如国防部、能源部等。

美国国会通过立法对国有企业及其资产进行监管。国会有权决定国有企业的建立、撤销或企业内部管理体制的改革。凡有关国有资本管理的各种议案均须得到国会的审议通过才能得以实施。美国的国有企业,每个公司均由国会单行立法,规定其经营方式、经营范围,明确公司的独立法人地位,明确企业、政府、国会各自的权利和义务。由于国会对政府提出的财政预算拥有批准权,所以实际上国会制约着政府对国有资产的管理活动。此外,国会还通过设立常设委员会对国有资产进行监管。

美国审计署是国有企业及其资产的监督机构,审计长由国会任命,任期 15 年,对国会负责。审计署对国有企业按照规定要求提供的报表进行审计。任何公民如果认为国有企业存在舞弊现象,都可以书面形式报知议员,由议员转给审计署进行审查做出决定。

美国各级政府是国有资产行政管理者。美国将企业国有资产和行政服务性国有资产分开管理,由财政部管理国有企业资产,由行政服务总局管理行政服务性国有资产。

美国政府对国有企业管理具有以下职责:对国有企业全资企业,除田纳西河流域管理局、进出口银行、联邦存款保险公司、宾西法尼亚道路发展公司四家企业直接由总统负责外,其他全资企业一般由各主管部门负责管理,主管部长负责审查和批准企业预算、审定企业的产品价格、工资和税制等。在混合所有制企业中,总统和主管部长只任命部分董事,其余董事由股东选出。政府通过以主承包商为首的系统工程承包制和对军用产品与民用产品分开方式进行管理。对于需要集中管理的企业,由政府根据国会的决定设立专门的常设委员会来管理。美国政府对电力、邮政和交通运输行业的国有企业进行直接管理。

二、美国国有国防科研机构及其监管

1981 年 3 月,美国国防部正式发布 3201.3 号指令,明确规定了国防部军内研究所的具体目标和任务,基本确立国防部研究机构的管理架构。

根据美国国防部 3201.1 号指令《国防部研究与发展实验室管理》,负责研究与工程国防副部长(现为国防研究与工程署署长)负责制定国防部研究所管理工作的政策指示,各军种部长负责各自军种研究所的管理及计划项目的实施,而三军研究所管理的实际协调机构是该指令确定建立的“国防部研究所管理工作组”,该组由负责研究与高级技术的副部长帮办主持。

多年来,美国国防部的机构和管理职责不断变换,目前,美国国防部在国防部长/副部长的领导下,由国防部部长办公厅、军种部、参谋长联席会议、统一作战司令部四大职能机构组成。其中,国防部部长办公厅下设的采购、技术和后勤副部长办公室负责采购、研发、高级技术、试验和评估、生产、后勤、设施管理、军事建筑、环境安全、核生化相关事务,是美国国防部国防科研机构的主管部门。

采购、技术和后勤副部长办公室的组织机构如图 2 -1 所示。

(一)国防研究与工程署

国防研究与工程署(DDR&E)由国防部研究和工程部长助理主管,是美国国防科学与技术计划的主管部门,负责国防部的技术发展的战略,其目标是通过一套科学与工程方法,以及反战略突袭,扩大现有作战系统的能力,发展突破能力,应对不确定的未来。国防研究与工程署负责管理国防部实验室、联邦资助研发中心、大学研发中心、信息分析中心。国防研究与工程署(研究与工程部长助理办公室)的组织结构图如图 2 -2 所示。

DDR&E 的相关机构分为总部机构、职能部门和国防法高级研究计划局三类。国防研究与工程署总部机构包括联合作战支持办公室、技术情报办公室、联合储备分队、国防技术信息中心四个机构。国防技术信息中心负责国防部技术信息管理工作,是为国防部提供技术信息的部门,该中心是国防部科学和技术文档库,它作为国防部和政府资助的,规模最大的科学、技术、工程和商务信息知识库,为国防部相关部门提供服务。该中心的文件可以提供给国防部工作人员,不涉密文件可以向公众提供。国防技术信息中心管理着 10 家信息分析中心。

国防研究与工程署的职能部门包括研究主任办公室、系统工程主任办公室、快速部署主任办公室和研制试验与鉴定主任办公室。研究主任办公室负责统一管理和协调全军的基础研究、应用研究、先期技术发展、先期部件与样机发展等工作,制订相关研究计划,并监督和审查这些计划的实施;系统工程主任办公室主要负责系统工程管理,为装备采购部门提供技术支持和系统工程监督;快速部署主任办公室主要负责管理国防部先期技术发展、技术转化和国外对比试验项目等工作;研制试验与鉴定办公室负责制定国防部门内管理研究试验与鉴定的相关政策,修正和评审国防部重大采购项目的研制与试验鉴定活动。

国防研究与工程署研究主任办公室下辖技术办公室,科学、技术、工程和数学发展办公室,基础科学办公室,实验室办公室,科学和技术创新办公室,国防微电子局等机构。

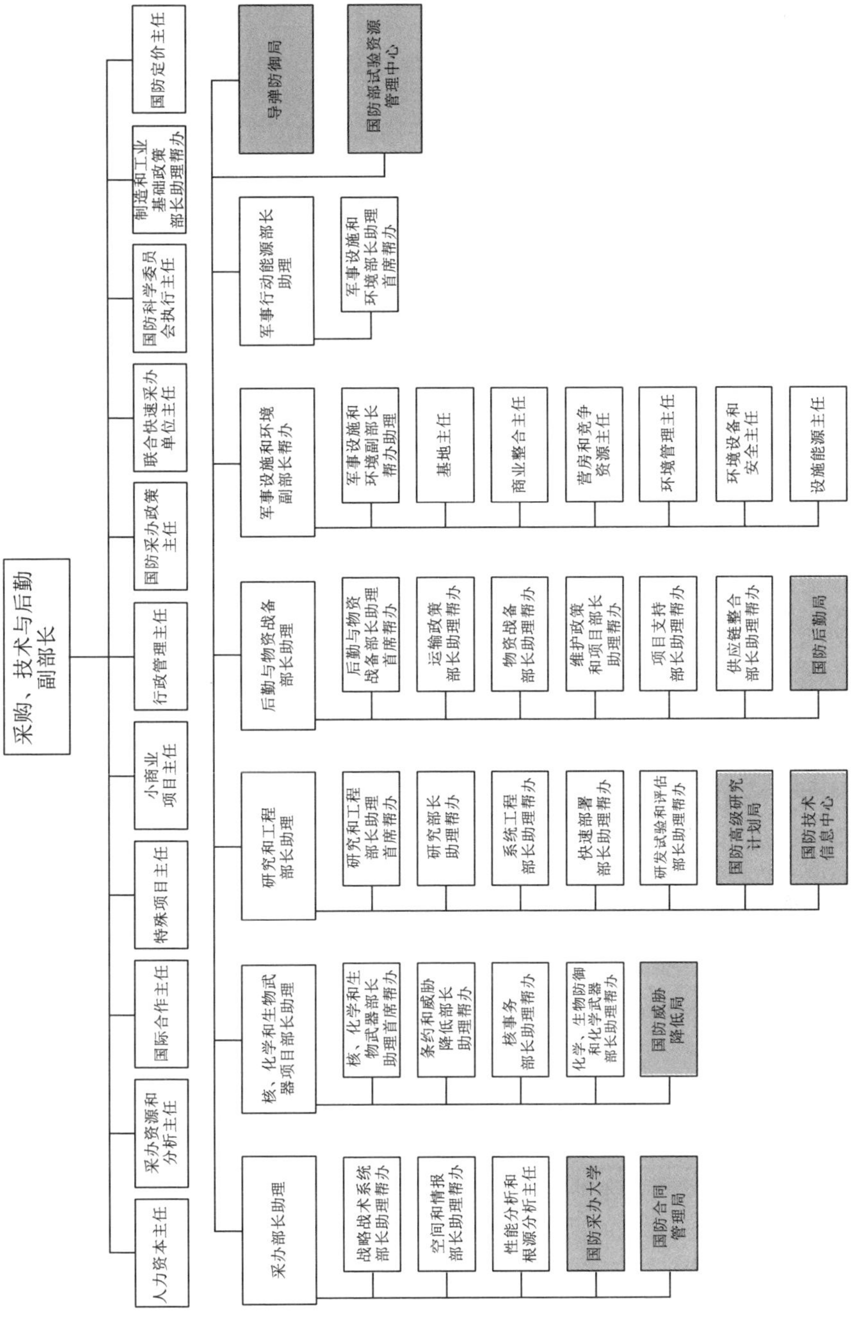

- 采购、技术与后勤副部长
  - 人力资本主任
  - 采办资源和分析主任
  - 国际合作主任
  - 特殊项目主任
  - 小商业项目主任
  - 行政管理主任
  - 国防采办政策主任
  - 联合快速采办单位主任
  - 国防科学委员会执行主任
  - 制造和工业基础政策部长助理帮办
  - 国防定价主任
  - 采办部长助理
    - 战略战术系统部长助理帮办
    - 空间和情报部长助理帮办
    - 性能分析和根源分析主任
    - 国防采办大学
    - 国防合同管理局
  - 核、化学和生物武器项目部长助理
    - 核、化学和生物武器部长助理首席帮办
    - 条约和威胁降低部长助理帮办
    - 核事务部长助理帮办
    - 化学、生物防御和化学武器部长助理帮办
    - 国防威胁降低局
  - 研究和工程部长助理
    - 研究和工程部长助理首席帮办
    - 研究部长助理帮办
    - 系统工程部长助理帮办
    - 快速部署部长助理帮办
    - 研发试验和评估部长助理帮办
    - 国防高级研究计划局
    - 国防技术信息中心
  - 后勤与物资战备部长助理
    - 后勤与物资战备部长助理首席帮办
    - 运输政策部长助理帮办
    - 物资战备部长助理帮办
    - 维护政策和项目部长助理帮办
    - 项目支持部长助理帮办
    - 供应链整合部长助理帮办
    - 国防后勤局
  - 军事设施和环境副部长帮办
    - 军事设施和环境副部长帮办助理
    - 基地主任
    - 商业整合主任
    - 营房和竞争资源主任
    - 环境管理主任
    - 环境设备和安全主任
    - 设施能源主任
  - 军事行动能源部长助理
    - 军事设施和环境部长助理首席帮办
  - 导弹防御局
  - 国防部试验资源管理中心

图2-1 采购、技术和后勤副部长办公室组织机构图

其中，实验室办公室的职能有：发展科学、技术和原型相关的战略与支持计划，以响应国防部的需要；确保美国的技术优势，以应对不确定的未来，加快技术

能力的投放速度;实施有关分析与研究;研究有关政策;提供技术领导、监督;提出有关建议,发布指南;对国防部实验室相关事务进行监督;管理科学与工程人员;努力促进科学、工程和数学教育;保证与友军及友好国家的交流;在国际采购和出口活动管制方面,向国防科技安全管理局提供相关支持;就快速技术转移相关工作提出建议和支持;向国防采购委员会开展采购项目成本、时间和风险评估等工作提供技术支持;实施技术准备评估,并将相关情况告知采购决策部门。

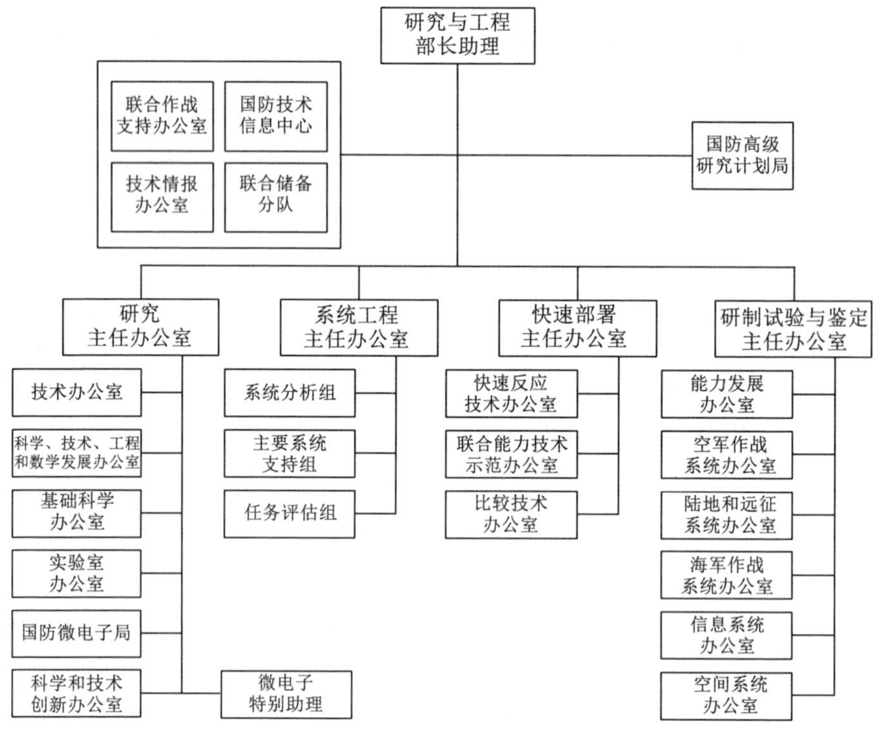

图 2-2　国防研究与工程署组织结构图

表 2-1　国防技术信息中心管理的 10 家信息分析中心

序号	名称	主要合同商
1	先进材料与测试信息分析中心	Alion Science and Technology
2	化学、生物、放射线、核信息分析中心	Battelle Memorial
3	化学推进信息分析中心	Johns Hopkins University
4	软件数据分析中心	ITT

表 2-1(续)

序号	名称	主要合同商
5	信息安全保障信息分析中心	Booz Allen Hamilton
6	建模与仿真信息分析中心	Alion Science and Technology
7	可靠性信息分析中心	Wyle Labs
8	传感器技术信息分析中心	Georgia Tech Research Institute
9	生存能力/脆弱性信息分析中心	Booz Allen Hamilton
10	武器系统技术信息分析中心	Alion Science and Technology

注:以上机构由国防研究与工程署的国防技术信息中心(DTIC)管理。

信息来源:Inspector General of Department of Defense, Review of Defense Technical Information Center Internal Controls(final report D-2010-023)。

(二)国防高级研究计划局

国防高级研究计划局是美国国防部研究与开发事务主管部门,其使命是维持美军的技术优势,防止技术上被超越而损害美国的国家安全。国防高级研究计划局研究范围很广,既包括实验室的科学调查,也包括构建军事系统原型。国防高级研究计划局还资助生物学、医学、计算机科学、化学、物理、数学、神经科学、社会科学等领域的研究。

国防高级研究计划局是美国国防部尖端科技攻关项目的组织、协调和管理机构,主要关注高投入、高风险、高回报,对各军种联合作战有巨大促进作用,对推动装备发展有重大影响的技术领域,以及各军种基于某些原因(风险过大、军种需求不明确、对现有系统具有挑战性)不予支持的重点项目。国防高级研究计划局被称为推动国防部转型的“技术引擎”,其研究工作实际上是在基础研究和应用研究之间架起一座桥梁,推动基础研究向应用研究的转化,从而促进国防科学技术发展。

根据国防高级研究计划局的战略规划,该局局长与国防部部长、国防部副部长、参谋长联席会议主席、作战司令部、各军种部长、军种参谋长、各军种与国防业务各级人员对世界范围的技术进步进行评估、交换意见,然后由该局局长确定各部门的研究主题。

国防高级研究计划局的主要业务机构分为两类:技术部门和保障部门。

1. 技术部门

技术部门包括国防科学办公室、微系统技术办公室、信息处理技术办公室、战略技术办公室、战术技术办公室、会聚技术转型办公室、适用技术实施办公室。

技术部门业务重点是研究可能对国家安全产生重大影响，或在国家安全领域内有重大应用价值的基础技术和部件级技术；关注解决特定军事问题的系统级方案，以及最终可形成某种武器装备的技术项目，推动技术项目与军事装备应用的结合。

2. 保障部门

保障部门包括审计处、合同管理处、运行管理处、人力资源处等。其中，审计处负责该局的财务管理和审计监督业务，每年编制和提交该局综合的年度预算，并管理该局的规划、计划和预算系统的全过程。合同管理处负责为选定的新启动技术项目谈判和授予合同、拨付款项或签订协议。运行管理处负责为该局局长、各技术部门主管、项目经理及计划局雇员提供行政管理保障。人力资源处负责该局人才队伍建设和培养等工作。

国防高技术研究计划局主管的研究项目通常具有以下特点：一般项目为期4年左右，投资额1 000万～4 000万美元；风险大而潜在军用价值高，一旦取得进展其战略意义也大，即使有可能失败也要上马的项目；具有独创性，可为武器装备的发展带来重大变革，多为跨军种项目和需要优先发展的项目；着眼于取得技术突破，降低成本和寻求简单有效的技术途径。

（三）美国各军种国防科研管理机构

1. 陆军实验室管理部门

陆军实验室管理部门包括：负责采购、技术与后勤的陆军部长助理，陆军科学委员会，陆军研究实验室。

（1）负责采购、技术与后勤的陆军部长助理

该部长助理是陆军采购执行官，其办公室是陆军武器装备采购政策、计划的统一管理机构，负责执行国防部采购、技术与后勤副部长办公室有关装备采购方面的政策和计划，制定陆军研究、发展和采购政策，编制装备采购的规划计划和年度预算，协调陆军武器装备采购计划，统一管理有关经费。

（2）陆军科学委员会

陆军科学委员会是陆军高级科学顾问机构，负责对陆军重要武器装备发展计划进行技术审查和提供管理决策支持，帮助陆军各级领导及时掌握工业界最新科技发展动态，向陆军部长、副部长、陆军参谋长、陆军部长助理（采购、后勤、技术）、陆军参谋人员和主要科学技术主管就陆军国防科技事务提出咨询建议。

（3）陆军研究实验室

陆军研究实验室下设陆军研究局，以及传感器与电子设备处、计算与信息科学处、武器与材料研究处、人力研究与工程处、生存能力与致命性分析处、车辆技

术处等若干技术部门。

陆军研究实验室的实验设施分布在以下四个机构：阿德斐试验中心、阿伯丁试验场、白沙导弹试验场和兴旺研究中心。

2. 海军实验室管理部门

海军实验室管理部门包括负责研究、发展与采购的海军部长助理，海军研究咨询委员会，海军研究实验室。

(1)负责研究、发展与采购的海军部长助理

该部长助理是海军采购执行官，其办公室是海军武器装备采购政策、计划的统一管理机构，负责执行国防部采购、技术与后勤部长办公室有关装备采购方面的政策和计划，制定海军研究、发展和采购的方针政策，编制装备采购规划计划和年度预算，协调海军武器装备采购计划，统一管理有关经费，管理海洋和海洋工程方面的工作。

(2)海军研究咨询委员会

该委员会的任务是向海军部长、副部长、部长助理(研究、发展与采购)、海军研究局局长等官员提供海军国防科技事务的咨询监督以及与海军有关的研究、发展、试验与鉴定工作的进度，分析出现的问题，提出解决问题的咨询建议。该委员会由各方面专家组成，下设若干课题组。

(3)海军研究实验室

海军研究实验室是美军重要的研究机构，下设海军研究局和执行部、业务管理部、系统部、材料科学和设备技术部、海洋与大气科学技术部、海军航天技术中心等若干技术部门。

根据海军的需求进行基础研究、应用研究与先期技术发展，并对海军空战中心提供广泛的研究保障，其研究领域涉及海军新型装备和技术，作战系统的基础研究、应用研究、先期技术发展等，涉及的学科包括海洋学、大气学、空间科学及其他相关学科，其中空间及空间系统技术是该实验室的一大优势研究领域。

3. 空军实验室管理部门

空军实验室管理部门包括负责采购的空军部长助理、空军科学顾问委员会、空军研究实验室。

(1)负责采购的空军部长助理

负责采购的空军部长助理负责执行国防部采购、技术与后勤部长办公室有关装备采购方面的政策和计划，制定空军研究、发展和采购的方针政策，管理空军装备经费，协调空军武器装备采购计划。

(2)空军科学顾问委员会

该委员会作为空军部长、副部长、空军参谋长、负责采购的空军部长助理的

国防科技问题咨询机构,基本任务是研究空军武器装备发展中出现的科技问题,就装备研究、采购事宜向空军部长、副部长、负责采购的空军部长助理等提供咨询建议。

(3)空军研究实验室

该机构负责空军国防科技计划(含基础研究、应用研究和先期技术发展项目)的管理和实施。下设空军科学研究局和航空器部、定向能武器部、人力效能部、信息部、材料与制造部、军需品部、推进部、传感器部、航天器部九个技术部门。

三、美国国有国营涉军资产监管体系

美国是资本主义国家中国有化较早的国家之一,在南北战争时期,就产生了国有涉军企业。从第一次世界大战开始,美国出现了三次国有化高潮:第一次是在第一次世界大战中,美国政府为了控制与战争相关的产业和部门,组建了一批国有企业;第二次是在1929—1933年的经济大危机期间,美国政府为加强对经济的干预,建立了一些国有企业;第三次是在第二次世界大战期间兴建的一批军事工厂等国有企业。美国虽然认识到,为了防止“市场失灵”就必须加强国家干预和发展国有企业,但美国害怕国有化的发展会动摇其资本主义统治基础,所以美国控制国有企业的发展,不允许国有企业数量过多,国有经济在国民经济中占的比例也不大。

美国的国有企业主要集中在包括邮政、银行、国防企业在内的科学技术研究、基础设施和公用事业方面。根据国有资本所占比例,美国国有企业可以分为纯国有企业和官私合营企业两种。纯国有企业是企业资本所有权完全由联邦政府或州、地方政府所拥有的企业。这类企业约占国有企业总数量的85%,在国有企业中居于主导地位,主要通过政府直接投资兴建和收购私有企业两种途径形成。纯国有企业的资本所有权虽然完全归美国政府所有,但由政府直接经营的很少,大多数采取两权分离的经营方式,政府保留所有权,企业经营权交给私人企业经营。官私合营企业是由政府和私人资本家共同投资而组成的企业,主要是美国政府对一些有关整个经济运行的行业及战略性经济行业中的企业进行参股而形成的,在国有企业中的比例约占15%,企业经营权掌握在私人企业手中。美国国有涉军资产监管的主要机构有如下几个。

(一)国会及其常设委员会

美国国会通过立法对国有企业进行监管。国会有权决定国有企业的建立、撤销或企业内部管理体制的改革。凡有关国有资本管理的各种议案均须得到国会的审议通过才能得以实施。美国的国有企业主要有40家,每个公司均由国会

单行列法，规定其经营方式、经营范围，明确公司的独立法人地位，明确企业、政府、国会各自的权利和义务。由于国会对政府提出的财政预算拥有批准权，所以实际上国会制约着政府对国有资产的管理活动。此外，国会还通过设立常设委员会对国有资产进行监管。

（二）拥有该资产的政府机构

美国政府对国有企业实行分类监管的方式，主要有直接监管、租赁制和系统工程承包三种。

1. 直接监管方式

政府对发电、交通运输、农业水利建设等国有企业实行直接监督和管理。这些由政府直接监管的企业，具有独立的法人地位，在生产、销售、决策等方面具有充分的自主权。具体表现为：

企业有权在国家规定的范围内确定产品的价格；

企业有聘请各级人员、提拔、培训等方面的权利；

根据法律可自行设置企业管理机构；

根据企业和政府签订的合同，在按合同完成国家任务后，可用企业资金生产企业的产品。

当然，在给予这些企业较大自主权的同时，美国政府也保留了对它们的监管权：

要求企业向政府提供财务报告，接受政府的财务检查；

政府有权直接派人员进入企业的董事会或其他机构，监督企业执行政府的合同和企业的重要经营活动；

直接任免国有企业的领导人；

确定企业投资的规模和方向。

2. 租赁制方式

租赁制方式指的是政府按照租赁合约将国有资产出租给承租方经营，同时定期向承租方收取租赁费的一种国有资产监管方式。这种方式一般运用于纯国有企业。在纯国有企业中，除了以上的基础设施和基础部门的企业实行由政府直接监管外，其余大多数的国有企业实行租赁制方式。这种方式起源于第二次世界大战，当时美国政府投资兴建了一批有关军事、国防的企业，但这些企业都是出租给私人垄断资本和垄断资本集团经营。租赁期限由租赁双方商定，租赁费一般由折旧费和利润构成。在某些情况下，政府只向承租方收取部分利润，不收折旧费，把折旧费留给企业作为国家对企业相关固定资产的补偿。在租赁期内，承租人对国有资产的使用享有充分的自主权，但国家也可要求租赁制企业把生产的产品交给国家,由国家支付相关的生产费用和经营管理费用。

3. 系统工程承包方式

系统工程承包方式是一个按照系统工程原则组织,以主承包商为主、层层转包的订货合同制度。在系统工程承包方式中,政府作为产品计划的招标人,按照择优原则,选择一家或数家投标公司为主承包商。主承包商与政府直接签订合同,并负责整个系统承包工程。主承包商也可把大部分订货任务发给其他转包商,各转包商可再转包。美国官私合营企业常常使用这种监管方式。这种方式有利于按任务、项目、优先次序进行统一规划和调拨资金;有利于明确企业目标和职责;有利于企业产品的高质、优价和系统配套。

(三)国有涉军企业

在美国,企业内部的监管主要是通过董事会来体现的。美国国有企业的董事会有的全部由政府官员组成,有的由政府官员和企业界人士共同组成,有的全部由企业界人士组成。例如,美国的联邦证券银行、养老金利益担保公司、太阳能和能源保护银行的董事会成员全部由政府官员担任。美国联邦存款保险公司的三名董事长,一名为财政部官员,另两名则由总统任命,参议院批准,任期为六年。州和地方管理局的董事会成员则主要由商人和银行家担任,他们由参与企业和社会团体指派,由州长或市长任命。

第三节　国有民营(GOCO)涉军资产的政府监管架构及职能研究

一、美国 GOCO 涉军资产的主要类型

美国 GOCO 模式源于二战期间开发原子弹的曼哈顿计划。当时联邦政府委托加利福利亚大学运营管理洛斯阿拉莫斯国家实验室,由此形成政府拥有实验室、建筑物和设备,由大学或企业提供雇员和管理者运营国有资产的管理模式。通过国有民营管理的国有设施称为国有民营设施。根据美国《联邦采购条例》(*Federal Acquisition Regulation*)(FAR 17.601),这些设施是通过管理与运营合同形式委托管理。管理与运营合同是对于政府全资或控制的研究、发展、特殊生产、测试的设施(这些设施全部或主要服务于联邦政府相关部门的合同项目)运营、维护和支持的协议,其中 FAR17.604 明确这些设施用于国防安全或动员准备。

在美国国防、空间、能源等研究领域的大型实验室中,有 40 多个实行 GOCO

模式。此外,美国也通过这种方式管理从事武器材料、元器件和装备制造行业的单位组织。GOCO 模式的优点在于:不损失国立科研机构的产权,而且通过私营公司的管理起到盘活资产的作用。这种私营公司的管理理念和管理方法、技能对于科研机构的管理是一种重构和改善。

从美国的经验看,GOCO 模式可以用于以下情况:

情况一:涉及国家安全的实验室。因为这些实验室要求高度保密,而且往往有专门的安全和环境规制要求,所以由政府保有实验室所有权是必要的(例如洛斯阿拉莫斯国家实验室、劳伦斯利弗莫尔国家实验室和爱达荷国家工程实验室)。

情况二:超大型科研设施实验室。政府对这些实验室进行了巨额设施投资,由政府保有实验室所有权是必要的(例如费米国家实验室、布鲁克海文国家实验室)。

情况三:需要进行大量的应用研究和项目管理的实验室(例如 NASA 的喷气推进实验室和能源部的国家可再生能源实验室)。

二、对由大学运营的国有涉军资产的监管架构与职能

(一)美国大学运营的国有涉军资产

美国大学运营的国有涉军资产主要是指一些政府托管的涉军和涉及国家安全的国家实验室。美国大学中国家实验室的所有权在联邦政府手里,它们都有自己的主管部门。政府主管部门通过公开竞标选中托管的大学,然后与其签订承包合同进行绩效管理。美国联邦政府主管部门制定的承包合同的最重要特点就是严密,主要表现为合同条款全面、具体和明确。

政府部门和大学在国家实验室管理过程中,无论是政府部门的招标,还是实验室的采购和评估等都有可能出现各种问题,这将严重影响国家实验室的管理效益和科研产出。为此,除了在合同中进行详尽严格的规定外,还必须有辅助性制度对政府部门和大学的管理过程进行监督。在美国,这种监督主要体现在国会对国家实验室及其隶属政府主管部门的问责上。

除了国会的监督,如果国家实验室涉嫌违反联邦法律,还会受到联邦调查局的调查。例如,2002 年秋,加州大学的洛斯阿拉莫斯国家实验室因工作人员滥用实验室信用卡和公款购买野营装备、电视机、录像机、摩托车头盔、汽车部件、衣服等未经许可的物品而受到了联邦调查局的调查。

(二)对由大学运营的国有涉军资产的监管架构

美国对这些涉军和涉及国家安全的科研机构实行多种管理手段交叉并用的方式,既不越权管理,尊重各自机构的自我管理和发展,也不放任自流,进行合理

的引导和规范。现行的主要手段大致包括如下几种：

(1)经济手段。针对公益类科研机构耗资巨大、学科众多、投入人力多、参加单位多、研究周期长等特点，美国政府主要通过资金手段进行调控管理，包括政府预算、税收、专利、研究合同、银行等经济工具。

(2)法制手段。政府通过制定和颁布相关的规章条例，对公益类科研机构的发展给予政策的倾斜和保障。

(3)科技规划。美国政府针对科技发展的规律和趋势，把握公益性科学研究的发展方向，对一些事关战略大局的项目进行集中和统一的规划。

(4)组织科学家参与管理。采取科学家自律与同行评议方法，组织全国科学家参与科技政策的调研、研究项目的审查以及科技成果和人才的评议工作，科研机构的各级领导，也由科学家轮流担任，这也成为提高科研管理水平的重要因素。

(三)典型案例：对国防部大学附属中心的监管

例如，为了维持对于美国国防工业而言必不可少的、重要的核心工程、研究和发展能力，国防部研究与工程署在大学内部选定了一批研究机构，由国防部与其签订资助合同，这些研究机构称为国防部大学附属中心(University Affiliated Research Center，UARC)。UARC 是美国国防科研机构的重要组成部分之一，1996 年 5 月正式设立，目前国防部管理 13 家大学附属研究中心，其中陆军 5 家，海军 5 家，导弹防御局 1 家，国家安全局 2 家。这 13 家 UARC 在 2010 年的预算合计 10.1 亿美元。

UARC 是大学或学院内部的研究机构。UARC 向国防部提供或维持必不可少的工程、研究和发展能力。国防部专门制定了 UARC 专项管理计划，国防部以单一合同(非竞争性合同)的方式资助 UARC 的工程与研发活动。此外 UARC 还可以得到不属于专项管理计划的其他来源的资金支持。一般而言，国防部以单一合同形式资助给每个 UARC 的资金每年都超过 600 万美元。UARC 与国防部保持着长期战略合作关系。

国防部研究与工程署为每个 UARC 指定了一个主要资助机构(Primary Sponsor)。主要资助机构是国防部的一个部门，负责执行国防部对 UARC 的日常管理、政策和相关程序。

(1)国防部 UARC 的相关政策和规定

第一，为加强研究、开发、工程等特定前沿领域的领先地位，国防部要求每个 UARC 在限定的领域内保持核心能力；

第二，UARC 日常接受其他独立合同以及所属大学的管理和约束，专项管理计划与之并不冲突；

第三，UARC 并不仅仅为早期的科学与技术基础提供支撑，在有足够资源的情况下，UARC 的核心能力同样可以用于高级技术研发活动及工程计划中；

第四，主要资助机构的合同对 UARC 竞争领域做了明确限定，所有其他合同必须与其保持一致；

第五，在国防部合同没有明令禁止的情况下，UARC 可以参与科技领域的竞争。

(2)与 UARC 相关的各方的职责

①国防部研究与工程署，采购、资源和研究主管

a. 建立适合的 UARC 组织管理结构；

b. 制定和发布 UARC 政策；

c. 正式为每一个 UARC 指派一个主要资助机构，负责监察 UARC 的政策执行、数据采集等工作，汇报并支撑国防部其他部门的日常工作；

d. 准备并向国会汇报；

e. 制定并审批 UARC 国防部相关工作的限制；

f. 审定并批准 UARC 核心能力的报告及修订。

②主要资助机构

a. 检查 UARC 专项管理计划执行情况；

b. 整理 UARC 年度资助及人员情况，并向研究与工程署汇报；

c. 向国防部研究与工程署，或采购、资源与研究主管汇报 UARC 的年度债务及成本支出情况；

d. 发布国防部研究与工程署以及主要资助机构的指导意见；

e. 协调 UARC 的合同行为与任务行为等活动，明确每一个 UARC 的国防部任务及其核心能力；

f. 审查 UARC 合同关系与专项管理计划的一致性；

g. 设立 UARC 政策执行与监察办公室。

(3)UARC 合同条款约定

①确保 UARC 合同与专项管理计划一致；

②确保依照合同开展的相关工作与 UARC 承接的国防部任务与其核心能力一致；

③确保 UARC 的利益取向与国防部的政策及现行法律一致。

(4)UARC 职责

①UARC 的利益取向与国防部政策及现行法律保持一致；

②UARC 应建立高效运行机制，确保主要资助机构的研究工作不被其他任务影响。

(5)UARC 建立和运行的一般流程

国防部的内设机构可以经由采购、资源和分析主管,向国防部研究与工程署提交在特定工程与研究开发领域设立 UARC 的申请。申请报告必须符合下列要求:

新设立的 UARC 必须经过竞争进行遴选。只有两种例外情况:

①主要资助机构的现有 UARC,其核心能力不足以满足国防部另一机构的业务需求的情况下,这时另一家机构可向国防部研究与工程署提出申请,在同一家大学或学院内以非竞争的方式新设立一家 UARC。同样,该新设立的 UARC 必须符合专项管理计划的相关要求。

②国防部与某一家大学有长期稳定的业务分派关系,并且这家大学已经具备了开展国防部相关工作的必不可少的研究、开发或工程能力。如果国防部需要保持这种长期稳定的合作关系,并且以 UARC 的方式对国防部而言是非常有利的,这种情况下主要资助机构就可以向国防部研究与工程署申请,以非竞争的方式新设立一家 UARC。申请中必须说明其他大学没有合适的研究开发或工程能力。

在没有研究与工程署的许可下,一家 UARC 不能简单复制另一家已经存在的 UARC 的相关能力。在最初五年内,主要资助机构要在国防部的资金计划中,设定支持 UARC 的最低资金支持额度。

(6)UARC 的复审

主要资助机构在重新签订 UARC 合同时,要进行复审(通常是五年)。在复审中,主要资助机构将着重检查和评估 UARC 的相关核心能力,并确保分派的任务与 UARC 的核心能力一致。潜在的利益取向也是复查的重点内容之一。

第四节　私有私营(COCO)涉军资产的政府监管架构及职能研究

对于 COCO 的涉军资产,美国政府主要在融资上市、兼并重组和外资并购三个环节进行严格监管。

一、对上市涉军资产的监管架构及其职能

对于已经上市的涉军资产,美国采取市场监管和行业监管并用的监管架构。其中,证券交易管理委员会、联邦证券交易所和美国证券交易商协会负责市场监管,国防部负责行业监管。

(一)证券交易管理委员会(SEC)

一般说来,美国上市监管体系划分为三个明显的监管层次,即政府监管、自律监管和受害者司法救济。

美国证券监管体系的第一个层次是政府监管。政府制定颁布了一系列完整的针对证券市场管理的法律体系,其中联邦证券法案包括1933年通过并于1975年修订的《证券法》、1934年通过的《证券交易法》、1940年通过的《投资公司法》《投资顾问法》等七项具体法案。

政府监管的另一个重要部分是成立联邦证券交易管理委员会,统一对全国的证券发行、证券交易、证券商、投资公司等实施全面监督。

SEC成立于1934年6月1日。作为独立控制委员会,SEC具有广泛的监管权力,具有相应的行政立法权和行政司法权。SEC的全面工作主要由五名委员负责,其中包括一名主席,一般是由总统直接任命;其他四名委员由总统提名,必须经国会的批准之后,总统才能正式任命。委员任期五年,每年有一个委员任职期满。SEC只对国会负责,不受总统和其他行政部门的干涉。SEC本身是一个合议制的机构,通过辩论形式解决或决定证券市场存在的问题。SEC的核心职能主要包括两个方面:一是根据国会通过的联邦证券法律,进行解释并制定相关的配套执行细则;二是监督管理这些法律和规则的执行,对违法者进行行政处罚,直至提起刑事诉讼。

SEC的工作人员包括律师、会计师、财务分析和考核专家、工程师、经济学家、审计师等相关专业人士。SEC的部门设置包括部和办公室(包括地区办公室)。

1. SEC总部的主要职能部门

①公司财务部,主要负责信息的监管,制定信息披露政策,审核发行公司报送的注册登记材料;

②市场监管部,主要负责对证券交易市场及证券自律组织的监管,包括证券商、注册的证券交易所、场外交易市场、证券结算代理机构、证券投资者保护协会等;

③投资管理部,负责对投资公司和投资顾问公司的监管;

④执法与调查部,主要承担SEC的执法职能,负责对违法行为进行调查和提起诉讼;

⑤总律师办公室,为SEC提供各项法律支持;

⑥总会计师办公室,负责上市公司会计和审计规则的制定和管理。

此外,SEC还设有经济分析办公室和国际事物办公室等各职能部门。

2. SEC 的主要职能

(1)违法调查权

SEC 对证券交易中的投诉和有违法迹象的行为具有调查权。调查程序包括两个过程。第一个阶段是非正式调查。SEC 的调查人员通过对投诉人和相关证人的询问,以及查阅交易记录和有关文件,广泛搜集证据。第二个阶段,SEC 调查人员在经过非正式调查后确认有违法嫌疑,正式向 SEC 提请。SEC 签发调查令正式授权调查人员进一步核实取证。正式调查要求证人对证词进行宣誓,证词记录要由法院书记员证实。如果证人和被调查人对调查不予配合,SEC 可以请求法院发出强制服从命令。

(2)制定规则权

制定规则是 SEC 各职能部门的基本任务,主要内容是在联邦证券法律框架内制定具体的操作细则和程序。另外,随着证券市场不断发生变化,有些规则已经不能满足监管的客观要求,首先,由 SEC 的各职能部门发挥自身的专业优势,提出修改建议,然后广泛征询证券业和产业界等相关方面的意见,经再修改后由委员会通过形成草案。新规则或者修改后的规则通常要将全部内容在《联邦档案》上公布,公布一段时间后 SEC 会举行一个开放性的公众会议,以决定新规则或者修改后的规则是否正式实施。

(3)行政诉讼权

当证券经纪人和证券商、全国性的证券交易所、投资公司或者投资顾问涉嫌违法时,SEC 可以执行行政诉讼。具体做法是 SEC 举行听证会,听证会由 SEC 指定的听证官主持。在听证会上,由执法调查检查办公室的人员负责列举违法证据,被告有权举证为自己辩护。最后由听证官裁决,形成初始判决书,同时送交各方。如果任何一方不服裁决,有权要求 SEC 重审。如果被告对重审结果仍有异议,也可以向美国上诉法院提起上诉。

(4)民事诉讼权

①禁止令及救济措施。禁止令是指某些人已经出现了违法行为,为了预防其再犯的可能性,SEC 可以向法院提起诉讼,请求法院发布禁令,禁止当事人某些行为的发生。主要包括:禁止对重要信息的虚假陈述;禁止违反注册登记制度或招股说明书规定的人进行证券销售。但是,有些禁令并不能保证避免公众利益受到进一步的损害,因此,SEC 和法院还采取了一些救济措施,主要包括:禁止继续担任董事、高级管理人员;禁止通过索取代理的方式控制选举;增加“独立董事”进入董事会。禁令一但被法院裁定生效后,被告将不得从事禁令所禁止的行为,如果违犯则被视为藐视法庭罪。另外,在发出禁令的同时,SEC 还会采取没收非法所得和民事罚款等其他处罚行为。

②没收非法所得。SEC 在向法院提起诉讼的同时，也可以要求没收被告的非法所得，对于非法所得的确定标准，在美国的司法实践中并不是以被告买卖证券获得的实际收益计算，而是以将信息公布后，在证券价格得到反应之后的账面利润为标准。

③民事罚款权。《证券交易法》第 20 节(d)和第 21 节(d)(3)授权 SEC 向法院申请裁定对违反联邦证券法的人进行罚款。1984 年《内幕交易制裁法》，1988 年《内幕交易与证券欺诈执行法》加大了罚款的数额，规定对违法者最高可处以三倍于盈利额或者弥补损失额的罚款。

(5)停止令

根据《证券交易法》第 21 节(c)和 1990 年《证券执行救济与廉价股票法》的授权，SEC 可以发出停止行为的命令。停止令是 SEC 独立行使的行政权力，不需要经过法院的裁定。只要 SEC 认定当事人出现了违法违规行为，就可以发出命令终止这种行为。停止令和禁令最大的不同点在于，禁令是明确当事人将来不允许做什么，而停止令是 SEC 发现了当事人的行为触犯了证券监管的法律法规，马上责令其停止该行为。

(6)行政罚款制度

除了民事罚款以外，针对证券欺诈行为，SEC 有权独立裁定对违法违规者进行行政罚款。行政罚款共分为三个等级：一是技术性违法，对个人最高可罚款5 000美元，对机构可罚款50 000美元；二是对欺诈、操纵、欺骗或故意漠视监管要求的违法，对个人最高罚款50 000美元，对机构最高罚款250 000美元；三是产生重大损失或重大损失风险的违法，对个人罚款上限是100 000美元，对机构罚款上限是500 000美元。

(7)对违法违规证券中介机构进行限制

《证券交易法》第 6 节和第 15 节授权 SEC 对全国性的证券交易所、证券商、证券投资公司、投资顾问公司等证券中介机构的违法违规行为，可以给予违纪处分，具体包括撤销注册、暂停注册、谴责、暂停或永久性停止某项证券业务资格。对于证券从业人员以及相关的律师、会计师等专业人士，SEC 制定了《从业规则》进行行为规制，如果这些人违背了职业道德，或者违反了证券法及相关规则，SEC 有权暂停、限制或禁止其相应的从业资格。

(8)注册权

证券、证券发行人、证券经纪和交易商、证券投资公司、证券投资顾问公司、证券交易所、证券业协会等的发行和设立，需要在 SEC 注册。

(二)联邦证券交易所和美国证券交易商协会

证券监管体系的第二个层次是行业自律。行业自律主体包括行业协会(如美国证券交易商协会(NASD)、全美期货业协会(National Futures Association 等)、证券交易所(如纽约证券交易所(NYSE)、纳斯达克(NASDAQ)等)和其他团体(如注册会计师协会等),通过对其会员进行监督、指导,实施自我教育、自我管理,目的是保护市场的完整性,维持公平、高效和透明的市场秩序。

1. 证券交易所

证券交易所是证券交易的平台,直接面对上市公司、投资者、证券商和广大中介机构。发行人通过证券交易所筹集资金,投资者通过证券交易所进行投资。证券交易所处于枢纽地位,其职能和优势使得证券交易所有能力对证券交易进行实时监控。另外,维护市场秩序,创造一个公平高效的市场环境,客观上也要求行业的自律管理。

从交易所自律管理权力的来源看,主要有授权自律和法定自律两种模式。授权自律是指行政监管部门按照自己的意志将自身的部分行政监管权授予指定的自律组织来行使。法定自律是指国家法律明确规定自律组织为履行职责所必需的权力。较之授权自律,法定自律是更高一级的自律制度,能够提高证券交易所自律管理的效力层次,保证自律管理的权威性,清晰划分自律管理和行政监管之间的权责界限。目前,世界范围内普遍采用法定自律模式。

1934 年《证券交易法》赋予了证券交易所的自律职责。《证券交易法》第 5 节规定了证券交易所的设立必须经过在 SEC 注册方可生效。每一家交易所都必须正式提交一份申请注册报告,并要提供有关该交易所的组织结构、章程、规章和会员情况的数据。只有当该交易所证明它拥有充足的规章来监督、管制它的会员时,它的注册才能被批准。(其中 SEC 对于一些交易量非常小的交易所给予豁免注册,如今这些交易所已经不存在了)

《证券交易法》第 6 节规定了对交易所自律管理的具体要求。第 6 节 b - 1 规定:一家交易所如想注册成国家证券交易所,必须具有履行该法规定宗旨的能力,遵守该法规定的内容,遵守 SEC 依据该法第 17(d)节或第 19(g)(2)节的规定,并有能力促使其会员及与会员相联系的人遵守本法,本法项下的条例、规章,以及交易所自身的规则。第 6 节 b - 5 规定:交易所的规则必须旨在防止出现欺诈与操纵市场的行为与做法,遵循公平、公正的原则,鼓励从事监管、交割、清算、信息传递,方便证券交易人员之间的合作与协调,消除妨碍形成自由与开放市场及国家证券市场的障碍,使该市场机制进一步完善,保护投资者与公众的利益。第 6 节 b - 5 还规定:如果交易所的会员及其工作人员违反了该法,该法项下的

规则、条例，以及交易所自身的规则，交易所的规则必须规定给予违法者以必要的制裁。制裁措施可以包括取消、暂停、限制业务活动，限制功能与运作、罚金、谴责，对于会员的工作人员还可以暂停或禁止其继续从事该工作，或者给予其他适当的制裁。

根据上述条款的授权，美国证券交易所对于资本市场上涉军资产自律管理的职责主要有以下方面：

①对会员的监管。所有进入证券交易所参加交易的证券交易商、证券经纪人都必须通过注册登记成为交易所的会员。交易所在 SEC 的监督指导之下，制定本交易所的规章制度，并监督所有会员遵守执行。另外，交易所还要统计会员的资产、负债、销售、盈利、资信等经营活动情况和财务情况，并按期进行披露。同时，交易所可以依据自己的规章制度及与会员之间签署的契约对会员进行处罚。

②建立证券注册制度。除了享有豁免的证券以外，所有在证券交易所上市和发行的证券，都要在证券交易所通过注册。

③对证券交易活动的监管。这是交易所自律管理的重要内容，主要包括证券交易的方式和程序，交易中的禁止行为，交易合同的生效和废止，清算交割的程序，异常情况的处理方式，对于违规方式的禁止和处罚。

④对上市公司的监管。主要监管上市的条件和上市公司的信息披露。

⑤解决市场争端。各交易所均设有争端解决机构。在交易所履行自律职责或者进行正常的业务活动时，如果交易所与会员之间、会员与会员之间、会员与客户之间出现了争端，交易所的争端解决机构会按着规则解决。

2. 美国证券交易商协会

1938 年，美国国会修改 1934 年《证券交易法》，加入 15A 条款《马尔罗法案》。该法案的目的是建议设立自律组织对场外交易市场（OTC 市场）的证券交易进行监管。为了达到这一目的，1939 年成立了美国证券交易商协会（NASD），要求每一个从事场外交易的经纪商都必须加入 NASD 并接受其监管。

NASD 的主要职责是阻止欺诈和操纵行为，削减不合理利润，保护投资者和公众的权利。协会可以通过罚款、批评、开除等手段惩罚其成员。在涉及公众利益的问题上，协会可以通过制定法规限制或禁止向非会员提供只有会员才能享有的权益。

尽管如此，NASD 对 OTC 市场的实际监管效果并不理想。由于 OTC 市场的交易方式实行的是“做市商”制度，即投资者之间并不是直接进行证券交易，而是通过做市商报出的价格进行买卖，因此容易出现经纪商人为操纵价格的行为。加之 NASD 本身就处于会员经纪商的控制之下，已经不能有效实施对会员的监

管。20 世纪 90 年代初期,投资者对几家 OTC 市场的经纪商提起诉讼,指控其通过价格操纵,制造人为的报价价差,损害了投资者的利益。在 NASD 的弱势监管之下,投资者的诉讼不能得到有效受理。SEC 介入调查,发现 NASD 已经被置于做市商的控制之下,已经没有能力承担自律职责。在 SEC 的直接干预下,对 NASD 进行改制,以 NASD 作为母公司,分别设立 NASDQ 市场和 NASD 监管公司。NASDQ 向 SEC 注册成国家证券交易所,但是 NASDQ 不具有自律职责。

1945 年联邦储备局授权 NASD 管理股票购买的透支额度,SEC 规定证券从业人员必须在全美证券交易商协会注册。同时,SEC 还授权 NASD 对下列业务进行监管:对证券的发行和承销进行监管;对市政债券的交易进行监管;对 NASDQ 市场上的证券、柜台市场上的证券、在交易所挂牌但在交易商市场上交易的证券,共同基金和各种可变合约等众多产品的交易进行监管。

(三)国防部

涉军上市公司是上市公司的一种类型,美国对涉军上市公司监管是在证券市场监管体系的大框架之下。针对涉军企业的特殊性,SEC、国防部等部门在信息披露、兼并重组等方面制定了有别于一般上市公司的法律法规及相应程序。如涉军上市公司并购必须先经过美国国防部的批准,然后再经联邦贸易委员会、司法部等部门批准,涉及外资并购国内涉军企业,还要经过 CFIUS 的批准。

二、对涉军资产兼并重组的监管架构及职能

(一)多元监管的行政架构

美国对兼并重组的监管主要由司法部反托拉斯局和联邦贸易委员会具体负责。与此同时,联邦法院也起着关键甚至是核心的作用。而当资产兼并重组涉军和涉及国防时,美国国防部也会在审查中发挥重要作用。由此可见,美国对涉军资产兼并重组的监管架构是包括司法部反托拉斯局、联邦贸易委员会、联邦法院和国防部在内的多元行政架构。

(二)司法部反托拉斯局

1. 司法部反托拉斯局的架构

1903 年成立的司法部反托拉斯局由司法部部长助理领导,由总统提名并经参议院确认而任命;工作人员主要由律师和一定比例的经济学家组成。

反托拉斯局下设 5 名副局长,分别负责五个方面的工作,即反托拉斯民事执行(civil enforcement)、反托拉斯刑事执行(criminal enforcement)、反托拉斯国际执

行(international enforcement)、反托拉斯的经济分析(economical analysis)和其他监管事务(regulatory matters)。对应这五个方面的工作及处理内部行政管理事务,反托拉斯局总共下设 14 个处,在美国主要城市还设立了 7 个地方办公室。这些部门分别负责反托拉斯法的民事(包括并购和非并购案件)、刑事和国际执行;按行业来划分,则分别负责网络与技术、电信与传媒、运输、能源和农业等与产业相关的反垄断监管。除上述常设处室外,助理司法部长也可能视工作需要任命一些特别法律顾问。反托拉斯局还内设运作办公室,其下设的申报和联络科主要负责和联邦贸易委员会就并购案件的管辖权问题根据既定程序进行沟通。

2. 司法部反托拉斯局各部门的职能

反托拉斯局的主要职能就是执行联邦反垄断法律,保护竞争,禁止垄断,并在反垄断的刑事诉讼方面有排他管辖权。

(三)联邦贸易委员会

和欧盟的单一执法机构不同,美国对并购的反垄断监管还存在另外一个主要机构:成立于 1914 年的联邦贸易委员会。在组织机构设置上,联邦贸易委员会主要包括竞争局、消费者保护局、经济局、行政法官室和总法律顾问室等。这些机构都直接隶属于委员会主席领导。

根据《联邦贸易委员会法》第 1 条的规定,委员会议由 5 名经总统提名并经参议院确认的委员组成,任期 7 年。主席由总统任命,同一政党的委员数不得多于 3 人,以防止政党对反托拉斯事务的过多干预。委员不能从事任何其他职业或经商。委员不称职、渎职或有不当行为的,总统可以解除其职务。委员会议是联邦贸易委员会的最高权力机关,其决议由全体委员投票以简单多数决定。个别委员职位的空缺不影响在任委员行使所有委员会的职权。委员会议的决定是联邦贸易委员会对并购案的最终决定。

1. 联邦贸易委员会的架构

就并购监管的事务性工作而言,由委员会下设的竞争局具体负责企业并购案的调查和处理。竞争局下设 4 个并购处,按照行业划分其监管并购案件的范围。比如,并购一处负责与医药、国防等有关的并购案件,并购二处负责电子行业、软饮料等行业。竞争局执法的依据是《克莱顿法》第 7 条:禁止可能会实质性损害竞争或试图产生垄断的并购;以及根据 1976《HSR 法案》增加的《克莱顿法》第 7A 条:要求公司在实施某些并购案前必须事先通知反托拉斯机构。

2. 联邦贸易委员会各部门的职能

竞争局的并购申报办公室负责接受并购方递交的申报材料,再交由竞争局

的并购审查委员会进一步审查。并购审查委员会由竞争局的副局长担任主席，其成员包括来自竞争局和经济局的专家。该委员会享有建议权，即是否对申报的并购进行调查或者是否终止已经开始的调查。最终调查与否的决定由竞争局的局长做出。

行政法官室在反垄断监管过程中起着关键作用，是联邦贸易委员会中专门行使司法审查权的机关。行政法官室由行政法官组成，专门负责审理由联邦贸易委员会提起的申诉。在并购案审理中，提起申诉的委员会作为一方当事人向行政法官阐述反对并购的理由；而并购方公司则作为另一方当事人向行政法官提出自己的抗辩。行政法官在审查后即独立做出裁决。裁决的形式是一项包括事实和法律结论的初步决定或建议性决定提交联邦贸易委员会的委员会议讨论。经委员会议集体讨论，最后由参加会议的委员通过投票由简单多数规则作出对并购案的最终决定。该最终决定可以接受也可以推翻行政法官的初步决定。如果委员会的最终决定对并购方不利，并购方有权在收到决定书之日起 60 日内向有管辖权的美国巡回上诉法院上诉，不服上诉法院判决的任何一方均可以向美国最高法院提起上诉。

此外，联邦贸易委员会还于 1989 年根据联邦 1988 年的《总监察法修正案》建立了相对独立和客观的总监察室，负责审计和调查贸易委员会自身的运作。总监察室的审计是发现和防止委员会内部的欺诈、浪费和权力滥用，推动委员会运作的高效并节约成本。总监察室独立从事审计和调查，联邦贸易委员会的职员和普通大众任何时候都可以匿名的方式向总监察室报告联邦贸易委员会职员的浪费或不端行为，举报人信息将被严格保密。

（四）司法部反托拉斯局和联邦贸易委员会的职能划分

由以上对美国的反垄断机构的介绍可以看出，司法部反托拉斯局和联邦贸易委员会在反垄断的执行方面有不同之处。例如，依据《谢尔曼法》，只有司法部反托拉斯局有权提起刑事诉讼；而联邦贸易委员会则在执行《联邦贸易委员会法》方面有着排他的权力。但是，这两个机构的管辖权也有重合之处，因为根据《克莱顿法》，两者在并购的反垄断监管方面都有执法权。《克莱顿法》第 7A 条即规定，当并购达到一定规模时，并购方必须在并购前同时向司法部反托拉斯局和联邦贸易委员会进行申报。

这种并行管辖权的后果是，由于这两个机构都可以对并购做出批准或者禁止的决定，它们在并购监管方面的管辖权就不可避免地会发生摩擦。正是由于两大监管机构都对并购案有监管权力，导致两者经常会发生管辖权的争议，从而造成并购审批的迟延。

2002 年 3 月，司法部反托拉斯局和联邦贸易委员会正式签署了《关于调查审批程序的备忘录》，对两大监管机构间的管辖权在行业范围的基础上做了明确划分，从而更加合理地分配产业部门，更加高效地调查任何可能影响消费者的反竞争行为，对企业界的并购提供更多的确定性，所有这些都最终有利于更好地保护消费者利益。

在具体分工上，联邦贸易委员会负责共 16 类行业或部门的并购：飞机机身、汽车和卡车（包括相关零部件和零售业务）、建筑材料、化学材料（包括涂料和塑料）、计算机硬件、能源、医疗保健、工业气体、军需用品、食品杂货店经营及食品杂货生产（包括烈性酒和烟草产品）、零售店经营、医药和生物技术（与农业有关的除外）、专业服务、卫星制造、发射和发射器、纺织品。

司法部反托拉斯局则负责对涉及以下 18 类产业和部门的并购进行审查：农业及相关生物技术，航空电子、航空技术及国防电子，啤酒，计算机软件，化妆与美发，金融服务（保险、股票和期权、债券和商品市场），平板玻璃，医疗保险及保健产品和服务，工业设备，传媒和娱乐，金属、采矿与矿藏，导弹、坦克和装甲设备，海军产品，摄影与胶片，纸浆、纸张、木材与木料，电信服务与设备，旅游与交通运输及垃圾处理。

（五）联邦法院

美国的并购反垄断监管体制除了两机构具有并行管辖权的特点外，另外一个极其重要的特征就是法院在监管体系中的作用。法院对于并购的反垄断监管的影响主要有：

第一，在并购案件的侦查阶段，如果监管机构需要搜集带有企业商业秘密性质的信息或交易记录，则监管机构必须向法院申请。只有在得到法院授权的基础上监管机构才能够进行相关证据搜集。这和欧盟的做法不同，欧盟的竞争总司可以直接要求企业提供此类信息而无须事先取得法院的许可。

第二，如果监管机构通过调查取证认为某项并购对相关市场的竞争态势有危害作用，则除非并购方自愿放弃并购或并购方修改并购方案后能消除对竞争的不利影响，美国的监管机构不能发布命令直接禁止并购交易，而只能采取向法院提起诉讼的方式。以联邦贸易委员会为例，委员会必须向法院申请临时禁令才能在委员会做出最终决定前暂时禁止并购方完成拟议中的交易。

第三，并购方为消除并购对竞争可能造成的危害，很多情况下会自愿与监管机构达成修改并购方案的协议，如剥离部分资产出售给竞争对手。但有时，并购方在完成并购后却没有遵守该协议，如没有出售部分资产。则对此类违反协议的行为，美国并购监管机构不能直接予以处罚，而只能采取向法院提起民事诉讼

甚至刑事诉讼的方式对并购方予以相应处罚。因此,联邦贸易委员会的竞争局下面甚至设立了专门的合规处,以针对该类违法行为向法院提起民事诉讼,要求并购方承担民事赔偿责任。

第四,美国法院的核心作用还体现在具有美国特色的反垄断法私人执行体制上。根据《克莱顿法》第 4 条的规定,如果私人(含私人机构)认为一项并购损害了其合法权利,则法律允许私人直接向联邦法院提起民事诉讼,索赔额可以达到其实际遭受损失的三倍以及所有法庭诉讼费用和律师费。私人也可以直接请求法院发布禁令,禁止具有反竞争性质的并购。

因此,联邦贸易委员会虽然具有独立的执法地位,美国法院在《联邦贸易委员会法》的执行中仍起着关键的作用。根据《联邦贸易委员会法》第 13 条,当委员会有理由确认个人或企业正在违反或者企图违反《联邦贸易委员会法》时,它必须指定其律师到联邦地区法院提起诉讼,要求禁止违法行为,而不能像其他国家的行政执法机关那样,可以直接对违法行为做出处理。就并购而言,联邦贸易委员会也必须向法院申请临时禁令以阻止并购方在最终审查决定做出前完成某项并购案。

同样,总体上看,当司法部反托拉斯局调查并购案件时,所有有关并购案的实质性措施都必须通过法院才能做出,比如申请禁止并购的禁令。

究其根源,正如有学者指出的,美国的反托拉斯法的执行基本采取以法院为中心的法院主导型模式,主要源于美国的法律文化和传统。美国在 100 多年前制定和颁布反托拉斯法的时候,完全没有可以借鉴的外国经验。但另一方面,美国法官的独立性以及他们解释和创造法律的职能已经被确立。法官在美国社会有极高的地位。在这种条件下,国会就有理由通过法官的经验以及他们对法律的认知来执行反托拉斯法。因此,《谢尔曼法》第 4 条明确规定:美国巡回(地区)法院被授予管辖权,以阻止和限制违反本法的行为。正因如此,尽管美国存在着反托拉斯的成文法,但要真正了解美国在各个历史时期的反托拉斯政策,还必须通过阅读美国法院的判决来获得。

三、对外资收购本国涉军资产的监管架构及职能

(一)外国投资管理委员会(CFIUS)的架构

美国的国家安全审查机关主要是 CFIUS,这是一个跨部门的委员会。国家安全是政府重点关注和担心的问题,因此,CFIUS 当然是服务于重要的国家利益。随着美国对外国投资引起的国家安全问题的重视,外国投资委员会的职权不断增加,地位也逐渐提升。

20 世纪 70 年代，由于中东地区阿拉伯国家对美直接投资的不断增长，美国国会开始担心从不断增长的石油价格中获利的石油出口国家组织成员会投资美国的战略性资产领域。并且，美国经济十年滞胀导致美元贬值，使得美国经济对以外币投资的投资者更有吸引力，国会已意识到上述压力，遂就有关外国投资问题进行了一系列的立法论证。结果表明，美国缺少一个解决急剧增长的外国投资问题的统一机制。针对此种担忧，在国会的推动下，福特总统于 1975 年签署了第 11858 号行政命令，根据该命令成立了 CFIUS，其职责是监督和评估外国投资对美国的影响。至于监督和评估的确切含义，却直到 20 世纪 80 年代底才逐渐清晰起来。该委员会虽然可以就外国投资事宜提出建议，但其建议不具有强制执行力，因此，委员会当时的职权非常有限。

同时，根据第 11858 号行政命令，在搜集、使用外国投资信息方面，美国商务部享有广泛的职权，并可要求其他相关的部门给予外国投资委员会或商务部必要的信息协助。而该规定也引发了一些争议，即行政命令是否有权要求其他部门采集各种信息。为了解决这一问题，美国国会于 1976 年通过了《国际投资调查法》(*International Investment Survey Act*)，明确赋予总统享有采集和使用投资信息的权力，并可将该项权力授权给其政府部门。

1988 年，为了应对外国企业(主要是日本企业)的大范围收购，美国国会通过了修正 1950 年国防产品法第 721 条的《埃克森－佛罗里奥法案》，该法成为美国规制外资并购、保护国家安全的基本法。《埃克森－佛罗里奥法案》规定，只要有足够的证据证明外国并购所获利益会危及美国国家安全，总统就有权力暂停或中止该并购。同年，美国总统根据第 12661 号行政命令赋予 CFIUS 执行第 721 条款的责任。由此，CFIUS 已经成为审核外国公司并购美国企业安全审查的最重要关卡。CFIUS 主席由美国财政部长担任，秘书处设在财政部国际投资局，该局牵头负责委员会的日常事务工作。委员会最早成立时，成员只有 7 个部门的负责人，包括国务卿、国防部长、商务部长、司法部长、行政管理和预算局长、美国贸易代表和经济顾问委员会主席等。

CFIUS 的职权具体表现在以下方面：

第一，接收交易方收购美国企业的申报，并审查该外资收购是否危害国家安全。交易方如果没有主动申报该并购交易方案，CFIUS 也可以依职权主动要求交易方提交相应的内容和信息，然后对其进行审查。

第二，在调查结束时，就审查情况向总统提交报告和建议。

CFIUS 在最早成立时，成员只来自 7 个不同的部门。根据 1980 年的第 12188 号行政命令、1988 年的第 12661 号行政命令和 1993 年的第 12860 号行政命令，至《外国投资与国家安全审查法》出台之前，CFIUS 已经发展到了 12 名成

员，包括财政部长、商务部长、国防部长、司法部长、国土安全部长、国务卿、美国贸易代表、经济顾问委员会主席、管理与预算办公室主任、科技政策办公室主任、总统国家安全事务助理和总统经济政策助理。

从其成员构成可以明显看出，CFIUS 可谓是要员云集，位高权重。在实际运作中，CFIUS 发展出一整套衡量和评估体系。委员会各成员分工明确，各司其职，各有侧重，相互配合，共同履行对外资并购的国家安全审查职责。

除财政部外，国防部和商务部发挥着至关重要的作用。国防部国防技术安全局作为 CFIUS 的对口机构，在参与 CFIUS 工作的同时，承担着大量部内相关事务的协调工作，它将国防调查局、收购办公室、国防后勤局等部门对外资并购交易审查的反馈意见收集、汇总和研究后，向委员会提出国防部的综合性意见和建议。国际贸易局作为商务部参与部门，具体负责涉及军民两用产品和技术出口管制的相关审查。

CFIUS 将多个国家机构纳入进行协调一致的审查，有利于保证审查和调查的全面性和一致性，但是如何协调多个部门按规定的程序和时间要求来完成审查，是影响到该审查程序作用和效率的重要问题。CFIUS 通过秘书处和高级别的决策机制来实现多部门的协调和高效。

1. 秘书处

CFIUS 平时的各项机构间事务性协调工作主要由其秘书处（Seeretariat）来进行。CFIUS 秘书处设在财政部国际投资办公室（Office of Intemational Investment），该机构负责向各成员部门分发资料、接受反馈，并为各机构的审查工作提供协调和帮助，以保证各部门及 CFIUS 能够按照程序在限定的时间内准确地做出决定。

2. 高级别决策

CFIUS 建立了组成部门高级别层面的协调机制来进行审查决策工作。如国防部在 CFIUS 的代表就是部内的专职对口机构——国防技术安全局的高级成员，这种安排能够充分保证各部门内部的协调一致，以及审查的质量和效率。另外，一旦各机构发生分歧需要进行决策，CFIUS 也会立刻直接在高级官员的层面上进行协商和讨论，以尽快得出结论。

（二）外国投资委员会成员的职能

基于总统授权，CFIUS 的性质从成立之初到现在已经发生了较为彻底的改变，并从专门监控、评估外资影响的纯粹行政部门发展为对外资并购进行审查、对相应处理方案提出建议的强有力执行机构。2007 年制定的《外国投资与国家安全审查法》正式确立了外国投资委员会的法律地位，该法案第三节对 CFIUS 做

出了明确规定，将实践操作中的工作模式成文化、规范化，明确了 CFIUS 的成员机构、角色定位、工作程序和工作职责等。

1. 主要成员及其职能的变动情况

根据《外国投资与国家安全审查法》，外国投资委员会成员包括：

①财政部部长（the Secretary of the Treasury）。美国财政部长担任 CFIUS 的主席，在 CFIUS 中承担沟通、协调和服务性工作。CFIUS 在最初成立时主要是监测外国投资的经济活动，故由财政部部长担任 CFIUS 的主席。之后，CFIUS 自 1988 年开始审查国家安全活动，现在这已经是其最重要的职能了。因此，曾经有人提出更换 CFIUS 的主席，美国总审计局曾经警告说，"美国保护国家安全的审查程序所起作用非常有限，财政部部长作为 CFIUS 的主席对国家安全的定义过于狭窄"。然而，如果将 CFIUS 主席更换为国防部、国土安全部或者国家情报局的领导，在保护国家安全方面没有任何的好处，因为任何一个组成部门均拥有平等权力，可以充分地影响 CFIUS，更换主席反而会破坏投资环境的平衡，如果由财政部部长继续担任主席，会给外国投资者这样的信号：美国欢迎外国投资，只有在危害国家安全时，才会进行特别的安全审查。因此，财政部部长担任 CFIUS 主席的立法和《埃克森－佛罗里奥法案》一致，即在维护一个开放的投资环境的同时，保护国家的安全。最终，仍然是由财政部部长担任主席，同时，财政部也强化了自身的安全专家地位。

②国土安全部部长（the Secretary of Homeland Security）。自"9・11"事件后，美国成立了国土安全部。2003 年国土安全部部长也成为 CFIUS 成员，显示了该委员会对国家安全的神经敏感度已紧张到了极点。

③商务部部长（the Secretary of Commerce）。美国国内曾有人提议由商务部部长担任外国投资委员会主席，但是未获得广泛认同。这从另一面说明，在 CFIUS 的实际运作中，除财政部外，商务部发挥着极其关键的作用。其中的国际贸易局作为商务部的下属部门，具体负责涉及军民两用产品和技术出口管制的审查任务。

④国防部部长（the Secretary of Defense）。国防技术安全局代表国防部参与安全审查工作，并作为外国投资委员会的对口机构，承担着国防部内相关事务的协调工作。2005 年，国会曾建议由国防部部长，而不是财政部部长担任 CFIUS 的主席。至今，在 CFIUS 中最有影响力的机构还是国防部和司法部（DOJ），这两个机构经常会延迟投票，直到能够和外国并购方就解决所担忧的国家安全问题达成协议。

⑤国务卿（the Secretary of State）。

⑥司法部部长（the Attorney General of the United States）。

⑦能源部部长（the Secretary of Energy）。能源部的加入也反映了特定的政治

与经济背景。“9·11”事件前，能源、电信和交通等诸多领域已被美国国土安全部认定为关键的基础设施领域，CFIUS 针对这些领域的并购审查已有明确和系统的标准。但“9·11”事件后，CFIUS 必须采取一些新的措施，以便为这些基础设施领域提供更高程度的保护。

⑧劳工部部长(the Secretary of Labor)。劳工部部长依职权参与 CFIUS 的审查工作，但没有投票权。《外国投资与国家安全审查法》及其《实施细则》对劳工部部长的职责做出了相应的界定，劳工部部长将重点对减缓协议中任何违反劳动法的条款进行把关，这也就意味着因外资并购所导致的就业问题也被纳入了安全审查的范围。

⑨国家情报局局长(the Director of National Intelligence,DNI)。国家情报局也是依职权参与 CFIUS 的审查工作，并作为 CFIUS 的咨询机构。它也没有投票权，处于一个相对独立的地位，其独立地分析并购交易对国家安全的威胁，并没有其他的政策角色。与此同时，《外国投资与国家安全审查法》特别授权美国国家情报局对所有外资并购进行审查，在 CFIUS 全部 30 天的审查时间里，国家情报局有 20 天的审查时间。值得注意的是，此两种审查是平行的，这显示出国家情报局在保护国家安全中的独特地位和作用。事实上，在 CFIUS 的国家安全审查实践中，国家情报局早已介入，并发挥着特殊作用，《外国投资与国家安全审查法》只是将这种实践经验加以法律化和成文化而已。

⑩任何其他部委、行政机构或者办公室的领导，如果总统认为其参与是合适的，或者在具体个案中是合适的话，也会参与到 CFIUS 的工作中来。CFIUS 主席在对并购交易进行审查或者调查时，基于受管辖交易的具体事实，在恰当的时候也可以咨询其他联邦部门、机构或者独立组织的领导。

当然，以上 CFIUS 各机构领导的权限，只能授权给财政部的副部长或者牵头部门的副部级领导，除此之外，不可以授权给他人。

除《外国投资与国家安全审查法》指定的成员以外，第 13456 号行政命令规定，CFIUS 还应包括：

①美国贸易代表(the United States Trade Representative)；

②科技政策办公室主任(the Director of the Office of Science and Technology Policy)；

③总统或者财政部部长在某个具体个案中认可的其他部门负责人。

除此之外，第 13456 号行政命令还将下列五位官员列为 CFIUS 的观察员(observer)，这些观察员在合适的时候可以参与 CFIUS 的活动，并向总统汇报工作：

①管理与预算办公室主任(Director of the Office of Management and Budget)；

②经济咨询委员会主席(Chairman of the Council of Economic Advisers)；

③总统国家安全事务助理(Assistant to the President for National Security Affairs);

④总统经济政策助理(Assistant to the President for Economic Policy);

⑤总统国土安全和反恐事务助理(Assistant to the President for Homeland Security and Counterterrorism)。

2. 牵头部门的设立

根据《外国投资与国家安全审查法》的规定,对于每一项需要审查的并购交易,在 CFIUS 开始审查之前,财政部须指定一个或几个成员部门来作为牵头部门。牵头部门是该特定并购交易的主管机构,基于专业知识代表 CFIUS 负责所管辖交易的审查、调查、协议谈判、修改、监督和执行,具体来说:

①审查受管辖的并购交易,就减缓协议进行谈判,或者就并购交易设定其他条件,以保护国家安全。

②监督已经完成的交易,以确保交易方切实履行减缓协议或者交易设定的其他条件。

③就所管辖并购案件涉及的任何交易或者其他情况的实质内容的修改,提供定期报告,确保所有实质内容的修改报告给美国情报局局长、司法部部长,以及其他与修改有实质利害关系的机构的领导。设立和选择牵头部门的做法具有一定的合理性和积极意义,其体现了国家安全审查工作的特点,针对具体的并购案件,需要利用特殊的专业知识进行个案的分析。这样一来,也相应地提高了外国投资委员会的工作成效。

3. 其他成员

①财政部的助理部长。财政部的助理部长有着特别的地位,经过国会参议院建议和总统的任命,其直接向财政部部长报告国际事务。这一职责也包括经财政部部长授权,参与 CFIUS 工作并处理有关国家安全问题。

②常务主席。根据 2008 年《实施细则》第 800.203 节的规定,CFIUS 中增加了一个新的职位,即常务主席(Staff Chairperson),该职位由财政部部长或其指定的人员担任。其主要职责是,在审查程序前的非正式磋商程序中,向交易方提供咨询服务。

总之,CFIUS 吸纳多个政府机构对外资并购进行国家安全审查,这些成员机构的分工和职责明确,它们之间相互配合、协调一致,共同承担着外资并购国家安全审查之责,最大限度地保证了国家安全审查的科学性和合理性。

(三)总统在外资收购本国涉军资产的监管职能

根据美国的"三权分立"政治体制,总统具有最高的行政权力。因此,在外资并购国家安全审查中,总统具有最终的决断权。根据2007年《外国投资与国家安全审查法》第六章的规定,总统具有阻止权、宣布权和执行权。

1. 阻止权

《外国投资与国家安全审查法》第六章第一条规定:“总统认为合适时,可以采取措施延缓或者阻止可能威胁美国国家安全的相关交易。”总统可以根据CFIUS提供的资料决定一项外资收购是否威胁美国国家安全并最终予以阻止。这实质上是赋予了总统一种在发生外资并购时或者并购发生后保护国家安全、实施救济的权力,它在整个国家安全审查体系中非常重要,是在交易发生而又没有被审查的情况下唯一的救济措施。

2. 宣布权

《外国投资与国家安全审查法》第六章第二条规定:“总统应该在CFIUS提交调查报告后15天内做出决定是否采取行动,并予以宣布。”这项规定赋予了总统最终的决定权和宣告权,是总统拥有实质性权力的体现,也是美国“三权分立”政治体制的表现。美国总统拥有最高的行政权力,因此,在最终的决定中,由总统做最后的把关是理所当然的。它在整个国家安全审查中地位至关重要的,是具有决定性的权力。

3. 执行权

《外国投资与国家安全审查法》第六章第三条规定:“总统可以指示司法部长在地方法院采取包括转移部分投资等救济来执行这个决定。”由此可见,《外国投资与国家安全审查法》对于总统的授权是实质性的,他不光具有决定权,还有保证决定予以实施的执行权。把最高行政权与司法权联系在一起,用司法执行总统的行政权力,把命令权与执行权分开,这种明确的分工安排是我国国家安全审查中所欠缺的,它在我国的外资并购国家安全审查中也应有所体现。

虽然2007年的《外国投资与国家安全审查法》赋予了美国总统在国家安全审查方面的实质性权力,但在实际中总统否决外资并购的案例并不多见,这一方面说明了美国在外资并购国家安全审查上法律安排的严谨性,另一方面也可看出美国对于外资进入总体上依然是持开放态度,严谨的法律和执行上的审慎性相结合,这也是我国今后在制定和执行法律时应当有的精神。

此外,《外国投资与国家安全审查法》还给予了总统在国家安全审查决定中的一项司法豁免权,即总统在此过程中采取措施和发现的调查结果不受制于美国的司法审查。这在很大程度上为总统充分行使职权提供了条件。

另外,总统要向国会报告其决定,包括对决定所做的详细解释,以及做出决定所考量的因素。

如果CFIUS审查后,认为并购交易并不会威胁到国家安全,或者通过其他法

律可以对风险进行有效、充分的防控，那么 CFIUS 将书面通知交易方，其已根据第 721 条的规定就并购交易的所有行为给出了结论。如果 CFIUS 认为并购交易有损国家安全，且其他法律并不能有效防控风险时，CFIUS 可以与交易各方达成减缓协议或者劝其放弃交易，也可以将该并购交易提交总统裁决。

（四）美国国会在外资收购本国涉军资产的监管职能

美国国会在“三权分立”制度中扮演着“立法者”的角色，同时它也是美国行政部门的监督机关。在外资并购国家安全审查中，国会同样扮演着监督者的角色。2007 年《外国投资与国家安全审查法》制定以前，国会对 CFIUS 的了解较少，对于 CFIUS 的控制很不严格，常导致国会不明案件实情就进行扩大性干涉。2007 年《外国投资与国家安全审查法》颁布以后，根据《外国投资与国家安全审查法》第七章关于国会的监督职能之规定，国会中任一成员如果发现某项交易可能对美国安全造成影响时，可以要求 CFIUS 迅速地提供相关交易的有关文件，包括采取的措施、订立的减缓协议和其他相关文件。这是美国国会对于外资并购国际安全审查的直接监督与检查。

国会对于外资并购国家安全审查的第二项监督体现在每年一度的报告中。根据《外国投资与国家安全审查法》第七章 b 款的规定，CFIUS 主席应该在每年 7 月31 日之前提交报告给参议院和众议员的司法委员会主席和副主席，报告中应包括 12 个月内所有审查完毕的相关交易。

在交易的内容上，2007 年《外国投资与国家安全审查法》也给出了每份报告中应包括的交易内容，包括每项交易中的投资国、双方当事人的基本信息、商业活动的性质或者相关当事人的商品、任何在审查过程中撤回的案件、CFIUS 做出的减轻国家安全威胁的协议安排及讨论过程、相关交易对美国国家安全或关键的基础设施负面影响的详细讨论及总统依据此章节做出的决定和采取的行动。当然，报告中还应该有关于外资并购中涉及的关键技术是否会威胁美国国家安全的问题。

由此可见，美国国会对于外资并购国家安全审查的监督是全面而具体的，CFIUS 的每一项决定甚至总统的决定也都在国会的掌握之中，它通过每年一度的报告直接了解每一项完成的安全审查，这样一来，CFIUS 和总统的每一个决定都被监督着，而且这个监察者本身又具有最高的立法权限，如此详细和周全的体系安排值得我们在国内立法时进行借鉴。当然，报告的内容如果涉及保密事项，则依有关法律不得公开，其余的非保密事项，如果国会认为合适的话，则可以向公众公开报告。这种公开制度可以提高政府工作透明度，而且对于公众了解相关并购信息提供很大的帮助。

在美国，总统与国会之间是一种相互制衡、相互制约的关系，国会和总统彼此争夺对外政策主导权已成为美国的一种政治现象。一般来说，美国总统在对外政策中处于主导地位，而美国政府各部部长均由总统任命，因此，由各部部长组成的 CFIUS，在外国投资引起的国家安全审查问题上和总统所持观点基本一致。“由于行政机构承担着促进自由贸易的责任，因此其不太乐意对外资并购施加严格干预。”而根据宪法，美国国会在外资并购国家安全审查中同样发挥着重要作用。不过，国会认为，外资涌入弱化了美国经济，使得美国经济更加脆弱。针对国会的担心和监管动议，有美国学者指出，外资并购交易的政治化，实际上更准确地说，就是国会对外资并购的不合适监督。这也就解释了，为什么在美国外资并购安全审查的历史上，投资者更担心国会，而不是 CFIUS 本身。而且 CFIUS 将来有可能会建议，外资并购前先向国会咨询。

1. 建立和修改国家安全审查制度

美国国会通过不断地修订法律来行使对 CFIUS 的控制权，从而使 CFIUS 的政策走向和国会保持一致。在 CFIUS 成立之前，总统根据国会授权，可以采取措施禁止外资并购，但是国会认为总统的行为非常迟钝。1917 年，美国制定了《与敌贸易法》，规定战时可以对外资并购实施管制；而国会在 1933 年修订了该法，如果和平时期国家出现了某种紧急情况，也允许政府对外资采取相应的控制措施。越南战争之后，国会通过了《国际紧急经济权力法案》，并授权总统解决某些特殊的国家安全威胁。直到 1975 年，国会担忧来自欧佩克组织（OPEC）的投资威胁，为防止国会制定歧视欧佩克组织的立法，福特政府成立了 CFIUS。在之后的 10 年，外国投资委员会并没有什么大动作，国会对 CFIUS 的软弱产生不满。1988 年，借着富士通收购案，美国国会通过了对 1950 年《国防生产法》第 721 节的修正案，即《埃克森－佛罗里奥法案》，明确授权总统可以对涉嫌危害国家安全的外资并购进行调查。后总统将这一权力授予了 CFIUS。在之后的 5 年，CFIUS 遵循《埃克森－佛罗里奥法案》，调查 16 项并购交易，但只中止了一项交易。出于对 CFIUS 的不满，国会于 1993 年通过了《伯德修正案》。除了扩大对外资并购调查权的适用外，最重要的是，要求 CFIUS 在调查结束后向国会报告调查结果。1992—2007 年之间，国会试图对 CFIUS 进行改革，但一直没有改变现行机制，直到 2007 年《外国投资与国家安全审查法》的制定。

从上述国家安全审查立法的演进过程可以看出，每一个时期的法律修订都是国会积极推动的结果，其立法改革的趋势是：安全审查的并购范围更广，审查程序更严格，CFIUS 向国会的报告义务逐渐增强，国会的作用更加凸显。

2. 监督 CFIUS

近年来，由于 CFIUS 的权力不断得到提升，导致在促进外国投资和保护国家

安全的平衡问题上和国会存在一些冲突。在《外国投资与国家安全审查法》制定以前，美国国会议员对外国投资委员会的审查活动知之甚少，而 CFIUS 也往往以保密为由消极应对国会的质询。而且，外资并购国家安全审查及其调查结论的签署，美国政府高层一般都会授权下属单位进行，因此，国会议员对 CFIUS 的审查活动有很多的担忧。比如，在中海油并购优尼科案中，虽然很多美国专家认为该并购交易并不会损害美国的石油安全，但是该并购还是遭到多名国会议员的强烈反对。正如卡托研究所的贸易政策研究中心主任丹尼尔·克里斯沃德所言，这起并购根本不会涉及国家安全问题，真正威胁美国国家安全的外资并购微乎其微，但是非常不幸，国会对于敏感资产的解释过于宽泛。同样，在迪拜港口收购案中，虽然 CFIUS 成员一致同意批准该项交易，布什总统也坚称批准该交易符合美国国家利益，美国国会仍然横加干涉。最终 CFIUS 只得大幅度扩大对外国投资的审查范围。在 2006 年，外国投资委员会一共对 113 起外资并购案进行了审查，比前一年增加了 74%。

这种背景下出台的《外国投资与国家安全审查法》增加了高层签署条款，以及向国会报告和接受国会监督的条款。新的立法改革旨在减少审查决定上潜在的政治冲突，并使得国会在国家安全审查程序中变得更加自信。

根据《外国投资与国家安全审查法》，CFIUS 的安全审查活动与国会的监督之间联系更加紧密。根据该法案，通过以下两种方式强化了国会在国家安全审查中的角色：一种是国会通过进一步要求 CFIUS 向其报告工作，强化了对后者审查活动的监督职能；另一种是国会从根本上改变了《埃克森－佛罗里奥法案》中国家安全的内涵，使其包含关键基础设施、关键技术和国土安全等内容。

3. 美国国会在国家安全审查机制中的权力

除了以上所论述的国会对立法的推动作用外，具体来说，国会在国家安全审查机制中还具有以下权力：

（1）接受报告的权力

《伯德修正案》早就规定，总统就并购交易做出最后决定时，应该向国会报告做出调查决定的理由。但是，审查实践中，由总统做出最后决定的并购交易非常少，因此，总统的报告义务实际上作用甚微。《外国投资与国家安全审查法》提升了相关机构对国会的报告义务，明确规定 CFIUS 完成调查程序后，除将该调查情况提交总统裁决外，牵头部门应尽快向国会提交书面报告，说明调查结果，若该并购交易获得批准，还需书面确认该并购交易不会对美国国家安全造成威胁，或者已经通过减缓协议解决了所有的潜在危险。

具体来说，CFIUS 给国会的每一个通知和报告应包含以下内容：①介绍 CFIUS 就并购交易所采取的措施和确认并购交易审查中的决定因素；②每一个通知和报告应由 CFIUS 主席和牵头部门的领导签字，并陈述委员会的决定。《实施细则》明确规定，为了确保 CFIUS 决定的可信性（accountability），要求财政部或者牵头部门的较高级别的领导向国会保证，所管辖的并购交易已经根据第 721 条得出了结论，CFIUS 认为没有尚未解决的国家安全担忧。

与此同时，有关 CFIUS 报告义务的上述规定，还存在很多问题。例如，过多的国会议员将由此接触许多有关外资并购的秘密信息，并购各方的商业秘密被完全泄露了。还有，国会是各种利益集团、院外游说团体的集中代言人，加之国会内部党派之间的互相攻讦，并购安全审查被政治化的风险越来越大。因此有人认为，"无论是国内的同业竞争者还是被并购方等利益集团都有可能推进、推迟或阻碍外资收购，这与外国投资安全审查制度的设立初衷背道而驰。"

（2）质询权

CFIUS 除了向国会提交承诺书外，还应向国会提交详尽的年度报告，汇报上一年度内已经进行审查或调查过的并购交易信息，分析有关关键技术的外资并购情况，并就来自单个国家的外资情况提供报告。国会议员收到通知和报告后，可以对并购交易或减缓协议的相关实施情况进行质询。

（3）个案干预行为

国会成员、CFIUS 的审查程序和审查结果之间有一定的利害关系。国会制定了法律、行政程序和对程序的监督机制，以保证法律被妥当地适用和执行。

在外资并购国家安全审查过程中，国会将自身的权力授予总统行使，届时如果总统的决定不正确，需要推翻相关决定时，国会可以做出决议，从而迫使总统改变决定。国会还会通过议案、听证会等，向审查部门施加压力，以阻止并购的进行。例如，在中海油并购优尼科案中，"美国参议院相关委员会经过投票表决，将布什政府对中海油并购优尼科的审查推迟 141 天，并在获布什总统签发后生效；众议院投票通过财政拨款修正案，禁止财政部将拨款用于审查中海油并购优尼科；众议院军事服务委员会还以'中国的崛起可能会给美国带来的威胁'为题举行听证会；国会通过了能源法案新增条款，要求政府在 120 天内对中国的能源状况进行研究，报告出台 21 天后，才能批准中海油的收购，这基本排除了中海油竞购成功的可能。"

综上，基于对国家安全的日益重视，美国强化了调查程序的适用，变相地延长了审查周期，增大了外资并购成本。更重要的是，《外国投资与国家安全审查法》完善了事后监督机制，加强了国会的监督。在美国外资并购国家安全审查制度中，国会承担了不可小觑的特殊地位和作用，其一步步推动了国家安全审查的立法改革，并逐步增大了自己的权力。而国会的更多干预，无疑会导致外资并购安全审查政治化色彩趋于浓厚，从而使并购结果更加难以确定。

第三章 美国对涉军资产相关重大经济活动的监管实践

第一节　美国涉军资产上市的监管实践

资产上市指资产所有者在对资产进行股份化的基础上,将全部或一部分资产的股份在证券交易所挂牌交易,社会各界投资者都可以进行买卖的行为。资产上市的本质是资产所有者通过转让部分资产所有权以实现融资的目的。可见,资产是否上市取决于资产所有者的意愿,而能否上市取决于政府监管的要求,出于资产特定属性的考虑,政府可能会要求某些资产不能上市。

按照所有权划分,美国涉军资产可以分为国有涉军资产和私有涉军资产两类。国有涉军资产由美国政府直接投资形成,资产所有权归国家,考虑到上市后信息披露、资产所有权转移等因素,目前美国绝大部分国有涉军资产不允许上市;私有涉军资产为政府向私营企业通过合同采购等方式形成,这些公司拥有这部分资产的所有权并进行经营管理,因此这部分资产可以上市。

一、美国涉军资产上市现状

(一)美国主要涉军上市公司情况

据统计,世界百强涉军企业中,90%以上是上市公司,排名前十位的涉军企业全部是上市公司,见表3-1。在美国,绝大多数涉军企业是私有企业,这些私有企业的涉军资产,包括涉密程度较高的涉军资产也属于上市公司。例如,上市公司诺斯罗普·格鲁曼承担航空母舰、核潜艇研制任务的资产,洛克希德·马丁下属的“臭鼬工厂”承担多种型号隐形飞机项目(多为涉密项目)研制工作的资产,均在上市资产范围之内。

表3-1　2013年美国前十大涉军上市公司情况

排名	公司名称	主要军品业务	主要民品业务
1	洛克希德·马丁	军用飞机、航天系统	技术支持与服务、能源
2	波音	军用飞机、卫星与导弹	商业飞机、航空金融
3	雷声	导弹、网络信息	商业电子、商业航空
4	通用动力	地面武器、核潜艇	“湾流”商务机
5	诺斯罗普·格鲁曼	宇航系统、电子信息	信息技术、技术服务
6	联合技术	航空发动机、军用直升机	航空发动机、电梯、电池
7	L-3通讯	指挥系统、军用通信	通信系统
8	国际应用科学	C4ISR、赛博	信息技术
9	亨廷顿·英格尔斯	水面舰艇和核潜艇	海洋工程、民用核能
10	霍尼韦尔	航空配套	自动化控制、材料

注:根据美国《国防新闻》2013年发布数据整理

(二)美国骨干涉军企业股权结构

目前,美国涉军企业中相对占据重要地位的前三家是洛克希德·马丁公司、波音公司、诺斯罗普·格鲁曼公司,它们都在美国纽约证券交易所(NYSE)整体上市,主要由金融机构与共同基金持股,股票代码分别为LMT、BA、NOC。

三家公司的主要数据如表3-2所示。其中波音公司发行股份规模最大,这主要是由于波音公司商用飞机业务与资产数额庞大,公司每年的收入和利润大约有一半来自商用飞机,而另外两家公司则主要依靠研制交付国防军事装备为主,因而上市资产相对较少。总体而言,公司的上市规模与公司的业务规模、年收入基本成正比。

表3-2　三大涉军企业上市运行的主要数据

	洛克希德·马丁公司	波音公司	诺斯罗普·格鲁曼公司
机构与基金持有的股份总数	2.81	5.77	1.98
股价(美元)	148.73	142.13	115.63
市值(亿美元)	473	1 068	256.7
每股收益(美元)	9.73	5.63	8.37
市盈率	15.87	25.25	13.82
股利(美元)/股利率	5.32/3.6%	2.92/2.1%	2.44/2.1%

从表 3－2 可以看出，洛克希德·马丁公司的股价、股利和每股收益均表现比较优质，明显高出其他两家公司，这主要源于该公司从事的业务大多包含美国联邦政府与军方的核心装备体系，其中涵盖了美国几乎所有的军用卫星和反导系统，部分装备还有大量的出口，如日本、中东等地区，并在英国、澳大利亚设有区域分公司，从而获取大量高额订单。与此同时，洛克希德·马丁公司将核心研发与制造能力集中于政府业务与防务装备，引领美国军事尖端技术，塑造了作为系统集成商的核心竞争力，从而带来显著收益，并广泛回馈股东。表 3－2 中的市盈率数据也印证了这一情况。总体而言，三家公司的市盈率都保持了行业内较好的低位运行。

金融机构和共同基金大部分从事着资产管理、投资分析决策、银行等资本运作活动，它们在涉军企业资金资本运营活动中发挥了重要的决策作用。截至 2014 年 1 月，三家公司分别拥有 809，1 140，605 家金融机构与基金持股。这些机构与基金在洛克希德·马丁公司中总的股份比例占到了87.7%，在波音公司占 76.8%，而在诺斯罗普·格鲁曼公司中这一比例更是达到了89.3%。另外，表 3－3 还列出了公司高层管理者对公司持股的情况。

表 3－3　三家涉军企业高层管理者的持股份额

公司		职务	股份/股	截止时间
洛克希德·马丁	Stevens Robert J	前任总裁、首席执行官	208 086	2013.9
	Kubasik Christopher E	前任总裁、首席运营官	69 151	2012.1
	Heath Ralph D	前任航空事业部执行副总裁	42 594	2012.1
	Maguire Joanne M	前任空间系统执行副总裁	34 938	2013.2
	Tanner Bruce L	现任执行副总裁、首席财务官	27 797	2013.8
波音公司	Mcdonnell John F	前麦道飞机公司总裁	1 154 926	2012.1
	Mcnerney W James JR	现任董事长、总裁、首席执行官	463 467	2013.8
	Albaugh James F	前任执行副总裁	241 092	2012.5
	Muilenburg Dennis A	现任副董事长、首席运营官	120 170	2013.8
	Bell James A	前任执行副总裁、首席财务官	116 174	2012.3
诺斯罗普·格鲁曼公司	Bush Wesley G	现任董事长、总裁、首席执行官	90 000	2013.11
	Palmer James F	现任首席财务官、公司副总裁	196 894	2013.11
	Livanos Alexander C	现任首席技术官	67 229	2012.2
	Coleman Lewis W	美国银行高管、现诺·格董事会成员	39 114	2012.11

这些金融机构通过提供资产管理服务或建立共同基金，为投资者提供投资管理服务，资金流向研究、资产组合策略、交易流程，以及涵盖所有资产类别、跨市场的全球网络，使资产管理者与资产所有者的资产价值保值增值。这些金融机构的主要服务对象包括投资个人、参与企业退休计划的雇员、金融顾问、公共机构、美国外部投资者、企业与公共养老金、联合会和非营利机构等。其中，在三家涉军企业中占主要股份且最具资产管理实力和全球影响力的几家机构情况如表3－4所示。

表3－4　主要机构的主营业务与资产管理现状

机构名称	主营业务与资产管理现状
美国道富公司	全球第一大共同基金资产托管及会计服务商、全球第三大投资管理公司，它也是全球领先的资产托管银行、基金离岸服务商、有价证券融资服务商，管理资产超过2.09万亿美元
先锋集团	世界上第二大基金管理公司，于1916年推出了第一只指数基金——先锋500指数基金，目前已发展成全球规模最大的指数基金。作为“客户拥有”(client-owned)的代表性企业，公司员工也是集团的投资者，截至2013年1月31日，内部员工在公司基金产品中的投资共计35亿美元
资本世界投资者公司	美国资本集团的全资子公司，该公司年收入约4 200万美元，员工仅100人，市值达到3 019.5亿美元，是雅虎公司最大的机构投资者。而美国资本集团负责摩根士丹利资本国际股市指数的建设，管理着1.3万亿美元的资产，是全美第三大共同基金家族
贝莱德集团	世界第一大上市资产管理公司，截至2011年6月，该公司管理的资产达到3.65万亿美元，这个财富等级甚至超过了当时整个德国的GDP

(三)美国上市涉军资产的特点

美国涉军资产上市发展有以下四个方面的特点：

1. 具有完善的资产证券化的制度保障

美国虽然没有对资产证券化的专门立法，但有多部法律都对资产证券化进行规范，其中包括《证券法》《证券交易法》《破产法》及1940年的《投资公司法》等，这些规范促进了资产证券化的规范化和法制化运营。资产证券化过程中所涉及的会计、税收等问题决定证券资产的合法性、盈利性及流动性，关系到每一

位参与者的利益，影响资产证券化的动机和结果。美国财务会计准则委员会(FASB)对资产证券化的会计处理有较为详尽细致的规定。此外，在资产评估等其他方面也有相应的制度规范。

2. 美国涉军企业基本以股份有限公司为主，涉军资产证券化程度高

目前美国涉军企业按所有制可分为两大类：第一类是国有私营涉军企业，第二类是私有涉军企业。国有私营涉军企业一般是国家控制部分或全部股份，由私人经营，称国家控股公司。私有涉军企业则是由法人机构或个人持股，为股份有限公司或有限责任公司。美国涉军企业借助发达的证券市场，实现了涉军资产的证券化。即可通过证券发行筹集资金，减轻政府的财政负担，解决制约涉军产业发展的资金瓶颈，还可通过并购重组，不断进行产业整合，实现快速扩张，并使广大投资者分享涉军产业发展成果。Defense News 杂志统计，2007 年度全球前 100 家最大涉军企业中，80% 以上是上市公司。世界主要军火商如洛克希德·马丁公司、波音公司等都是上市公司。它们借助证券市场，通过市场融资、并购等资本运作手段快速成长，不断做大做强。涉军板块成为这些国家证券市场的重要板块。

3. 涉军资产证券持股分散，流动性强

美国涉军企业的股份以分散的持股占主导地位，养老基金、人寿保险、互助基金、大学基金等机构投资者以及约 60% 的公民直接或间接地持有公司的股票。由于股权极为分散，除极少数公司外，一个股东持有一个公司 10% 的股份就可成为大股东。股权分散可以保证公司证券的流动性较强，保证涉军资产的变现能力；同时，股权分散也可保证公司经营的稳定性，防止出现由于持股集中恶意收购的可能，保护军事工业的安全。

4. 涉军资产的高度证券化带动美国军事工业的集中化

涉军资产的证券化，使涉军资产的重新配置和重组更加便利，成本也更低，使美国涉军产业的产业集中度不断提高。在军品订货减少、国际军贸市场竞争异常激烈的情况下，美国涉军产业依然能保持较好增长。近二十几年，美国涉军企业兼并与合并的就达 15 家以上。其中，最为关注的是 1995 年 3 月，洛克希德公司和马丁·玛丽塔公司宣布合并成立洛克希德·马丁公司。后来新公司又兼并了罗拉尔德宇航电子系统和通用电气公司的电子系统，逐步成为世界军火“第一巨头”。此后，波音、雷神等公司也进行一系列重组。经过一系列的重组兼并，原来的 20 余家大型涉军企业组合成 3 家企业，即波音、洛克希德·马丁和雷神。上述三大公司再加上诺斯罗普·格鲁门公司和通用动力公司，共同成为拉动美国经济发展的重要力量。

(四)美国涉军资产上市经济效益分析

通过金融机构与共同基金对美国涉军企业持股的情况,对其中存在的共同特性分析如下:

1. 高度发达的美国金融业使各涉军企业成为国家利益共同体

美国华尔街200多年的沉浮重塑,也造就了百年级美国全球化金融体系,同时与当代涉军行业经历了几十年的洗礼和蜕变,形成了今天高度发达的金融业与孕育前沿技术的涉军企业之间的深度资本融合。

值得注意的是,除了上述三家大公司之外,美国其他涉军企业的持股机构与组成比例也与上述情况极其相似,主要股东基本相同。可以看出,美国各大涉军企业在整个国家军事防务领域中的股权利益是保持一致的。当它们依靠各自领先全球的前沿技术与装备从国内外政府取得大量订单实现收入时,持股的金融机构与基金也会拥有可观的分红;这些金融机构与基金在通过精细化的全球资产管理取得高利润时,也会进一步向涉军企业直接注资,并相应地转化为研发资金和资产等,促进涉军企业实力的进一步增强,最终形成良性循环,促使各主要涉军企业成为利益共同体。同时,由于美国《反垄断法》的存在,美国政府会极力避免恶性的垄断行为出现,这使得各上市涉军企业相互之间不会恶意地吞并资产。

2. 金融机构与共同基金对全球巨额资产的管控优势有助于实现涉军企业的高投资回报率与效费比

持股涉军企业的金融机构往往规模并不大,员工最少的仅几百人,最多的也不超过3万人,但其收入非常可观,人均年收入从十几万到四十多万美元不等,这主要得益于这些金融精英们对投资回报率与效费比的高度关注。金融机构与共同基金公司往往管理着全球数以千亿、万亿美元的资金资产,分布于世界各主要发达国家。在对客户或自身资产运作的过程中,它们需要对国内外市场、投资行为、机会成本、预期收益、资金流动风险、目标发展潜力等多种要素进行精细化评估,保证资产的增值与合理利用。其中,美国先锋集团已将效费比做到了极致,其股票基金平均运营费率仅0.19%(基金成本占总资产比例),约占同行业公司的1/10,成立40多年来,资产年均增长率约为6%,并且每年运营费用仍在显著下降,其资本运作能力可谓是业界奇葩。

金融机构与共同基金在对全球巨额资产(如能源、IT、医疗等)有效管控的基础上,对涉军产业也会以相同的模式进行资金资本运营决策。它们通过对核心经营实体的布局架构、重大项目的投资分析、外部优质涉军资产的收购合并,以及潜力市场的先期渗透等战略举措,有效实现涉军企业的高投资回报率与效费比。

3. 股权结构中持股比例的均衡性促进了资金与资产运作的良性决策

在同一家公司股权结构中，各机构、基金的持股比例差距并不大。除美国道富公司、资本世界投资者公司分别在洛克希德·马丁公司持有18.1%、12.2%的股份，美国道富公司在诺斯罗普·格鲁门公司持有11.2%的股份外，其他机构持股比例均为10%以下，而单个共同基金在这三家涉军企业中最大的持股比例也不超过4%。

可以看出，三家涉军企业的股东既没有出现一股独大的现象（即拥有50%以上股份的绝对控股权机构），也没有出现股权高度分散的情况（即最大持股者股份低于5%）。这种股权结构不仅让各个股东之间有效监督，相互制衡，发挥民主决策，化解利益输送的风险，还在一定程度上防止了强势的金融团体过度操控企业走向，实施恶意收购、出售等行为，保证了涉军企业的资产安全，为美国政府避免了装备发展的后顾之忧；同时，保持一定程度的股权集中，避免股东股份过于分散，则有利于提高公司资本运作的反应速度和决策效率，不至于错失商机。

4. 高度开放的入股形式，使企业自身收益与多元化股东收益直接相关

以上述三家为代表的美国涉军企业为例，除金融机构和共同基金在企业股权结构中占有大部分比例外，还有公司经理人、公司员工、外部公众的持股。虽然这些股份的总和也远不及机构、基金持股，但发挥着极其重要的激励作用。通过前文数据可知，三家涉军企业的高层管理者们都持有相当数量的股份，这使得企业经营业绩的好坏对他们的股权收益带来非常大的影响，并且权位越高，持股数越多，股票价值最高可达到几百万美元，其中，公司的CEO往往是持股最多者。

在美国，涉军企业被看作国家前沿技术研发、向民用领域转化和规模化生产销售的聚集地，股价及市值往往不会大起大落，而是保持稳定增长，而且市盈率较低。公司员工可以进行内部认购股份，外部公众也往往对涉军股前景看好，因此员工的股权收益与公司发展保持一致，同时公众的大量资金也涌入涉军领域。以先锋集团为例，截至2013年1月31日，内部员工在集团基金产品中的投资共计35亿美元。涉军企业的高速发展为多元化的股东带来高收益的同时，使股东对股权收益具有了稳定的预期，从而使更多的社会资金投资于涉军股，促进这一高新技术产业快速发展，形成整体良性循环。

二、美国禁止上市的涉军资产范畴

美国政府以国有形式完全控制一些涉军资产，这些资产对维持本国国防工业核心能力和国家安全十分重要，不允许上市。总体来看，这些涉军资产具有一些共性，如具有敏感性、基础性、公益性、专属性等特点。

(一)高度敏感的涉军资产

美国以国有形式将承担战略敏感武器研制生产的资产牢牢控制在政府手中,不允许它们上市。如生物化学武器防御、核武器设计生产作为战略敏感武器,对国防安全有着极为重要的影响,是国家最敏感的资产,几乎所有信息都不宜对外披露,国家对承担其研制生产功能的资产也进行严格监管。

以核武器为例,作为战略武器,核武器数量、能力等都是国家最高机密,国家需要对承担其研制生产功能的资产进行严格控制。美国证券法对上市资产的生产情况及国内外销售等有强制性的披露要求,核武器相关资产的上述信息显然无法对外披露。同时,核武器属于战略性武器,一旦上市后资产的所有权也难以保证完全掌握在政府手中,因此这些资产不能上市。典型代表是橡树岭国家实验室、桑迪亚国家实验室、洛斯阿拉莫斯国家实验室等。

1. 橡树岭国家实验室(OAK RIDGE)

能源部委托 UT Battelle 公司对该实验室进行运营管理,实验室主要开展基础和应用研究、开发,发现科学知识和技术方案,强化国家在关键科学领域的领导地位,探索清洁、可再生能源,恢复和保护环境,对国家安全做出贡献等。该实验室在国防领域的研究包括核生化威胁传感器与探测器、移动电源、用于国防的计算机和计算科学、用于安全领域的材料研究、生化威胁建模与探测、制造舰艇核反应堆使用的材料、贮存从核武器上拆下的高浓缩铀(美国未来舰艇反应堆都将使用这种浓缩铀)等。如 2010 年,该实验室承担的项目包括辐射特征信号探测的创新性替代方案、GPS 服务拒绝环境下的综合导航系统、用于主动响应赛博威胁的分布式计算情报等。

2. 桑迪亚国家实验室

除了主要研究与核武器研制密切相关的工程问题外,该实验室还研究能源和环境等问题,具体包括核武器、能源、气候及设施安全、防扩散、国防系统和评估、国土安全、科技及工程化等领域的研究。1949—1992 年间,该实验室由美国电话电报公司运营,1993 年至今由洛克希德 · 马丁公司运营。

3. 洛斯阿拉莫斯国家实验室

该实验室致力于核安全方面的研究和应用,包括:确保美国的核威慑力量安全可靠,减少全球核威胁,解决其他紧急的国家核安全问题。该实验室由加利福尼亚大学负责管理。

(二)基础性、公益性特征明显的涉军资产

美国以国有形式掌握着部分国防基础性、公益性研究资产,这些资产在国防

基础性研究领域发挥重要作用。如美国国防部所属国家实验室、主要涉及国防科研生产的试验场等。美国政府定期对这些机构进行考核，要求必须向全国的科研工作者开放，保持这些机构的公益性，不以营利为目的。国家完全控制国防基础性、公益性研究资产，才能随时根据国防的需要调整基础性和前瞻性研究方向和领域，以较低的成本确保重点研究方向不遗漏，最终满足国防安全发展的需要，这是美国禁止这类国有资产上市的最主要原因。典型资产代表包括大西洋西北国家实验室、阿罗约中心、航天联邦投资发展中心等。

1. 大西洋西北国家实验室

该实验室主要研究领域涵盖能源与环境、基础和计算科学、国家安全三大方面，具体包括化学和分子、生物系统科学、气候变化科学、地表下科学、化学工程、材料科学和工程应用、核科学和技术应用、先进计算机科学、视觉化和数据处理、系统工程和集成。该实验室由巴特尔公司运营管理。

2. 阿罗约中心

阿罗约中心为美国陆军的研究中心，主要研究美国中长期政策相关问题，帮助陆军提高作战效率，为陆军出现的紧急问题提供短期援助，并为陆军的改革提供支持。该中心由兰德公司运营管理。

3. 航天联邦投资发展中心

航天联邦投资发展中心为航天器发射、空间和相关地面系统提供科学和工程支持。该中心还为长期项目提供专业化场所和持续的技术支撑。美国国防部赋予该中心 5 项核心职能，即发射认证、系统工程、系统研发与采购、进程管理和技术应用。该中心由航宇公司运营管理。

（三）具有代表国家公信力的涉军资产

美国有大量的涉及国防科研生产的评估机构，这些资产一般不允许上市，这与其所代表的国家公信力密切相关。如武器装备效能评估、设计方案评估机构，代表国家公信力，若上市成为营利性质企业，将无法代表国家公信力。因此，上述资产不宜上市。这类资产的典型代表包括美国战略与预算评估中心（CSBA）、国会研究中心（CSR）、国会预算署（CBO）等。

（四）专属性强的涉军资产

一些涉军资产专属性较强，通常其产品或服务的需求方较固定、应用面狭窄、高度依赖国防、完全缺乏民用需求，而国防需求本身的周期性导致这部分资产没有长期稳定的盈利，难以满足证券市场持续盈利的需要。这类涉军资产中，承担军用核动力装置研究设计功能的最为典型，军用核动力装置与民用核反应

堆在体积、质量等方面有着显著的差别，使得其设计方案和采用的部分技术存在巨大的差别，美国军用核动力装置研究和设计机构与核电站制造企业并不相同，它们的市场明显窄小得多。如美国舰用核动力装置研制主体是贝蒂斯核动力实验室和诺尔斯核动力实验室，它们属于国有民营的资产，不允许上市。如果这些涉军资产上市，企业股东可能为了追求利润而改变资产功能，甚至变卖或放弃这部分涉军资产，进而对国家安全造成不可挽回的损失。

（五）美国上市公司运营管理的国有涉军资产并不上市

美国政府对国有涉军资产的使用、处置进行了明确的限制。例如，《美国能源部采购条例》规定，受委托管理国有资产的第三方“不得改变政府资产的属性，也不能以政府资产依附其他不动产为由，改变政府资产的属性”（见 DEAR 970.5245 – 1b）。

不少涉军上市公司（如洛克希德·马丁、雷声等）代管了大量国有涉军资产，这部分资产无法进入上市公司资产列表，不进入公司的合并报表，企业仅拥有这部分资产的经营权和收益权，上市公司的任何变动，包括股权变动、兼并重组等，都不会影响这部分资产的属性。例如，在英国核燃料集团公司（BNFL）收购美国上市公司西屋电气公司过程中，西屋电气公司代管的国有涉军资产贝蒂斯核动力实验室，被排除在并购资产清单之外。

第二节　美国对涉军资产兼并重组活动的监管实践

一、美国政府对涉军资产兼并重组的支持措施

美国政府对涉军资产兼并重组的支持主要是通过以下几种方法：

1. 劝告或“窗口指导”

它主要指由一位或数位美国政府官员邀请企业家们参加宴会或出席有众多企业家参加的宴会，并在席间发表隐喻性的讲话。“窗口指导”本身并无很大作用。但它实际预示了美国今后财政政策的导向，精明的大企业家们能够从中觉察五角大楼的意图，并重新修改制定自己的企业战略。

2. 财政政策的扶植

它主要是指军事订货的方向倾斜，以及补贴的发放。在冷战时期，军品采购“预算蛋糕”做得非常大，大大小小的防务承包商们都能从比较固定的军事订货合同中获取丰厚的利润。冷战结束后，美国的国防预算连年削减，国防部开始有

选择地将军品采购合同交给自己青睐的企业。这种方向的倾斜性背后涉及的是资金的流向，它对于许多依赖五角大楼武器采购的大承包商们来说至关重要。如果五角大楼选择了你的竞争对手，就意味着你的前景黯淡，公司股票市值就会下跌，这本身即为竞争对手的低成本收购提供了有利条件。

1996 年 12 月 15 日，波音公司宣布以 133 亿美元收购麦道（按 1996 年 12 月 13 日收盘价计）。在此之前，麦道公司（McDonnell Douglas）年年盈利并曾两次拒绝与波音公司合并。1996 年 11 月 16 日，五角大楼宣布将 JSF“联合攻击战斗机”的整机设计任务交给洛克希德·马丁公司和几乎没有战斗机设计经验的波音，并且每家各发 11 亿美元去设计样机。在这种不利情况下，麦道公司终于在一个月后俯首就范了。

1997 年五角大楼故伎重施，宣布不再购买诺思罗普·格鲁曼公司的拳头产品——B2 隐形战略轰炸机。完全停止购买 B2，等于明确宣布诺思罗普·格鲁曼没有资格作为独立企业生存，涉军企业的重组远未结束。紧接着，洛克希德·马丁公司便宣布以 115 亿美元兼并诺思罗普·格鲁曼公司。

从上述两例中，我们可以看出军事订货方向性倾斜的真正威力所在。购并补贴也是一样。在 1992—1997 年的国防工业购并浪潮中，强强联合与接管一直占据着主导地位，这种“大象联姻”在短期内对于公司的现金流是不利的，它加大了公司的财务杠杆风险，因此国防部为购并后的企业提供了补贴，这一行动加速了美国涉军企业的购并步伐。在公开记录中，很难确定合并的公司到底接受了多少补贴，因为五角大楼可能允许把重组费用（包括退职费、工厂关闭费、失业津贴在内）加到公司的合同费用中；同时大多数新合并的公司也从其不断的武器出口合同中获得了大量的政府间接补贴，其数额可能为 50 亿～70 亿美元/年，这种政府补贴更多地来源于美国白宫对军品出口限制的放松和白宫领导人“武器贸易外交”的大力推行。一个典型例子就是 1994 年克林顿亲自出面帮助波音公司和麦道公司取得沙特的巨额订单。

3. 放松反垄断政策

从 1992 年 11 月国防工业界抗议联邦贸易委员会阻止联合技术公司收购奥林公司军械部的决定开始，克林顿政府便趁此扩大了五角大楼在评述企业购并方面的发言权，反托拉斯部门对国防工业界的并购也采取了更宽容的态度，从此以后，国防工业界的兼并和收购便很少遇到大的阻力。

二、本土兼并重组有关规定及流程

本土企业兼并重组监管的重点在于是否实质地削弱竞争或势必形成垄断，影响行业竞争。对于涉军上市企业的兼并重组，按照 1996 年美国国防部

5000.62 指令《主要国防部供应商的合并或收购对国防部项目的影响》(Impact of Mergers or Acquisitions of Majors DoD Suppliers on DoD Programs),由国防部联合司法部反托拉斯局(the Antitrust Division of the Department of Justice)和联邦贸易委员会(the Federal Commission)进行审查。

兼并重组审查的主要内容为:一是是否削弱主要供应商间的竞争程度;二是是否增加项目成本;三是影响项目完成质量的其他因素(参考国防部 5000.62 指令第 4.1 条)。

美国涉军上市公司以分散的持股占主导地位,机构投资者和约 60% 的公众直接或间接地持有公司的股票。由于股权极为分散,除少数公司外,一个股东持有公司百分之几的股份就可作为大股东。美国证券投资者主要是依靠在股票市场上的大量买进或卖出股票来影响公司。持股的短期性质使股票交易十分频繁,造成一些涉军上市公司经常发生兼并重组。在对于本土兼并重组监管的重点在于是否形成垄断,是否影响行业竞争。

美国是世界范围内反垄断立法最为发达的国家之一。企业合并控制规则,作为美国反垄断法的核心组成部分,较好地体现了规制企业合并、阻止经济力量集中的客观合理性与成功经验。

美国的企业合并的法律基础主要由四部分组成:

(1)《谢尔曼反托拉斯法》。《谢尔曼反托拉斯法》对企业合并采取高度立法的原则,即对任何妨碍自由贸易与竞争的企业合并都予以严厉禁止,从而构成了美国企业合并制度的法律基础。

(2)《克莱顿法》的有关内容及对该法予以修订所形成的单行法规。《克莱顿法》对企业合并的控制采用"早期原则",即在企业合并形成的早期,当可以合理地预见到某种企业合并将破坏自由贸易与竞争时,即可对其实施法律控制。

(3)美国司法部颁布的《合并准则》及对该准则予以修订所形成的规则。作为行政规定,其目的是为联邦政府的反垄断机构考虑市场集中度、潜在的反竞争效果、市场的进入、效率和破产并列为判断垄断性合并的五大判断标准下,提供关于企业合并的分析框架。

(4)美国法院在审理企业合并案件过程中所形成的判例等。美国作为一个判例法国家,法院审理企业合并案件过程中所形成的判例及通过判例所确立的企业合并法律原则,是美国企业合并法的重要内容之一。

三、主要监管方式

1. 对企业合并实行事前事后双重控制

美国最高法院在执行《谢尔曼法》所确定的企业合并规则时,判断一项企业

合并是否违法，主要看该合并的效果是否实质地削弱竞争或势必形成垄断的“合理原则”。而克莱顿法的“早期原则”则对这一缺陷给予了很好的补救。那些因为合理原则而不受《谢尔曼法》追究的企业合并，却会因其具有危害自由贸易与竞争的可能性，而受到《克莱顿法》的控制。因此，“合理原则”与“早期原则”的配合，很好地体现了美国对企业合并事前事后双重控制的特点。

2. 对横向合并实行严格控制

美国通过一系列法律规定，对横向合并的企业合并严格监管，对纵向合并和混合合并一般不再干预。横向合并一贯是美国反托拉斯法最严格管制的对象。其理由是，既然企业商定价格的行为被视为本身违法的行为，那么因为横向合并的结果会使合并的企业一起商定价格，横向合并自然也就应视为本身违法的行为。

3. 企业合并控制政策的立法采用规范和调整方式

为维护有效的竞争，法律不仅规范占市场支配地位的企业的市场行为，还担负着对阻碍市场竞争的结构予以调整的任务，如对托拉斯组织进行解散和分割。

4. 确立以市场集中度和市场份额为基础的企业合并评判标准

在美国，判断一个企业合并是否违法的标准以市场集中度与市场份额等重要因素做优先考虑。比如界定相关产品市场与地域市场；考虑相关市场的集中度，市场进入的障碍，价格竞争的强度，市场上长期和短期的供求关系，企业的规模及其与企业竞争力之间的关系等。

第三节　美国对外资并购本国涉军资产的监管实践

对于外国投资对本国上市的涉军企业进行兼并重组，美国政府将其上升到与国家安全相关产业的范畴，并制定了相关完善的法规和程序，以规范外国投资对本国涉及国家安全的公司的兼并重组行为。主要包括垄断审查、并购审批、行业限制、资本限制、国家安全审查等各方面的法律制度以确保国家安全。

一、法律基础

美国在外资管理方面的法律主要是《埃克森－佛罗里奥法案》。该法案规范美国对涉及其国家安全的外国投资的审查程序、内容及法律后果等。该法案授予美国总统在美国其他法律不能提供适当保护的情况下，可以采取措施，中止或禁止那些可能威胁到美国国家安全的外国政府或企业对美国企业的获取、兼并或接管。而且美国总统所做的决定不受司法审议管辖；为了体现总统“最大活动余地”原则，美国没有任何一个法令对什么是“国家安全”做出一个明确的定义。

只要该交易可能导致外国政府对美国目标的控制，美方就要启动一个为期45天的全面调查程序；只要涉及一个“外国购买方”，并不一定是“外国政府”就要启动一个为期30天的初步审查，然后由CFIUS决定是否要启动一个为期45天的全面调查。

二、审查机制

涉及外资并购本国企业时，只要CFIUS认为交易会对美国国家安全产生影响，就需要审查。CFIUS的具体日常事务由设在财政部的国际投资事务局的国际投资办公室负责。CFIUS的核查不要求必须在交易完成前实施，可以在实施前、实施中甚至实施后的任何时间开始启动。

1. 审议程序启动

《埃克森－佛罗里奥法案》规定：凡是涉及外国“获取、兼并或接管”美国财产的交易的任何一方，都可以但并不要求必须就该项交易是否可能涉及美国国家安全，向CFIUS要求审议。该法案为那些可能涉及美国国家安全问题的投资交易方规定了一个法律审议程序，同时，它也为美国政府干预对外投资的管理创造了一种法律机制。

2. 审查程序进行

CFIUS在收到申请书的30天内完成对该项交易的初步审查，然后根据初审结果来决定是否需要继续进行一个为期45天的全面调查（如果购买方是由一外国政府控制的，则需要进行全面调查）。如果CFIUS启动了全面调查程序，需要在45天内完成调查并向美国总统提交调查报告；之后，总统在15天内向国会提交报告，阐明他将对交易采取的措施，包括不反对该交易、禁止该交易、撤销该交易等。CFIUS在过去的12年里对18项交易进行了全面调查，只有一件交易是由总统下令阻止的，即1990年当时的美国总统布什下令撤销了中国航空技术进出口总公司拟购买美国MAMCO制造公司（生产飞机零件）的交易，因为该公司所使用的技术属于美国出口管制的范畴。

3. 涉及“外国控制”及“国家安全”的确定

对于是否构成“外国控制”，CFIUS主要审查其投资结构和公司决策机制等文件，以此确定公司外资所占比例，以及对公司主要决策的影响力。

《埃克森－佛罗里奥法案》及其执行条例都没有对“国家安全”做出一个明确的定义，但该法令规定了总统及CFIUS在考虑该问题时必须考虑美国国防安全所需的国内生产水平、外国投资对美国产业竞争力的影响、外国购买方是否排除美国就业等问题。

按照《埃克森－弗罗里奥法案》的规定，美国政府（通过外国投资委员会）在

对外国投资交易进行审查的过程中,必须要求那些拟购买与美国军事和国防基础设施相关企业的外国公司,尤其是为外国政府所控制的公司建立一种“结构性的企业内安全措施”,例如对公司管理活动建立一道无形的“防火墙”等。

三、外国投资委员会国家安全分析所考查的因素

外国投资委员会国家安全分析所考查的因素见表3－6。

表3－6　外国投资委员会国家安全分析所考查的因素

外国收购方	目标美国企业
1. 收购方在遵守法律法规方面的记录,重点考察遵守出口管制规定的表现,以及/或者以前履行对CFIUS所做承诺的表现。 2. 收购方所属国对美国重要的国家安全目标给予配合的记录,包括在核不扩散及反恐怖主义事务上的配合情况。 3. 收购方管理层的记录,包括收购方的管理人员及董事过去或现在是否与所属国军方或情报机构有关系 4. 收购方所属国在从事商业谍报活动或国家谍报活动方面的记录。 5. 收购方是否在美国实施禁运的国家(即伊朗、朝鲜、苏丹、古巴)从事业务活动。 6. 交易是否可能增进与美国利益相背的国家的军事或情报能力。 7. 收购方是否可能将重要科技或关键产品转移到海外。 8. 外国政府是否对收购方施加控制或影响。 9. 收购方如何为交易融资,该融资方法是否会让其他方(包括外国政府)控制收购方或该交易	1. 目标美国企业的资产,包括:资产本身是否为美国关键基础设施的一部分,是否供应美国的关键基础设施,或者可能形成其他威胁(例如资产或材料可被用于恐怖主义目的)。 2. 该美国企业的政府客户,首先包括国防部门客户,其次包括非国防及情报部门客户。 3. 该美国企业使用政府系统的权利。 4. 获得美国政府保密信息的权利,以及美国政府核准的设施出入安全许可 5. 该企业的美国资产对美国执法工作的重要程度。 6. 该企业的美国资产或科技对国防供应链的重要程度。 7. 该美国企业附近有哪些其他资产或企业。 8. 该美国企业有哪些现行安全规则。 9. 交易完成后,美国管理层是否留任,安全方面的重要职务是否由美国公民担任。 10. 是否涉及敏感型科学技术,包括受出口管制的科学技术。 11. 该美国企业在法规遵守方面的记录,尤其包括遵守出口管制法规的记录。 12. 该美国企业的非政府客户群体(即该美国企业所供应的客户群体是否对国土安全或国家安全具有关键意义)。 13. 相关市场的竞争程度,尤其是该美国企业是否在重要战略产品、服务或科技的市场拥有支配优势

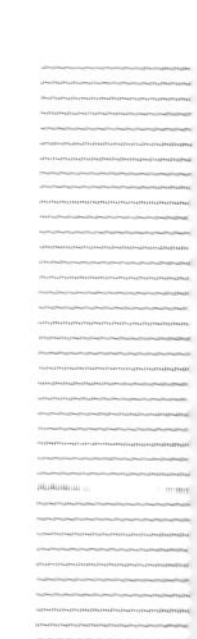

四、受管辖的交易类型

受管辖的交易类型包括但不限于以下内容：

(1)无论交易条款对公司控制权实际安排的表述如何，任何导致或可能导致外国法人控制美国企业的交易均受管辖。

例一：A公司是外国法人，拟收购美国企业X公司的全部股份。作为唯一的所有者，A公司将有权选举产生X公司的董事和任命其他重要管理人员，而这些董事将有权决定关闭或转移特定的生产设施和终止重要的合同。他们还将有权向作为唯一持股人的A公司建议解散X公司和出售其主要资产。该交易为受管辖交易。

例二：其他事实同例一不变，仅是A公司拟保留X公司的现有董事，而这些董事均为美国公民。尽管A公司可选择不行使其选举产生X公司新董事的权利，但其保留该可行使权利。该交易为受管辖交易。

例三：A公司是外国法人，拟从美国企业B公司收购其持有的另一个美国企业X公司50%的股权。B公司保留X公司剩余50%的股权。A公司和B公司将以合同方式约定A公司在10年内不行使其投票权及其他权利。该交易为受管辖交易。

(2)某外国法人将其对一家美国公司的控制权转让给另一个外国法人的交易。

例一：X公司是美国企业，但由外国公司Y全权所有与控制。Z公司也是外国法人，但与Y公司并无关联。

(3)交易造成或可能造成一外国法人控制构成美国企业的资产。

例一：A公司是外国法人，拟购买另一外国法人X公司在美国的分支机构。就其在美分支机构来说，X公司是一家美国企业。该交易是受管辖的交易。

例二：A公司是外国法人，购买在美国注册的Y公司的美国境外的分支机构。假定无其他有关事实，则Y公司的海外分支机构不是美国企业。该交易不受管辖。

例三：A公司是外国法人，在美国开始投资新公司或“绿地”投资。该投资行为包括：对生产新产品工厂的单独融资支持安排和建设，购买原材料，雇佣人员和购买必要的技术。该投资还可能包括购买新注册的子公司的股权。假定无其他相关因素，A公司未收购美国企业，所以其初始投资是不受管辖的交易。

例四：A公司是外国法人，实质购买了B公司的所有资产。B公司是一家在美国注册、从事工业设备制造的企业，但已在A公司收购其所有资产前一个星期停止生产和销售。发生交易时，B公司将其保留的员工、生产工业设备的技术和原有客户关系都转交给A公司。A公司实际获得B公司的所有资产，该交易受管辖。

例五：A公司是外国法人，在美国境内和境外都有企业。B公司也是外国法

人，收购A公司。B公司收购A公司在美国境内的企业是受管辖的交易。

例六：X公司是外国法人，拟从美国企业A公司处收购在美的一个空仓库。该收购仅限于设施，不包括客户名单、知识产权、有价信息，或其他无形资产或人员的转移。假定无其他相关因素，该设施并非实体，因此不是美国企业，购买该设施不是受管辖的交易。

例七：其他事实同例六，但X公司除收购A公司的仓库设施外，还获得其人员、客户名单、管理该设施的库存管理软件。在这种情况下，X公司是收购美国企业，该交易受管辖。

(4)在合同或其他类似安排基础上组成的合资企业，包括协议建立一个新的实体。只有当合资其中一方投入合资公司内的资产是一个美国企业，而一个外国法人通过这个合资企业控制该美国企业的情况。

例一：A公司为外国法人，X公司为美国企业，组成了一个单独的公司JV。其中，A公司仅以现金入股，而X公司以一家美国企业入股，各占有JV公司50%的股权。根据新公司设立的章程，A公司和X公司对所有影响JV公司的事务(800.203(a)项下(1)－(10)定义的内容)都有否决权，两公司对JV公司都有控制权。JV公司的设立是受管辖的交易。

例二：A公司为外国法人，X公司为美国企业，组成了一个单独的公司JV，A公司投入资金及管理和技术人员，X公司投入一定土地和设备，但在此例中其投入并未形成一个美国企业，A公司和X公司各持有合资公司50%的股份。假定没有其他相关影响因素，JV公司的设立不是受管辖的交易。

在20世纪80年代末，外国对美投资曾引起了美国国会的高度关注。1987年，日本富士通公司欲收购美国仙童公司的要约被众议院报告描述为“其效果等于是(美国)在二战期间丧失生产飞机的能力”。1988年，国会通过立法授权总统可以对外资意向收购美国公司进行审查，对任何威胁国家安全的收购可以予以禁止，即著名的《埃克森－佛罗里奥修正案》。根据这一修正案，总统对收购交易禁止或放行的决定是终局性的，不能再向法院上诉。随后，里根总统于1988年12月签署行政令将此项新权利授予CFIUS。

第四节　其他重大经济活动的监管实践

一、美国涉军企业IPO过程控制

除国有涉军资产禁止上市外，美国绝大多数涉军企业均为私人企业，这些私人企业 IPO 过程与普通企业一致,并无特殊要求。

(一)组建上市顾问团队

公司得以在美国最终上市,往往是一个有效的上市顾问团队成功运作的结果。公司须组成一个包括投资银行、管理顾问(含财务管理专家)、法律顾问在内的上市顾问团队。其中,投资银行将牵头领导整个交易和承销的过程。在考虑投资银行的人选时,公司应充分了解投资银行是否具有曾经协助过该行业的其他公司上市的经验及其销售能力。公司选择的法律顾问必须具有美国的执业资格,同样,公司应考虑其是否有证券业务方面的丰富经验。会计师事务所应将根据美国一般会计准则独立审查公司的财务状况。

(二)调查

公司将在上市顾问团队的协助下进行公司的管理运营、财务和法务方面的全方位、深入的尽职调查。尽职调查将为公司起草注册说明书、招股书、路演促销等奠定基础。为了更好地把握和了解发行公司的业务状况经营,以便于起草精确和有吸引力的招股书,主承销商、主承销商的法律顾问及发行公司的法律顾问将对发行公司的财产和有关合同协议做广泛的审查,包括所有的贷款协议、重要的合同及政府的许可,等等。此外,他们还将与公司的高级管理人员、财务人员和审计人员等进行讨论。同时,主承销商往往要求公司的法律顾问和会计师提供有关在注册说明书中的事件的意见。承销协议书将约定由公司的法律顾问出具有关公司的合法成立及运营、发行证券的有效性、其他法律事件的法律意见。此外,承销协议还将要求公司法律顾问出具关于注册说明书是否充分披露的意见。最后,发行公司还需要提供一封“告慰信”,即由其独立的注册会计师确认注册说明书中的各种财务数据。

(三)注册和审批

美国证券法要求,证券在公开发行之前必须向美国证监会注册登记,并且向大众投资人提供一份详尽的招股书。注册审批是上市的核心阶段。公司、公司选任的法律顾问和独立审计师将共同准备注册说明书的初稿,因此,法律顾问的能力和经验在此阶段会得到淋漓尽致的发挥。注册说明书应包括两个部分:第一部分包含招股书,第二部分包括补充信息、签字和附件。招股书具有以下特征:第一,必须符合美国证监会的要求,以及必须真实地披露相关表格要求的信息。通常,对境外公司的披露要求与美国本土公司是一致的,包括公司过去 5 年的业务、风险因素、财务状况、管理层的薪酬和持股、主要股东、关联交易、资金用

途和财务审计报告等。此外,招股书也是促销手册,招股书必须描述发行公司的“亮点”,以吸引投资人。

承销商及其法律顾问将对初稿进行认真审查,并做出评论。当注册说明书准备好后,将递送到美国证监会。在注册说明书递交证监会后,该文件尚未被宣告有效之前,包含在说明书中的初步招股书将由投资银行送给潜在投资人传阅。在此期间,可以书面招股,但是不能承诺出售股份。在此期间,承销银行将安排路演。

美国证监会在30天内审查注册说明书。审查完毕后,证监会向公司发出一封信,要求提供补充信息或更详尽的披露,主要涉及披露和会计问题。公司即按照该意见进行修改并将修改意见递交证监会。证监会再次进行审查。如是首次注册的公司,证监会往往会要求进行多次修改。

美国证监会审查批准注册说明书的最后一稿后,将宣布注册说明书生效。对第一次注册的人来说,从第一次递送到宣布生效,需花4到8个星期的时间。

(四)促销路演

注册登记之后,公司便可以在投资银行的协助下进行促销,其中包括巡回路演。路演是指证券发行公司通过一系列的对潜在投资人、分析师或资金管理人所做的报告会,激发投资兴趣,通常持续1到2个星期。届时公司管理层在投资银行的安排下,到各地巡回演说,展示其商业计划。管理层在路演上的表现对证券发行的成功与否也有至关重要的作用。在美国,重要的路演城市包括纽约、旧金山、波士顿、芝加哥和洛杉矶。作为国际金融中心的伦敦和香港也往往会包括在路演的行程中。

(五)询价定价与股票销售

路演时,第一次交给基金经理们的是没有招股价的招股说明书(red herring prospectus),以便基金经理对公司有深入的了解;然后,承销的投资银行依据基金经理的反映确定最终发股数和价格,并将这些内容加入招股说明书中。一旦路演结束,最终的招股书将印发给投资人,公司的管理层将在投资银行的协助下确定最终的发行价格和数量。一旦发行价确定,待SEC宣布包括最终的招股说明书在内的招股文件生效后,公司就可以正式公开发售股票,首次公开发行便可宣告生效。进而上市交易也随之拉开序幕。主承销商将负责保障公司股票上市交易最初的关键几天的顺利交易。至此,首次公开发行即告成功。

(六)挂牌交易

自注册之日起20天冷静期内,若接到美国证券交易管理委员会或交易所有

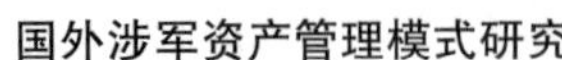

问题说明书,上市公司及委任团队须在14个工作日内用解释、说明或补充文件方式答复询问意见,若达到完全披露标准,美国证券交易管理委员会即表示无询问意见,5天内上市公司则可接到交易所挂牌生效日许可通知书。上市公司可印制正式公开说明书与IPO股权证明书,并选择良辰吉日挂牌交易。

但因美国证券交易管理委员会考虑公司获利可能不如预期,导致每股盈余无法支持最低挂牌股价,或因非人力可控制因素影响,降低上市公司挂牌意愿或挂牌标准,依美国证券交易管理委员会R415的规定,挂牌许可有效期限为两年。上市公司自挂牌生效之日起两年内,可选择最有利的挂牌时机,但为鼓励上市公司早日挂牌,一般而言,美国证券交易管理委员会比较倾向于上市公司能在90天内挂牌交易。

二、美国涉军上市公司信息披露监管

信息披露是美国资本市场监控的重点。美国通过强化以会计信息披露为主的信息披露,建立公开信息披露体系,达到保护投资者利益,维护资本市场有效运转的目的。

(一)美国资本市场信息披露监管法律体系

美国现代资本市场信息披露的法律规范是在1929—1933年大危机之后建立起来的,到目前已逐步形成一个完备的法律体系。美国证券市场信息披露的制度规范主要分为以下三个层次:

第一层次为美国国会颁布的有关法律,包括《1933年证券法》(Securities ACT of 1933)、《1934年证券交易法》(Securities Exchange ACT of 1934)、《1935年公共事业持股公司法》(Public Utility Holding Company Act of 1935)、《1939年信用契约法》(Trust Indenture Act of 1939)、《1940年投资公司法》(Investment Company Act of 1940)、《1940投资顾问法》(Investment Adviser Act of 1940)、《1964年证券法修正案》(Securities Act Amendments of 1970)、《1970年证券投资者保护法》(Securities Investors Protection Act of 1970)、《1978年破产改造法》(Bankruptcy Reform Act of 1978)等。

第二层次是美国SEC制定的关于证券市场信息披露的各种规则或规定,主要有:Regulation S - K、Regulation S - X、Regulation S - T、C条例、10 - K、10 - Q、8 - K、会计资料编制公告、财务报告编制公告、首会办会计公告及其他一些相关的规定和表格。

第三层次为NASD、NASDAQ等交易所或行业协会等制定的有关市场规则。

在美国资本市场信息披露监管法律体系中,最重要的法律是《1933年证券

法》和《1934 年证券交易法》。《1933 年证券法》旨在通过建立公开的信息披露制度制止证券市场的投机活动，加强对股票交易的管制。《1934 年证券交易法》旨在通过建立规范的市场机制，限制投机性信贷数量，规范有组织和无组织证券市场中交易商和经纪人的不公平行为，确保大多数公众获得有关市场中发生的完备证券交易信息，杜绝所谓的内部人因不公平的内部信息而获利，从而维护整个资本市场的健康发展。《1933 年证券法》和《1934 年证券交易法》奠定了美国现代资本市场监管体系的基础，开创了资本市场政府监管的先河，影响深远，至今仍发挥着重要作用。

(二)信息披露监管的具体规定

《证券法》对会计信息方面做了明确而严格的要求。该法确立了两项重要原则:其一是真实性原则，虽然允许私人经营证券，但强制证券经纪人必须提供拟出售证券的真实价值和出售办法的完整信息资料;其二是可靠性原则，禁止用非真实性的阐述及其他欺骗手段销售证券。这两项原则的主要宗旨是规范信息披露。而《证券交易法》更是将会计信息披露具体化。在会计审计方面，该法要求公司在交易所上市之前，应进行有价证券的发行登记，并向 SEC 会报送经过审核的年度财务报表。同时，在该法律条款中对会计审计的法律责任进行了明确的规定。《1940 年投资公司法》要求“投资公司在 SEC 注册登记，并对投资公司的董事会结构、投资公司业务活动的监管和其分支机构业务等做出明确规定，防止徇私舞弊”。《1940 年投资顾问法》加强了对投资顾问的管理，要求以向他人提供证券投资咨询而取得收益的个人或法人必须在 SEC 注册，并向顾客充分公开自身的证券交易情况，禁止信息欺诈。《1970 年证券投资者保护法》规定设立证券投资者保护公司(SIPC)，为符合一定条件的证券经纪商和自营商的顾客提供保险保护，使这些顾客在证券商失去偿付能力时能得到赔偿。1968 年国会通过了《1968 年威廉斯法》(the Williams Act of 1968，该法于 1970 年进行过修订)，要求公司在现金标购、交易所拍卖、大规模股权购买业务中实行信息公开。1986 年国会通过《政府证券法》，加强了对政府证券交易的管理，实际上对《证券法》和《证券交易法》进行了完善。

(三)美国资本市场信息披露具体操作

SEC 在联邦法律的框架下针对各种不同的监管对象制定了大量详尽而严格的信息披露规则或规定，并出台各种文件解释法规，指导执行，其中主要有《财务信息披露内容与格式条例》(Regulation S－X)《非财务信息披露内容与格式条例》(Regulation S－K)、C 条例和其他指导性解释性文件。而各交易所、NASDAQ

和 NASD 也根据法律和 SEC 的披露规则制定了相应的市场规则。这类规范体现了以下特点:

1. 体系系统而详尽

SEC 的信息披露规则所规范的范围不仅包括财务信息,也包括对上市公司估值有影响的相关非财务信息,还包括一些技术性的要求。

《财务信息披露内容与格式条例》主要规定上市公司信息披露的内容与格式,是公开发行股票的公司向 SEC 报送各种财务报表时所应遵循的规范,是信息披露规则中最重要、最核心的内容。该条例包括运用的范围、会计师资格及会计报告、财务报表介绍、财务报表的分类与汇总、规则的运用、商业和工业企业、注册投资公司、职工购买股票、储蓄及其他计划、保险公司、银行控股公司、期中财务报表、剥离财务报表明细表的内容和格式等。

《非财务信息披露内容与格式条例》主要规定上市公司非财务信息披露的有关事宜,适用于监管对象向美国 SEC 提供的非财务报告及说明。该条例包括一般准则、企业概况、证券发行登记、财务信息披露、公司高级管理人员及其持有证券情况、申请上市登记表及招股说明书、附件、杂项、行业指南、前期滚动事项等。条例虽然并非财务信息的内容,但对于正确理解财务信息有重要帮助。

C 条例是对公司准备注册登记说明书的具体步骤和细节方面所做的规定,包括注册登记说明书的要求和其他申报细节,以及对专业术语的定义、信息的可靠性、延期或后续发行和销售股票、书面同意书、生效日期、修改和撤销等方面做出要求。在此基础上,SEC 为上市公司制订了一系列信息披露报告格式,主要可分为初次披露报告和持续披露报告,并根据不同类型的投资者提出不同的信息披露要求,包括用于电子数据系统的各种书面或电子报告格式等。

除 SEC 的规则和规定外,各交易所、NASD 和 NASDAQ 也制定了一系列信息披露规则,完善了信息披露的规则系统。这一系列严格详尽的信息披露规则不仅使美国的资本市场处于有效的监管之下,也使资本市场参与者能获得真实、可靠、可比和有用的信息。

2. 强制性与指导性相结合

在 SEC 的信息披露规则中,Regulation S – X、Regulation S – K 和 C 条例都是被监管单位必须遵守的,具有强制性。为了保证信息披露规则有效地执行,SEC 首席会计师办公室还定期或者不定期地发布各项指导性文件,如《会计系列公告》《财务报告编报公告》《会计、审计实施公告》《财务报告政策》、首席会计师办公室和公司融资部联合编制的《专业会计公告》(Staff Accounting Bulletins, SABs)。这些文告是 SEC 在进行监督和管理过程中就财务信息披露要求所做的说明和解释,不具有强制性。不过,对于公开发行股票的公司及注册会计师等有

关人员而言，这些文告中所包含的信息仍然是非常重要的。

3. 日常信息披露监控主要由交易所与 NASDAQ 实施

美国对资本市场信息披露的日常监管主要由交易所和 NASDAQ 实施，而不是由 SEC 直接管理。交易所与 NASDAQ 是资本市场中的一种特殊经济组织形式，其基本功能一是提供交易平台，二是维护市场秩序。这类组织又具有多重角色，既是一个集中交易的场所，又是由众多证券从业机构组成的市场中介机构；既具体监管上市企业、证券经营机构和证券市场交易行为，同时又接受政府监管机构的监管。因此，利用这类组织进行资本市场的信息监管既有准确性，又有及时性。

（四）对上市涉军企业的监管

从现有法律体系中，尚未发现美国对上市涉军企业有特别的监管措施。但涉及国家保密信息时，需要按照相关保密规定，不能对其进行信息披露；同时美国国防部等通过合同等形式约束上市公司的行为，在研制合同时明确了保密责任、措施等事项，以保证国防安全不受威胁。

第四章 英国涉军资产的构成与安全监管

第一节 英国涉军资产的形成与分布

一、英国涉军资产的形成

英国的涉军资产经历了由私有到国有,再由国有到私有的历史演变过程。二战结束后的一段时期内,英国政府开始开展大规模的国有化运动,加强对包括涉军企业在内的国有企业的管理,提高经济效益,提高综合国力。那一时期,英国对国防工业的财政支出主要通过以下三个途径来实现:

①直接投资。英国的很多国有企业是国家预算企业,其经营完全纳入国家预算。这类企业大多数是涉军企业,包括军需物资生产、飞机的制造、造船工业等。由于性质较为特殊,这类企业受到了严格的控制。这类企业"旱涝保收",英国人经常以"皇家"的字眼来代表这些国有企业,称其"只要有了皇家的头衔,什么事都好办"。

②政策倾斜。国家在法律上明文规定,对国有企业的保护条款,对其实施价格补贴,落后的地区开发补贴和政府拨款扶持等。政府对这类国有企业给予大量的帮助,制定了相应的优惠政策,国有企业因此获得了很多的帮助和优惠。但不是国家直接预算企业,在经营方面有很大的自主权和独立性,不能完全依赖政府解决其经营不当出现的亏损问题,这类公司占英国国有公司的绝对多数。

③参股控制。国家购买了部分私营公司相对多数的股份,从而达到了对该公司的控制,使其成为国有公司,这类公司在英国国有公司中是少数。其经营活动几乎与私营公司一样。但国家可以通过控股进行财政援助,确保其经济活动的稳步进行。

当前，英国的涉军资产中私有资产和私营资产的比例很高，国有资产的比例很小。英国的涉军资产目前主要分布在 BAE 系统公司、罗尔斯·罗伊斯公司等巨型国防工业企业中。此外，还有一部分涉军资产分布在国防技术中心之中。

二、英国涉军资产的分布

（一）工业企业所有的涉军资产分布情况

经过 20 世纪 90 年代后期的不断调整和改革，英国国防工业已逐步形成了由几家世界著名的大型防务公司构成的国防工业体系构架，如 BAE 系统公司、罗尔斯·罗伊斯公司、GKN 公司和奎奈蒂克集团（QinetiQ）公司等大型的跨国公司。2013 年这几家公司在世界涉军企业 100 强中均位于前 50 名之列，见表 4－1。

表 4－1　2013 年世界涉军 100 强中前 50 名的英国涉军企业排名　（单位：百万美元）

企业名称	排名	2013 年防务销售额	2013 年总销售额	防务业务占总额百分比/%
BAE 系统公司	3	25 070.6	26 967.6	93
罗尔斯·罗伊斯公司	16	4 062.3	14 007.8	29
奎奈蒂克公司	36	1 513.3	1 983.4	76.3
GKN 集团	40	1 376.3	6 797.4	20.2
VT 集团	45	1 217.9	1 739.8	70

BAE 系统公司的业务包括航空航天、舰船、兵器、军事电子、信息技术和制导武器系统等领域。BAE 系统公司的总公司在英国，有一批分公司或子公司分布在美国、澳大利亚、瑞典、南非和沙特阿拉伯，产品行销 100 多个国家。目前，在欧洲所有的涉军企业中，BAE 系统公司防务产品的销售额最大。2013 年的军品销售额达 250 亿美元，在 2013 年世界涉军 100 强企业中，BAE 系统公司排名第 3。

罗尔斯·罗伊斯公司是欧洲最大的航空发动机公司之一，也是船用动力、核潜艇动力堆、航天推进系统、装甲车辆发动机的著名制造企业，为陆地、海上和空中装备提供各种动力装置。目前，该公司有 5 大业务部门：民用航空航天部、防务部、海事系统部、能源部和产品保障部。2013 年的总销售额约为 140 亿美元，军品销售额占 29%，约为 41 亿美元，在 2013 年世界涉军 100 强企业排名第 16。

奎奈蒂克集团公司是2001 年 7 月由英国国防部原评估与研究局分出来的一

部分组成的，是欧洲最大的科学与研究企业，是世界领先的国防技术与安全公司之一，也是世界国有国营国防科研机构向私有企业转变的首例。该公司主要从事航空、航天、电子、金融、舰船等领域的技术开发，其大部分业务仍来自国防部。2012 财年，奎奈蒂克集团公司总营业额高达 19.8 亿美元，军品业务占76.3%，达 15 亿美元。2013 财年，奎奈蒂克集团公司对经营结构进行了重大调整，将原来的业务分类简化成三大核心业务：国防与技术业务、安全与两用技术业务、北美业务。2012 财年、2013 财年奎奈蒂克集团公司三大核心业务的总体经济状况详见表 4－2 和表 4－3。

表 4－2　2012 财年、2013 财年奎奈蒂克集团公司三大核心业务经济指标

三大核心业务	营业额/百万英镑		营业利润/百万英镑		从业人员/人	
	2012 财年	2013 财年	2012 财年	2013 财年	2012 财年	2013 财年
国防与技术业务	657.7	664.9	43.5	48	6 899	6 931
安全与两用业务	137.4	137.4	9.2	12.4	1 628	1 806
北美业务	0.3	70.1	0.6	5.1	22	1 320

表 4－3　2012 财年、2013 财年奎奈蒂克集团公司的具体经济指标　（单位：百万英镑）

财年	英国市场	北美市场	其他欧洲市场	其他
2012	740.4(93.09%)	16.6(2.09%)	17.1(2.15%)	21.3(2.67%)
2013	749(85.86%)	86.9(9.96%)	14.6(1.67%)	21.9(2.51%)

从上述数据分析不难看出：奎奈蒂克集团公司北美业务快速增长，北美业务在整个集团公司中所占比例越来越大，但英国依然是奎奈蒂克集团公司的一个大市场。

近几年来，为贯彻落实国防工业战略，英国主要在造船工业、航空航天工业、地面武器工业等关键工业领域进行了调整改革，实行了专业化重组。

1. 造船工业

英国国防工业战略描述："造船工业是工业基础的重要元素，它设计、建造、支持和配置所有的海军平台和系统。"国防工业战略希望造船工业能够显著地提高自身的能力，以便担负起为海军提供未来装备的责任。

"未来十年，随着英国国防部一些大型项目（45 型驱逐舰、机敏级潜艇、军事海上抵达和保障（MARS））的相继开展，用于海军的支出将会大幅增长，这给英国造船业提供了非常巨大的发展空间。"但与此同时，当这些主要计划结束后，造船

工业将极有可能进入一个长期的低迷发展时期。对于国防部来讲，一旦这些新建造的舰船投入使用，短期内就不可能以目前的投资力度来开发新的平台，也不可能担负起维持舰船工业所需的费用。因此，造船工业应该不断寻求新的业务，以实现可持续发展。

同时，重组涉及很多大型的国防承包商，这也使得重组过程变得更为复杂。重组将涉及的大型国防承包商及其主要业务包括：BAE 系统公司位于巴罗的潜艇子公司、位于克莱德的舰艇业务、位于朴次茅斯的拥有 50% 股份的舰队保障有限公司（FSL）；Babcock 公司位于罗赛斯的造船厂和位于克莱德的海军保障业务；DML 集团的 Devonport 皇家造船厂和它在 2004 年收购的 Appledore 造船业务；罗尔斯・罗伊斯公司为核潜艇制造核动力发动机的业务；VT 集团位于朴次茅斯的造船业务和拥有 50% 股份的舰队保障有限公司。

2006 年 11 月，英国国防部长承认，由于工业部门目前来自国防部的建造舰船和潜艇项目的充足，对实行必要的改革没有强烈愿望。在海军装备方面围绕工业调整所取得的进展是令人失望的。

2007 年 5 月，英国 BAE 系统公司和 VT 集团开始协商关于在海军水面舰艇建造业务方面进行合并的原则，最终成立一个资产为13.8亿美元的联合企业，双方已经提出了联合企业如何运作的建议。该项合并事宜已于 2006 年下半年开始，其中 BAE 系统公司将在联合企业中占 55% 的股份，VT 集团则占 45%。联合企业包括 VT 集团位于普茨茅斯的造船和海军支持业务，以及 BAE 系统公司位于克莱德的两家海军船厂。舰队支持企业也将成为联合企业的一部分。由 BAE 系统公司拥有的旗舰海军训练业务的 50% 将转移到 VT 集团。这项合并意味着英国承担水面舰艇建造和支援业务的企业缩减为两家：一家为 BAE - VT 联合企业，另一家为巴布科克公司的舰艇支援业务。

关于未来的航母方面的调整，BAE 系统公司和 VT 集团正在讨论组建一家合资企业，如果协议执行顺利，将推进未来的航母计划顺利运作。另外英国将寻找机会引进商业建造标准，减少未来航母规划的风险，这种运作对造船工业的现代化有重要意义。但由于水面舰艇工业重组还没有行动，这样就会推迟未来航母的重要投资决策，更重要的是影响航母交付使用。

关于潜艇领域的工业协作情况，国防部认为，制造实体之间的合作和合理化改革有许多好处，两家支援实体（Devonport 管理公司和 Babcock 海军服务部）和核蒸汽提升设备供应商（罗尔斯・罗伊斯公司）与国防部一起作为客户/运作者。国防部希望在潜艇方面开发全寿命的能力，而工业部门以某种方式保证目标的实现。例如，Barrow 和 Devonport 的业绩有较大进展。2007 年 1 月，BAE 系统公司已经与 Carlyle 合作，为掌控英国核潜艇工业进行联合投标，这两家公司计划联

合接管在 Plgmouth 的 Devonport 造船厂。如果投票成功,BAE 系统公司将其潜艇业务置于与 Carlyle 组建的联合企业的管辖下(Devonport 资产除外)。但 2006 年潜艇工业领域的调整没有按预期目标实现。国防部将继续鼓励工业部门整合,因为这对促进全寿命能力非常关键,它将能够更好地节约成本和获得可持续发展。

2. 航空航天工业

目前英国航空航天工业部门的规模过大而且布局不合理,削减基础设施和雇员的数量是不可避免的。在国防部提供的文件中,在航天防御方面,国防部将与 BAE 系统公司和其他公司一起工作,以便形成符合要求的适当规模和工业结构,以维持一定的技术水平去生产、维护和升级战斗机。目前皇家空军处于重要的再装备规划的中间阶段,推出的 Typhoon 飞机和联合攻击战斗机已经投入服役。这些飞机中的两种型号将至少保持 30 年的服役期,除此以外,国防部没有新一代有人驾驶的高速喷气式飞机的设计与制造计划。

在无人驾驶飞行器方面,国防部将与工业部门分享 UAV 和 UCAV 无人驾驶飞行器项目的利益。目前已全面实施了 UAV 和 UCAV 的技术演示计划。2006 年 12 月 11 日,国防部宣布首架无人战机已取得了重要进展,国防部制定了一项 4 年发展规划——Taranis。该规划将为皇家空军(RAF)提供一架表演机,为其建造首架无人驾驶前线战斗轰炸机的计划奠定基础。BAE 系统公司被授予一项价值为 1.24 亿英镑的主合同,用来开发世界级的 UAV 表演机项目。国防部向 UAV 技术演示项目提供了为期 4 年的经费。

3. 复杂武器工业

《国防工业战略》定义复杂武器是依靠制导系统获得精确打击效果的战略和战术武器。战术复杂武器大致分五大类:空对空、防空、空对地、返舰/反潜(包括鱼雷)和地对地。这些武器为英国武装力量提供精确打击能力。英国在升级和开发复杂武器方面进行了大量投资。2006 年的投资超过 10 亿英镑,但是,未来的 5 年里将递减 40% 左右。这对工业部门是一个艰巨的挑战,为此国防部打算与工业部门一起,以评价能否达到英国要求的支撑工业的能力。2006 年 7 月,为保持英国国内导弹研制的关键技术的需要,国防部宣布成立一家新的工业合作公司——Teamcw(复杂武器)公司,由 MBDA 导弹系统公司牵头,它将有助于支持英国国内的关键技术和军事实力。

4. 地面武器工业

十几年前,英国在装甲战车和火炮系统的设计、开发和生产方面有五家主要的厂商,分别是阿尔维斯公司,GKN 防务公司,诺丁汉皇家兵工厂,维克斯防务系统公司和维克斯造船与工程公司。而目前,在这一领域起主导作用的仅有 BAE

地面系统公司。

推动英国地面武器工业合并的因素主要包括传统出口市场的丧失和英国军队规模的不断缩小造成的生产能力过剩。多年来,英国允许外国公司单独或与英国公司组队参与主要地面武器合同的竞争,这与其他的许多欧洲国家限制竞争的政策形成鲜明的对比。

通过《国防工业战略》的实施,英国力图保留足够的工业技术去维护和支持目前的装甲车辆,特别是在短时间内实现升级的需要。同时也认为,没有绝对的必要在英国制造新型装甲车辆的所有部件,但是需要保留装甲车辆的维修能力。目前,英国已经丧失了在装甲车辆领域的绝对优势,转而成为间接火力支援的主要供应商。BAE 地面系统公司已经制造了超过 1 100 门的 105 mm 轻型火炮。美国陆军和海军陆战队也已选购了 BAE 地面系统公司生产的 155 mm 39 倍口径 M777 火炮替代原来老旧笨重的 155 mm M198 火炮。加拿大从英国购买的火炮应用在阿富汗战场上。

在英国陆军装甲车方面的“黑豹”指挥通信车项目,经过大量的试验,阿尔维斯车辆公司的一种基于意大利依维柯轻型多用途车改装的车型被选中,并向英国陆军提供 401 辆该型号的装甲车。这批装甲车的原型车从意大利引进,在英国进行特殊装备的装配。

在卡车方面,陆虎公司 4 ×4 轮式车辆仍然出口到许多国家,但英国所有卡车竞争订单都由国外公司获得,而且没有竞争性预选过程。德国曼集团赢得了价值 10 亿英镑大约 7 000 辆卡车的未来支撑车辆竞争合同。这些车辆的底盘和驾驶室产于奥地利,车身制造和整车装配在英国完成。

“弓箭手”是英国陆军正在使用的新型数字通信系统,通用动力地面系统英国公司是该系统的主承包商。该系统将出口到荷兰,这也是该系统的第一次出口。

泰勒斯地面和联合系统公司是英国陆军光电产品的主要供应商,提供热成像系统等产品,同时它还是英国陆军未来步兵技术项目和无人机项目的总承包商。

Selex 传感与飞行系统公司(芬梅卡尼卡公司持有 75% 股份,BAE 系统公司持有 25% 股份)以前以机载系统而著称,目前转向了地面系统的生产,该公司的激光惯性自动瞄准系统已经被英国陆军在实战中所采用,加拿大和马来西亚也已订购了该瞄准系统。

5. 弹药工业

目前,英国弹药工业面临较大的调整。原因是有些弹药的需求量很小,不值得去维持生产能力。因而有选择性地生产一些弹药,并关闭一些弹药生产。最

为典型的例子是,BAE 计划关闭两家前皇家兵工厂(Bridgwater 和 Chorley)。在这样的情况下,国防部将只能依靠海外来供应弹药,但国防部确认,在选择的弹药供给源未确定之前绝不会关闭前述的两家弹药厂。

目前,国防部正在做出新的决策,确保能为关键领域的弹药供应提供安全保障。至少能保障有 Bridgwater 和 Chorley 提供的供应量。可选的方案是引爆药生产的大部分正转移到位于苏格兰 Nobel 含能材料生产厂,炸药生产的高价值和高技术部分正转移到威尔士的 BAES LSML BAE 系统公司陆地系统弹药部生产厂,炸药制造的原材料将从美国和法国进口。国防部保证是经过仔细考评后才提出上述供应安排的。如果某一供源中断,BAE 系统公司将有能力转移到备选生产厂或是动用库房。国防部相信这些调整能为关键领域提供安全的供应。

(二)国防科研院所的涉军资产分布情况

英国拥有欧洲最大的国防科研设施,英国的国防科研机构主要由两家单位组成,即国防科学技术研究院和奎奈蒂克公司。除此之外,该国的国防科研机构还包括国家航天中心、原子能武器研究院以及政府与工业界合办的一些国防技术研究中心等。2006 年英国总的国防科研开支为 40.121 亿欧元。

在业务分工上,企业与国防科研机构的主从关系不同。在核武器和航天等战略性国防科技领域,国家航天中心和原子能武器研究院承担了主要研究工作,企业承担的任务较少;在常规武器研发领域,英国国防科学技术研究院和奎奈蒂克公司与企业的关系,主要是作为企业的"技术合作伙伴",为企业提供技术支持。

英国国防部仍保留着较强的国防科研能力,对国防科研机构有较强的控制力,调改的基点是保留核心和关键科研能力,国防科学技术研究院保留了生物与化学防御等高敏感性国防科技领域,而其他一般性的常规武器研发工作交由奎奈蒂克公司完成。但同时更加强调"放开搞活",继续加快国家国防科研机构的运营方式、建设方式与业务领域的调整步伐。

一是对骨干科研机构进行市场化改革,促进国防科技成果转化。2001 年 7 月,英国国防评估与研究局一分为二,分别成立国防科学技术研究院与奎奈蒂克公司,并对奎奈蒂克公司进行了比较彻底的市场化改革。2006 年 2 月 15 日,该公司在伦敦证券交易所上市后,国防部的股份由 56% 降至19.2% 。2008 年 9 月底,英国国防部宣布要出售奎奈蒂克公司剩余的18.9% 的股份,只保留金股。国防科学技术研究院虽然仍由国防部完全控制,但也逐步采用了市场化管理方式,研究院设立了董事会,采取了严格的财务管理制度,更加强调满足客户的需求以及价值的创造;该研究院是国防部唯一开发应用国防知识产权的机构,为此,

2005 年专门成立了商业化运作的公司，进行知识产权的商业化活动，根据《国防科学技术研究院 2007—2012 年发展计划》的规划，该公司的目标是三年内实现盈利。

二是采取灵活措施建设一批新型国防科研机构，推动公私合作力度。自 2002 年至 2005 年，英国国防部先后建成电磁遥感、数据与信息处理、人因集成、自主系统的系统工程四大国防技术中心，这些国防技术中心采用伙伴关系由国防部与工业界特别是中小企业联合投资开发国防关键技术，采取了灵活的管理方式，允许对不同的情况与新需求做出快速反应。国防部还先后成立了一批所谓“卓越塔”的虚拟技术中心，这些技术中心由国防部牵头，吸收主要国防供应商、大学的研究力量，围绕制导武器、光电传感器、合成环境、雷达、水下传感器、电子战六大领域分别组建合作性研究团队，共同开展研究工作。

三是加快技术创新步伐，适应国防安全新形势的需要。《国防技术战略》提出，技术创新在满足英国军队需求方面具有突出地位，英国要继续在国防科技领域保持领先地位。一要加大技术创新研究，国防部承诺要加强对国防科技研究的投资，在《国防科学技术研究院 2007—2012 年发展计划》中提出，要创造新的知识并了解国防与安全领域中当前和未来的“可能出现的最新技术”；二要加大与“反恐”相关的国土安全技术研究，“反恐”技术是《国防技术战略》九大优先发展领域之一。2006 年 4 月，国防部“反恐”科学与技术中心正式运作，该中心的主要任务是成为国防部的“反恐”科技研究中心，提高国防部对恐怖主义威胁的反应能力。

四是继续突出国防科学技术研究院在国防科研体系中的引领地位。《国防技术战略》提出，国防科学技术研究院要不断调整定位并发挥引领作用以确保国防战略目标的实现。2007 年，为了适应《国防技术战略》实施的要求，国防科学技术研究院制定了未来五年的发展计划，加快业务调整以及能力转型工作，加快建设“集成化实验室”，确保完成《国防技术战略》对它提出的新要求。

经过一系列的调整，英国的国防科研机构主要包括：国防科学技术研究院、奎奈蒂克公司、英国国家航天中心、原子武器研究院、国防技术中心、国防反恐中心和国防企业中心。

1. 国防科学技术研究院

英国国防科学技术研究院规模不大，大约有3 400人，年度经费约3.4亿英镑，是国防部下属唯一的科研机构，所有制性质仍为政府国防科研机构，隶属国防部领导，其所属实验室和研究能力包括了前国防鉴定与研究局留在政府内的所有国防实验室和研究能力，主要承担必须由政府部门从事的武器装备科研工作，向国防部提供客观、公正和高水平的国防科学和技术建议，以及国防科学和技术分

析综合报告，并在有关国防科学问题的决策方面承担为国防部提供咨询的职能，为国防部的政策制定提供支持，并承担着国防科技成果转化的工作。

该研究院 2008/2009 财年收入为3.543亿英镑，主要业务研究领域包括飞行与武器系统、生物医学、探测、电子学、含能材料、环境科学、信息管理、联合系统、知识与信息服务、地面作战系统、海军系统、物理学、政策与能力研究、传感器与电子对抗等。

2. 奎奈蒂克公司

奎奈蒂克公司是英国仅次于国防科学技术研究院的最重要的国防科研机构。该公司的员工超过11 400人，2006 年该公司总收入10.517亿英镑。该公司已成为欧洲最大的国防研究与技术公司。

2008 年 9 月底，英国国防部宣布要出售奎奈蒂克公司剩余的18.9% 的股份，只保留金股，对公司重大决策长期保留最后决定权。英国国防部表示，特殊股的保留使奎奈蒂克集团公司及其下属子公司都不脱离国防部的控制，避免英国关键国防与安全技术外流。虽然仍在国防科技与装备研发中扮演着重要的角色，以从事国防科技与装备研发为使命，不过奎奈蒂克集团已开始加大了向产品研制和生产扩展的步伐，目前角色的前途难料。

奎奈蒂克公司按照市场化机制运作，主要从事航空、航天、电子、金融、舰船等领域的技术开发，其大部分业务仍来自国防部，是世界国有国营国防科研机构向私有企业转变的首例。该公司的业务范围包括：承担国防部研究、技术供应、采购与能力支持、管理服务、安全、空间、系统工程与技术支援等项目。该公司提供从原始概念到配置的各类武器系统解决方案、支持和建议，包括各类武器系统（枪、迫击炮、火箭、导弹、炸弹）、诸如电子枪等新型武器，以及关键技术（含能装置、制导与成像、弹头）和其他致命性武器。该公司参与了未来速效系统、联合飞行器目标服务、快速声呐系统的货架产品嵌入、航空航天创新与增长小组、鹞式战斗机改进、联合攻击战斗机等多个重大项目。

3. 英国国家航天中心

该中心由 10 家政府机构和研究委员会联合投资，主要活动是协调英国民用航天活动、支持学术研究、培育英国航天企业等，业务范围包括地球观测、科学/地球引力、电信/导航、技术、交通运输等。2005/2006 年该中心的预算为2.07亿英镑，其中英国国防部投资 300 万英镑。

4. 原子武器研究院

该院隶属国防部，有4 600多人，年投入为7.621亿英镑，是英国唯一的核武器研制机构；业务范围是核弹头的全寿命周期管理，包括概念、评估和设计、零部件制造与装配、在役保障，以及最终的退役和处理。

5. 国防技术中心

2002 年 2 月，英国国防部提出计划，要在 6 年内分两个阶段建立 6 个国防技术中心，所谓国防技术中心，是一种任务型、阶段性联盟——由英国国防部通过招标方式，与学术界和工业界合作，共同投资组建从事基础研究的国防技术中心。成立国防技术中心的目的是通过公私合营的形式，促进国防科技投资主体的多元化。

6. 国防反恐中心

该中心隶属国防部，由国防科学技术研究院代管，是国防部“反恐”科技主要研究机构，人员主要来自国防科学技术研究院和原子武器研究院。现在主要研究范围包括作战分析、核生化辐射威胁降低、爆炸物、电子与网络分析。未来计划开展的研究包括搜索技术、爆炸物探测和扫描、针对核生化辐射材料的探测与保护技术、核生化辐射与爆炸物分析、防简易爆炸装置技术、爆炸器械处理技术和机器人。

7. 国防企业中心

该中心成立于 2008 年 5 月，主要职能是通过项目管理从中小企业和大学获得创新性技术，来满足国防的需求。该中心由国防技术与创新中心管理（隶属国防部科学—创新—技术组织，有 70 名科研人员），主要从事流体结晶演示、热成像、微波等国防创新技术研究，年度经费 5 亿英镑。因此，它既是国防创新技术的中介组织，也是一项国防创新技术投资计划。

第二节　英国涉军资产的监管架构及政府职能

英国涉军资产监管总体架构从属于英国国防工业的三级管理体制。

英国国防部是英国涉军资产监管总体架构体系的核心，也是奎奈蒂克、BAE 系统和罗尔斯·罗伊斯等涉军企业的主要监管机构，作为主要监管部门，英国国防部有权对国有涉军资产剥离、股份制改造全过程实施监管。20 世纪 90 年代，英国国防部国防评估与研究局（DERA）开始私有化改革，国防部、财政部等为此专门成立了“部长级指导小组”，负责该机构的私有化改革。在此基础上，逐步形成了英国涉军资产监管总体架构体系。

英国涉军资产的政府监管是在首相和内阁直接领导下，由国防部牵头，有关政府部门（贸工部、教育科学部、财政部等）从不同角度协助和参与，形成以国防部为主导，以民间科研机构和企业为基础的集中统一的管理体制。

英国涉军资产的政府监管架构从决策、管理与实施、具体承担三个层次对涉

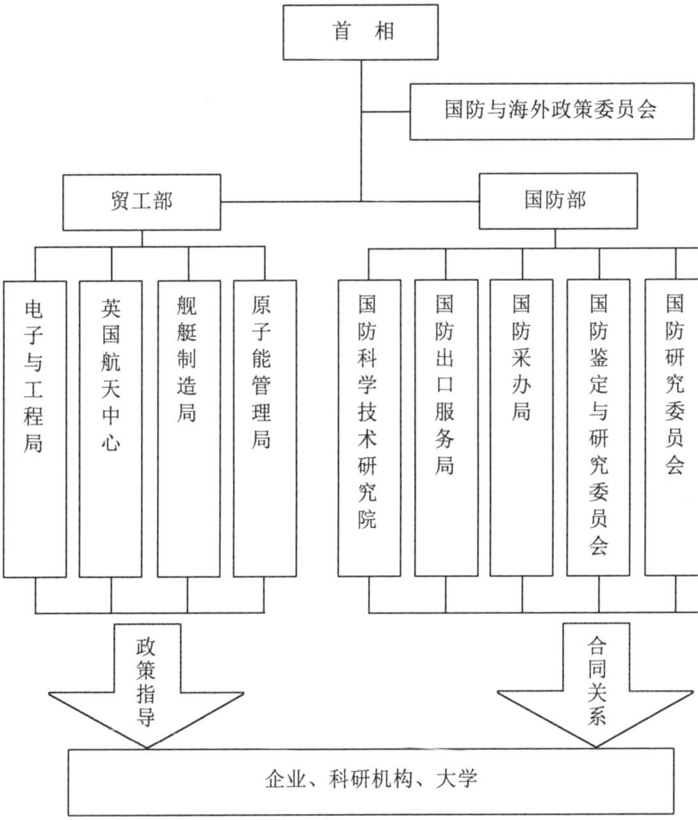

首　相

国防与海外政策委员会

贸工部

- 电子与工程局
- 英国航天中心
- 舰艇制造局
- 原子能管理局

国防部

- 国防科学技术研究院
- 国防出口服务局
- 国防采办局
- 国防鉴定与研究委员会
- 国防研究委员会
- 国防技术转化局
- ……

政策指导

合同关系

企业、科研机构、大学

图 4－1　英国涉军资产的政府监管架构

军资产进行分类管理。英国国会、首相及首相领导下的国防与海外政策委员会是国防科研生产管理的最高决策机构。英国的军品科研生产能力由国防部和贸工部等政府部门分别从不同角度进行管理，但两者在国防科研监管方面有着明确分工。国防部侧重于国防建设和确保武器装备研制生产供应；贸工部是英国负责工业和商业事务的主要政府部门，下设英国航天中心、原子能管理局、电子与工程局和舰船制造局，侧重于促进国防科研活动对国民经济发展的带动作用。另外，还有国防采购局等采购部门负责与涉军企业、研究机构及大学等的合同订货。

英国军品科研生产能力管理与实施机构由国防科学技术研究院、国防鉴定与研究委员会、国防研究委员会、国防科学顾问委员会、国防科学顾问局研究与技术处、国防技术转化局等组成，如图 4－2 所示。其中，国防科学技术研究院为国防部主管科研的业务局，是国防科研、试验与鉴定工作及实施机构的统管部门,主要机构包括国防化学与生物处、化学与电子处、国防分析中心和国防研究信息中心等。该研究院既是英国国防部的职能局,其本身又是科研机构,其主要任务是承担必须由政府部门从事的国防科研工作,主要向英国国防部提供客观、公正的国防科学和技术建议、专门研究成果、国防科学和技术分析综合研究报告,同时开展国际研究合作事宜等。国防鉴定与研究委员会是国防科研和武器装备鉴定工作的计划机构;国防研究委员会是国防部预研的决策、规划和审批机构;国防科学顾问委员会是国防部科学技术咨询机构;国防科学顾问局研究与技术处是负责国防预研和国防长期规划发展等重大问题的研究咨询机构;国防技术转化局负责民用技术向国防技术的转化工作。国防科研任务由国防科学技术研究院所属的四个业务部门、其他政府科研机构、企业科研机构和大学科研机构来具体承担。

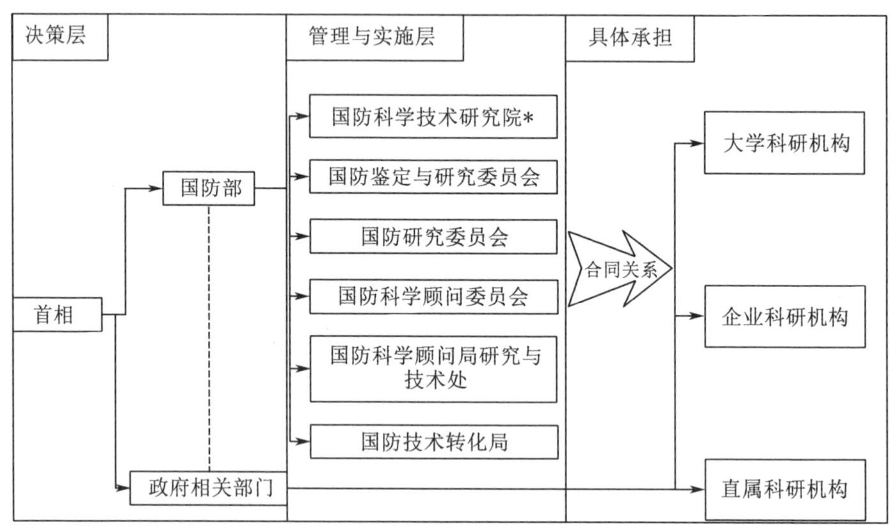

图 4-2　英国涉军资产的政府监管层次

第三节　英国对涉军资产相关重大经济活动的监管措施

从20世纪80年代以来的实践来看,英国涉军资产的重大经济活动主要包括国有涉军资产的私有化和私营化、涉军资产的重组与重构,以及外资并购等事项。因此,本部分主要研究英国对涉军资产的私有化、私营化、重组与重构,以及外资并购等活动中的监管政策与措施。

一、英国对国有涉军资产私有化和私营化的监管

(一)英国国防工业和涉军企业私有化概况

自20世纪80年代起,英国政府对大部分涉军企业实行了私有化,从而把涉军企业进一步推向市场。目前英国国防部已几乎将全部国有涉军企业卖给了私营企业,仅留下国防科研单位由国防部直接经营管理。

与其他民用公司的私有化不同,英国对涉军企业实行私有化是国家出让股份,但不出让对公司的控制权。虽然国家放弃了绝大部分的股份,可是政府通过颁布法令规定国家股是特别股,也称金股。虽然金股只占一股,但在牵涉到国家利益的重大问题决策中却享有一票否决权。这种否决权不在具体经营活动中操纵和干预企业,只在涉及国家安全、国家重大经济利益的时候,有权一票否决董事会的决定。

(二)私有化进程中对涉军资产的监管

20世纪90年代,英国推行私有化改革,将敏感涉军资产剥离后,推动涉军资产上市。以英国DERA私有化并最终上市为例,说明英国国有涉军资产上市相关情况。

上市前,国防部对DERA进行资产剥离,保留四分之一的力量(主要是放射性武器、生化武器等敏感资产和人员),组建国防科学与技术实验室,作为国防部主管科研的业务局;其他研究部门推向市场,改组为奎奈蒂克公司,并向私营部门出售股份,成为股份制的科技发展公司。

作为主要监管部门,国防部对国有涉军资产剥离、股份制改造全过程实施监管(图4-3)。股份制改造完成后,企业向金融服务局(FSA)提交申请,金融服务局对发行申请进行审批,审批通过后由交易所安排企业挂牌交易。

监管部门：　国防部为主　　　　金融服务局、交易所、证券商协会(日常监管)、国防部(金股控制)

图4-3　英国国有涉军资产上市流程及监管部门

二、英国对外资并购涉军资产的监管

英国对外国投资可能危害国家安全的交易，由公平贸易办公室和竞争委员会依据2002年11月颁布、从2003年开始实施的《企业法》对其进行安全审查。

从实践中看，英国进行安全审查的项目主要是有关国防安全方面的，如在2003—2008年间，英国对7个交易进行了安全审查，其中有5项属于国防工业领域。2007年1月，通用电器公司宣布计划以48亿美元的价格收购史密斯宇宙航空公司。2007年3月14日，欧洲委员会发出通告，决定审查这宗交易对竞争范围的影响。随后，英国方面也对此交易对国家安全可能造成的影响进行分析和审查。

英国没有专门针对外资并购涉军资产的国家安全审查制度，而是在相关法律中分别进行了规定。

（一）审查机构的设定

英国的外资并购审查机构主要有两个：公平交易局（OFT）和竞争委员会（CC）。OFT是根据《2002年企业法》成立的监管跨国并购的政府职能部门，它有权批准跨国并购，或将其交给竞争委员会做进一步调查；CC接受OFT的指令，对跨国并购进行调查，并通过实施“竞争测试”来决定并购案的成败。CC是由各界专家组成的独立决策机构。

（二）审查范围

依据英国《1975年工业法》规定，英国的重要制造业企业的控制权转让给非英国居民，从而与“英国的利益”相抵触时，英国政府有权禁止该转让。其中“英国的利益”是指“与公共政策、公共安全或者公共健康有关的利益”。

另外，英国《1973年公平贸易法》规定，政府授权公平交易局总局长审查所有并购交易当事人提交的并购申请，初审过后，向负责贸易和工业的大臣提出处理意见，由国务大臣决定其合法性。如果被交易的企业的资金超过1 500万英镑，或是被交易的股权达到该公司总股权的25%以上，还必须在进行交易之前向英国的垄断和合并委员会提交报告，该委员会对其是否违反公共利益进行审查，经营者集中“违反公共利益”时，不得实施。判断是否“违反公共利益”的考虑因素包括：对英国市场竞争的影响、消费者权益、新产品研发、成本削减、对工业和就业的平衡配置的影响、对英国企业在海外的竞争行为的影响等，实际上已包含国家安全的内容。

（三）审查程序

程序方面，英国的审查程序包括接受指令、进行调查并实施“竞争测试”、做出决定、采取措施等阶段。英国的并购安全审查制度中并没有像美国那样的先期提出申请的程序性规定，但申报与不申报的法律后果不同，当审查机构决定对未申报的并购案进行调查时，调查程序则不受法定期限的约束。一般程序是，OFT 若发现某并购案可能会影响国家安全，会指示 CC 对该案进行竞争测试，然后做出是否批准的决定。OFT 并不要求并购案先期提出申请，在兼并前、兼并中或兼并后 4 个月，它可以指令 CC 对有可疑的案件进行审查，审查时间可能旷日持久。

英国外资并购安全审查的特点是宏观宽松、微观严格，它对并购案实施多层次、宽领域的管理，它以政府资助的半官方机构来行使政府职能，试图使监管机构与政府保持相对独立。但是，如果涉及国家的利益，英国政府会采取一切必要措施来进行干预。

第四节　英国涉军资产运营管理与安全监管的主要特点与经验

一、国有涉军资产上市前要对涉军核心能力相关资产进行剥离

以 DERA 上市为例，在上市之前，国防部采取“核心能力模式”对研究局进行资产剥离，即保留该局四分之一的力量组建国防科学与技术实验室，作为国防部主管科研的业务局，其他研究部门推向市场，改组为奎奈蒂克公司，并向私营部门出售股份，成为股份制的科技发展公司。

二、国有涉军资产上市后，仅以金股形式保留对上市涉军资产的控制力

英国国防部通过金股对上市公司进行监管。仍以奎奈蒂克公司上市为例予以说明。奎奈蒂克上市后，英国国防部对所持国有股进行大幅减持，最终由 100% 减持为仅保留国有特殊股（金股），对奎奈蒂克进行控制。通过金股，英国国防部保留了对该公司恶意接管、重大决策、重大股权变动等最终发言权，同时还对董事会和管理层人员构成等拥有监督权。

通过在国家关键的涉军公司的持股或控股，是政府控制和管理国防工业的有效途径，同时也是保持国防工业为满足国家安全需求而进行能力建设的有效

保障。因此,对国家安全具有重要影响作用的战略性企业,各国政府可以持股或控股的方式来进行控制和管理。

三、对重要涉军资产的外资控股比例设立15%的"警戒值"和"安全线"

为了促进国防工业基础转型和调整更好更快地向前推进,英国在大力推进私有化的同时,也意识到政府对国防工业的主导控制对国家安全的重要作用,特别是在国防工业日趋全球化的今天,这种控制措施显得尤为重要。

过去,为了维护国家安全,英国政府实行海外投资商总共占有的英国防务市场份额不得超过49.5%的政策。这一限制性政策妨碍了公司的发展和成长,并且与提倡公正开放的市场和英国公司开发海外新市场的要求不一致。英国政府2002年5月同意取消这一限制性政策,但仍维持外国单股控股极限为15%的政策,以防止国外个人或组织控制英国的防务市场。

英国对欧盟成员国合作参与关键技术研发活动持保留态度,其国防工业战略合作首选伙伴是美国,且美国为BAE收购美国国防工业公司给予特别关照,但即使如此,英国并没有对美国资本进入国防工业领域完全打开闸门。2006年9月,英国政府拒绝了美国工程和建筑公司Fluor集团出资7.5亿美元收购英国核集团(BNG)的请求。BNG集团控制着英国的核退役工业,从有利于英国核退役工业的竞争出发,英国财政部和贸易工业部决定,英国核燃料公司(BNFL,BNG的控股公司)不能将BNG作为一个整体出售。

第五章 法国涉军资产的构成与安全监管实践

第一节　法国涉军资产的形成与分布

一、法国涉军资产的形成

法国的涉军资产从所有制属性来看，主要是国家投资形成的国有涉军资产。国有涉军企业和涉军资产在其国防工业中占有很大的比重，这是法国政府长期推行国有化政策的结果。20 世纪 70 年代到 80 年代，随着左翼的社会党上台，法国连续兴起了两轮国有化的浪潮。在这两轮国有化的浪潮中，法国政府通过直接投资和强行购买私有涉军企业的股份，完成了涉军企业和涉军资产的国有化。例如，1978 年，法国政府强行以购买股票的形式对当时完全属于私有企业的达索飞机公司进行国有化，使得法国航空工业涉军资产的国有比重显著提高。经过两次国有化的浪潮，法国国防工业中国有涉军资产的比重一直保持着很高水平。近年来，涉军资产的增加大多由法国政府直接投资形成。如今，法国的国有涉军资产主要分布在国有涉军企业集团和政府直接经营管理的科研生产机构中。

2000 年以后，法国国有涉军资产的企业组织结构和比例都发生了较大的变化。具体表现为以下几个方面：

第一，过去很多由国防部等政府机构直接经营管理的、不具有独立法人资格的涉军资产通过改制和改组变成了国有自主经营的公司制企业。

第二，通过企业合并形成了由许多子公司组成的大型涉军集团。截至 2013 年，法国已形成了六家实力雄厚的国有涉军企业集团（阿法珐工业集团、泰勒斯集团、赛峰集团、法国国有船舶制造企业（DCNS）集团、达索飞机公司和奈克斯特集团），这六大涉军集团涵盖了法国国防工业的“四极”（注：法国政府把国防工

业分为核工业、航空航天、军用电子和机械制造(主要指舰船与地面武器制造)),构成了当前法国国防工业的核心和基础,左右着法国国防工业和涉军经济的发展。

第三,当前法国的国有涉军企业几乎已经不再是纯国家所有制,而是成为国家资本、社会资本甚至境外资本相互融合的混合所有制公司。如果说国家在国有涉军企业集团的母公司中一般还保留着绝对的控股权的话,那么在子公司中法国政府就不再拥有绝对控股权了。同时,由于社会资本和境外资本的渗透,不可避免地导致了国有涉军资产管理原则的变革,这些国有涉军资产被要求赋予了更多的经营自主权。

二、法国涉军资产的部门分布

法国建立了门类齐全的军品科研生产能力体系,能够独立研制生产包括核武器在内的各种武器装备。20 世纪 90 年代中期以来,法国政府提出了按照四个"极",即航空航天、军用电子、核工业、机械制造进行重组,是法国国防科技工业结构调整的目标。法国对从事国防科研活动的科研机构的管理是综合性的,从广义上说,法国管理国防科研机构的系统包括国家立法系统、行政系统和司法系统。与武器采购、国防工业政策、军贸等国防科研业务管理的高度集中不同,法国对参与国防科研活动的机构的管理体制与模式主要是由他们所从事的科研活动的性质而决定的,是相对分散的。完全从事国防科研业务活动的机构由国防部直接投资和管理。科研活动投资巨大、不能直接通过市场交易获得回报的,军用与民用科研结合的,并且具有工业和商业性质的科研机构,由国家或政府部门实施监管。

总的看来,法国的涉军资产按照其从属关系、管理方式划分,主要分布在国家公共机构、国防部下属国防科研机构、工业企业和高等院校国防科研机构四大领域。

(一)国家公共机构所有的涉军资产分布情况

法国的国家公共机构是独立于政府部门和企业以外的一种机构,具有财政自主权,享受国家财政补贴或其他补助,但均受不同的政府部门监管(从事国防科研的国家公共机构大部分受法国国防部监管)。国家公共机构领导的任免、机构的设置和任务等重大事项都要得到政府的批准。按照从事研究领域的不同,法国国家公共机构主要分为科学与技术性公共机构(EPST)、工业和商业性公共机构(EPIC)两种类型,其人员性质、管理方式不尽相同。

1. 科学与技术性公共机构(EPST)

EPST 属于行政性的公共机构，机构在公法下运营，其主要人员是国家公务员，主要经费来自政府拨款。此类公共机构是发展军民结合技术的重要力量，主要机构如下。

（1）国家科学研究中心（CNRS）

该中心是法国从事基础研究的公共科研机构，由政府负责科研管理的部门（国民教育、高等教育和研究部）监护，责任是生产知识并使所产生的知识服务于社会。该中心有26 000人，其中研究人员占11 600人，工程师、技术员和行政管理人员合计14 400人，研究和服务单位有1 260个，2004 年预算为22.14亿欧元。

（2）国家信息与自动化研究所（INRIA）

该研究所由负责研究和工业的政府部门监护，其使命是从事信息和通信科学与技术领域的基础和应用研究，同时通过研究培训、科学与技术信息传播、增值、鉴定和参加国际项目等活动保证有关技术的转移。通过与工业界的合作，INRIA 在法国信息和通信科学与技术发展方面扮演着重要角色。该研究所工作人员有3 500人，其中从事科研活动的有2 700人。

2. 工业和商业性公共机构（EPIC）

EPIC 是具有工业和商业性质的国家公共机构，机构在私法下运营，其主要人员是合同雇员。从事国防科研活动的工业和商业性公共机构主要有以下机构。

（1）法国原子能委员会（CEA）

CEA 是立足于原子科学为主导的能源、工业、科研、卫生和国防方面的公共研究机构，成立于 1945 年，负责统一管理法国军民用核工业的研发。CEA 负责制定重大方针政策、审查发展计划和批准预算。CEA 内设科学委员会、顾问委员会等咨询机构，国防部与 CEA 设立了军队原子能委员会联合委员会，协调与核武器相关的工作。

在军事核领域方面，CEA 在政府的直接领导和国防部武器装备总署的统一规划下，负责组织和实施核武器的研究、设计、制造和维护，直接领导和管理其下属的多个军用核研究机构和核设施，这些机构为政府所有，承担核武器模拟及核试验计划的实施，核弹头、舰船核反应堆的研究、设计和制造，核试验场地去污，监督各种条约的实施等任务。

在民用核领域方面，CEA 与相关机构、企业和大学共同从事与核能可持续发展相关的核技术研究和开发工作。法国从事核能等民用核产品生产的企业均为股份公司，CEA 不直接干涉企业的运行。

该委员会拥有 9 个核研究中心，主要开展燃料循环、核反应堆、受控核聚变、离子辐射对生命科学及环境科学方面的应用、信息技术、新材料、新能源的基础与应用研究，雇员16 000多人，其中约 50% 的人员是干部、工程师和科研人员。

CEA 的 70% 的基础科学研究工作主要在 SACLAY 中心，该中心约有6 500科研人员从事基础研究。

(2)国家航天研究中心(CNES)

CNES 即法国国家航天局，统一管理法国军事与民用航天活动，主要职责包括制订和执行法国空间政策，领导并实施国家军用和民用航天计划，在欧洲航天局及其他国际组织中代表法国利益并与国际伙伴特别是欧洲伙伴共同实施欧洲空间计划，管理使用国家航天经费，在重大航天计划(包括欧洲航天局计划)中承担主承包商，并代表国家授予企业航天合同，通过其下属的各个空间中心和发射基地开展重大航天研发、试验和发射活动。

CNES 的业务与国防部武器装备总署、法国高等教育与研究部、欧洲航天局等机构有密切的联系。其中，国防部武器装备总署派出的人员常驻 CNES，CNES 实施的重大航天计划事先与武器装备总署协调，军方在 CNES 的所有航天活动中拥有更多的发言权。CNES 拥有并管理多家政府航天研究中心，并拥有多家航天企业的股份。CNES 代表国家授予企业航天合同，监督合同执行情况，但对承担卫星、运载火箭研制生产的企业的运行活动不进行行政干涉(主承包商一般是大型跨国公司，如 EADS、泰雷兹 - 阿莱尼亚公司、阿里安航天公司等)。

CNES 下设三个航天科研中心：

①图卢兹航天中心(CST)：CNES 的主要工程、技术研究和实用系统开发中心，并负责管理气球发射场；

②圭亚那航天中心(CSG)：又称库鲁(Kourou)航天中心，CNES 设在法属圭亚那库鲁的发射场和试验设施；

③埃夫里航天中心(CSE)：CNES 的运载火箭发展中心，负责 ESA“阿里安”系列运载火箭的研制。

(3)国家航空航天研究院(ONERA)

ONERA 是国家航空航天科学与技术研究机构，成立于 1946 年，兼有工业和商业性质，拥有财务自主权，由国防部武器装备总署监管，采取董事长负责制的管理方式。

ONERA 的主要任务包括：开展并指导航空航天领域的科学研究；设计、制造并运转本院研究活动所必要的研究设施和制造商必要的试验手段；保证研究成果的传播并促进这些成果为航空航天工业所用；促进航空航天科研成果在航空航天领域的应用；协助航空航天教育事业的发展。

ONERA 拥有 8 个研究试验基地，按四大分部组织科学研究活动，即流体力学与能力学分部、材料与结构分部、物理分部、信息处理与系统分部。

ONERA 在法国航空航天 R&D 市场的占有率超过 25% 。它拥有独特的多领

域综合性的科学技术以及先进的航空航天科技专门技术。60%资金来自国家、欧洲机构和工业公司合同,其余40%来自国家,包括国防预算。ONERA科研活动的大致比例为:新产品开发20%,基础研究25%,应用研究55%。

(二)国防部所有的涉军资产分布情况

法国政府部门直接拥有和管理的与武器装备研制生产关系密切的国防科研机构主要集中在国防部。在国防部内,这些机构集中于武器装备总署下属的鉴定与试验中心局(DCE,现技术局),该局下设5个技术中心处、19个技术与试验中心,主要包括:

飞行试验中心处(ETC1),包括试飞中心(CEV)和图卢兹空降中心(CAP);发动机和航空试验中心处(ETC2),包括发动机试验中心(CEPr)、发动机与火箭完善和试验中心(CAEPE)和图卢兹航空试验中心(CEAT);导弹试验中心处(ETC3),包括朗德试验中心(CEL)和地中海试验中心处(CEM);地面系统、高温技术与防护中心处(ETC4),包括Bouchet研究中心(CEB)、Gramat研究中心(CEG)、Arcueil探索与研究中心(CREA)的一部分、昂热技术站(ATAS)、布尔日技术站(ETBS),以及弹道、武器与火药研究与探索组;海上系统与通用技术中心处(ETC5),包括流体动力实验室(BEC)、武器装备电子中心(CELAR)、试验手段技术中心(CTME)、海上系统技术中心(CTSN)、大西洋潜艇研究组(GESMA),以及弹道与空气动力探索实验室(LRBA)。

近些年来,鉴定与试验中心局下属的中心逐步改革,在2009年10月,武器装备总署机构职能调整方案中提出,至2014年,所属技术中心减少至9个,地点从22处减少到15处,有关工作目前正在进行当中。2010年1月,武器装备总署已经把从事武器系统遭受核和常规武器攻击脆弱性鉴定的Gramat研究中心移交给了CEA。

武器装备总署现有14个技术中心,人员8 000多人,年度收入7.46亿欧元,技术投入1.65亿欧元。

(三)工业企业所有的涉军资产分布情况

法国承担武器装备科研生产任务的总承包商一般为国家政府参股的大型涉军企业,或政府所有投资公司参股的大型涉军企业。政府拥有大型国防企业大宗股份,如泰勒斯集团公司、达索飞机公司、法国舰艇建造局、奈克斯特集团、欧洲航空防务与航天公司等,政府通过大型涉军企业股权和代表影响涉军企业。在大型涉军企业内,一般各自拥有很强的产品研究与开发力量,例如:

1. 欧洲航空防务与航天公司(EADS)

2002年EADS用于研究与发展的投资占公司营业额的17%,2003年用于研

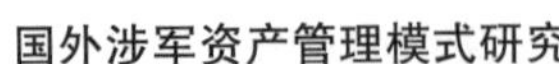

究与发展的自有资金达23亿欧元。该公司的组织管理是总部下设分部的模式，除各分部拥有自己的科研机构外，EADS还有一个从事工业领域研究与技术集成的机构）——公共研究中心（CRC），其主要任务是在各分部、业务单位和子公司层次积蓄世界级的研究能力；通过能产生协同作用的EADS内的共同研究和与各研究机构的合作创造附加价值；保持和发展创新潜能；集成在EADS现有和未来产品中显露的技术；支持EADS的技术政策。

2. 泰勒斯公司（Thales）

2003年该公司自有资金研究与发展开支占集团营业额的4%，研究与发展总开支占17.5%。泰勒斯参与研究与发展活动的人员有19 000人（70%为工程师），分布于10个主要国家的50多个单位。泰勒斯研究与发展活动的效率来自分权制，权力下放到经营层。泰勒斯在总部一级还有一个研发机构，叫“泰勒斯大学”，其研发经费占整个集团研发经费的4%。

（四）高等院校所有的涉军资产分布情况

法国由国防部监管的从事国防科研的大学有：国立高等航空制造工程师学校（ENSICA）、国立高等武器装备研究和技术工程师学校（ENSIETA）、航空工程专业学校（ESTA）、高等航空技术和汽车制造学校（ESTACA）、国立高等航空航天学校（ENSAE）、海军学校（EN）、空军学校（EA）共7所高校，它们是国防科研活动和国防科研人才培养的重要力量。

参与国防科研较多的其他高等院校有国立造船工程学院、（巴黎）综合工科学校和国立先进技术高等学校等。

综上，法国国防科研的核心力量主要由工业和商业性公共机构（EPIC）、国防部直接经营和管理的机构、工业企业研究机构以及高等院校构成，各类机构参与国防科研与试验活动各有侧重但又互相交错，普遍通过合同互相承包科研任务和开展协作。

第二节　法国涉军资产的监管架构及政府职能研究

涉军资产监管架构及政府职能，即涉军资产监管体制。它是关于涉军资产管理机构设置、管理权限划分和确定管理与监督方式等方面内容的基本制度体系，是一国国防工业管理体系的有机组成部分。

法国在国有涉军资产管理中的突出特色表现为计划合同制管理和完善的国有涉军资产监督体系。

表 5－1　法国国有涉军资产的监管架构及政府职能概览

体制类型	管理部门	主要职责
国会是最高权力机构,实行以财政部为中心,财政部与国防部、国家审计局分工管理的体制	国会	国会对国有涉军企业发挥主要监督作用
	财政部	主要负责投资决策
	国防部	主要负责国有涉军企业的行政和业务管理
	国家审计局	与财政部共同负责国有涉军企业的产权与财务监管

一、法国国防工业管理部门

法国采取了高度集中统一的涉军资产政府监管架构。总统、总理、国防部、经济与财政部,以及审计法院下属的各个部分分别承担各自的任务。对于国防科研来说,议会、总统和内阁会议是法国的最高决策层,负责制定国防科技重大政策和重大问题决策。在业务管理层面,法国与武器装备有关的国防科研规划与计划的制定、国防科研活动的组织实施、国防科研经费的分配与支出均由国防部武器装备总署(DGA)负责。武器装备总署、三军总监督处和三军参谋部并列,直接向国防部长负责,如图 5－1 所示。

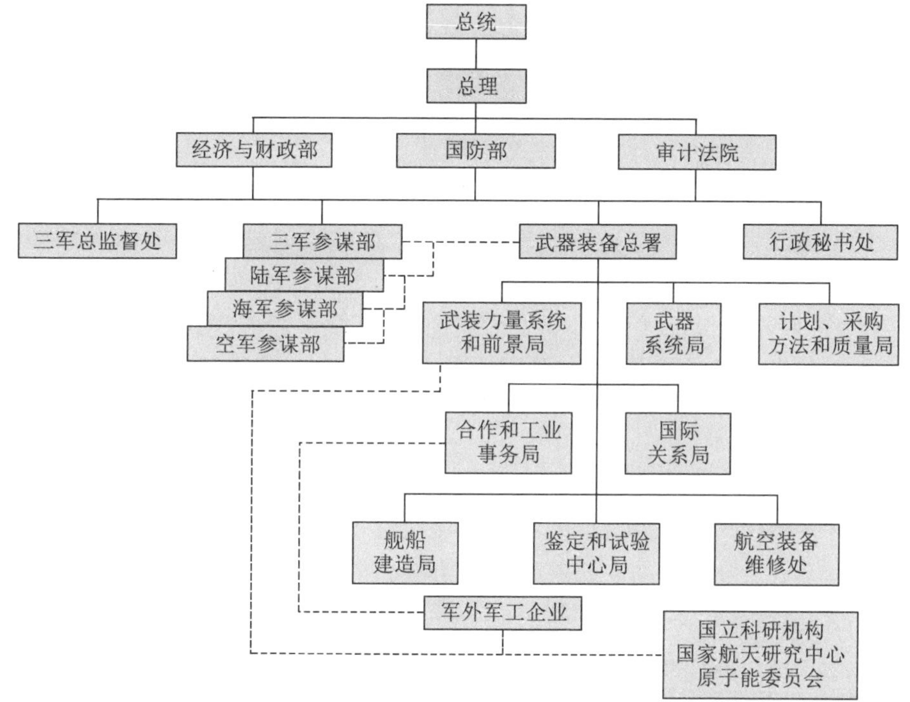

图 5－1　法国涉军资产的政府监管架构

(一)总统和内阁会议

法国总统是武装力量的最高统帅,在其领导下的内阁会议、国防委员会和限制性国防委员会是三个军事决策机构,其中内阁会议是最高决策机构。法国战略核武器、重大常规武器的发展规划、计划和预算也都必须经总统主持下的国防委员会讨论通过,然后报内阁会议审批,最终由议会以法律形式批准实施。总理在总统的领导下全面负责国防事务,国防部长则保证由内阁会议批准的国防政策和五年(或六年)军备计划法的实施。

(二)总理和政府

法国政府由总理和各部部长组成,政府确定和管理国家政策、监督行政机构和武装部队。法国政府较之议会具有更大的优势,这是因为根据宪法它可以制定议会日程、要求对被搁置的议案进行重新投票。内阁部长,如国防部长不仅要在自己职权范围内签署文件,还要在议会中维护自己部门的政策,以及监督政府决议是否得到有效执行。

除了国防部以外,在政府部一级参与国防科研和生产管理工作的还有财政部、国家审计法院和国家公共交易委员会。财政部主要负责审查预算、支付资金、监督经费开支等工作。国家审计法院参加对一些武器装备合同的抽查监督。国家公共交易委员会参加对一些重大武器装备合同的审查工作。

(三)议会

议会的权力在于拥有监督政府和立法的双重职权,如在国防方面的防务组织、兵员募集、军事规划等方面法律的制定;定期审议年度武器装备建议报告、军事进展年度报告;国防部年度计划授权、年度预算等。其中,国民议会内设与国防事务有关的委员会,如外交委员会,国防和武装部队委员会,财政、宏观经济和规划委员会;参议院有外交事务、国防和武装部队、财政和法律事务等委员会。

(四)国防部

国防部长负责军事防务政策的执行与管理,如武装部队的组织和训练、人员招募和管理、武器装备和基础设施采购等。与多数西欧国家一样,法国实行国防部高度集中统一管理与军种不同程度参与的管理模式。国防部分为三部分:武装部队参谋部、行政总秘书处和武器装备总署。各个部门有着各自不同的分工和职责,武装部队参谋部主要负责为未来做好准备,关注国际军事关系;行政总

秘书处主管财务处、人事处和司法事务处；武器装备总署具体负责研究和生产。三大部各司其职的同时又要相互协调配合。由于武器项目管理本身是一个非常复杂的过程，而且总是处于不断变化的环境之中，因此负责组织和管理项目的任务由三军参谋长和武器装备总署分担，而且因形势的发展不断地进行改组。

（五）武器装备总署

武器装备总署是国防科技工业管理体制的核心，负责对国防科研和装备采购实行统一管理。武器装备总署与三军参谋部并列，直接向国防部长负责。总署的主要职能：一是制定武器装备发展的长远规划；二是研究和制定与武器装备发展相协调的国防工业与技术发展战略并组织实施；三是负责武器装备和国防工业的国际合作。

具体地说，武器装备总署集国防科研、武器装备采购和国防工业管理的职能于一身，根据三军提出的军事需求，综合评估技术、经济的可行性，统一制定全军武器装备发展的规划、计划和年度预算，对武器装备发展的全过程，即从预先研究、研制、采购、装备使用到大型装备（主要是飞机和舰船）的工业维修及武器出口实行统一管理。陆、海、空三军基本上不设科研生产机构，但与武器装备总署保持密切联系，参加武器装备的规划计划和研制、生产、试验、鉴定全过程的管理。国防科研生产任务除一部分由武器装备总署下属的企业（舰船制造局所属船厂）和试验鉴定机构完成外，大部分由军外涉军企业承担。法国军用航天器和核武器战斗部、核动力装置的研制工作，在国防部武器装备总署的统一规划下，分别由作为国立机构的 CNES 和 CEA 负责实施，武器装备总署参与领导和管理工作。在国防部内，行政秘书处和三军总监处参与国防科研和生产的管理，主要是负责预算协调、工作监督和行政管理工作。

武器装备总署于 1997 年开始实行新的组织结构，是以反映工作领域（项目管理、工业活动、试验与鉴定等）和具体的管理技术（技术知识、采购、质量控制等）的新的组织结构，由此取代了过去以作战环境（陆、空、海和航天）为组织的结构，以期达到以尽可能低的费用研制出高性能的武器装备的目标。改革后的武器装备总署主要由以下部门组成：

①武装力量系统和前景局。该局主要负责武器装备系统计划项目的制定及研发。其关注未来系统的先期技术和战略研究，负责制定和发布 30 年远景规划，确立探索研究政策，制定全军的武器装备计划项目，开发通用技术，以确保武装力量各种系统间的技术一致性，同时需对各种研究活动负起监督职责。

②武器系统局。该局主要负责武器装备系统的计划项目管理工作。其下设有航空项目处、舰船项目处、地面武器装备项目处和战术导弹处。每个项目处均

设有项目主任,项目主任在处长的直接领导下,与来自其他各个领域的技术和管理专家共同建立起跨学科的项目一体化小组,对武器装备计划项目进行全面管理。

③计划、采购方法和质量局。该局主要负责武器装备计划项目的资金管理。日常主持武器装备计划常设执行委员会的工作,并负责组织武器装备总署在计划项目实施、采购、保证作战状态和质量方面的理论研究工作。

④合作和工业事务局、国际关系局。合作和工业事务局的主要职能是促进欧洲合作,负责国际合作项目的管理,制定武器装备总署的工业政策,承担对涉军企业的战略控制,支持中小企业的发展。国际关系局主要负责制定、监督武器出口政策,其主要任务是促进法国武器装备向国际市场出口,以及控制武器出口,协调军控、不扩散工作,控制技术和工业情报等。

⑤鉴定和试验中心局。该局的主要任务是:从事和加强武器装备总署内部全部业务所需要的技术鉴定工作,培养各技术领域的专家;提供计划项目实施必需的试验、评估和鉴定,鼓励和促进欧洲其他国家的武器装备部门使用该中心的设施;确保各个中心工作的协调和相互支持,提高鉴定和试验设备的整体效能;为武器装备总署外部或国防部外部用户、军事或民用部门用户提供服务,努力提高各个领域投资的效益。

⑥武器装备高级研究中心。该中心的主要任务是培养未来负责武器装备发展的高级管理人员。受训人员除来自武器装备总署的武器装备工程师外,还有来自三军参谋部和涉军企业的工程师。

⑦舰船建造局、航空装备维修处。舰船建造局主要负责舰船和装备的设计、建造及维修。航空装备维修处则负责飞机和航空工业设备的维修。

⑧管理和机构局。主要负责武器装备总署内部事务和行政管理工作,促进管理现代化。

⑨人文资源局。主要负责总署人员的职业技能、知识的继续教育工作和人员调配。

由上所述,法国的涉军资产主要分布在国有控股的涉军企业和政府所属的科研机构之中。对于分布在国有控股的涉军企业中的国有涉军资产其监管主要由财政经济与预算部和国防部负责。其中,财政经济与预算部权限较大,是包括国有涉军资产在内的法国国有资产管理的核心部门,统一管理所有国有资本,而国防部主要负责经营和指导国有涉军企业发展。所以,法国国有涉军资产监管总体架构体系表现出主要以财政部和国防部相结合,并以财政经济与预算部为主的“双重监管”架构体系。如图 5 - 2 所示。

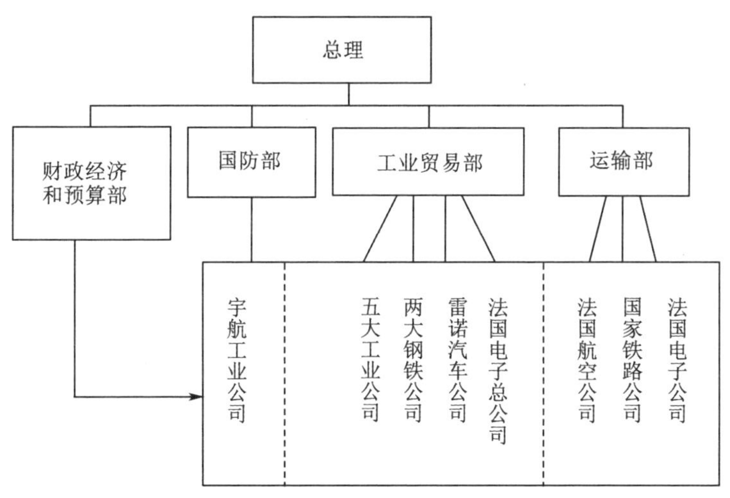

图5-2　法国涉军资产监管架构

二、法国国有资产监管部门

法国政府经过长期实践，在对国有涉军企业和涉军资产的管理方面，摸索出一套较为有效的管理体制和方法，具体来说就是把行使国有涉军资产的所有权、领导权和监督权，集中反映在重大决策权、人事权和财务管理权三个方面。其主要特点可大致归纳如下：在重大决策权方面，关键是明确涉军企业资产管理的责任和权力，由国防部参与重大决策，如关系涉军企业长远发展的投资战略。

以国有涉军资产所有者身份行使管理职能的部门，主要有财政经济和预算部、政府计划总署、工业部、运输部、邮电部、国防部，等等。其中，财政经济和预算部的权力最大，它对包括涉军企业在内的所有国有企业进行经济和财政方面的领导和控制，决定对国有涉军企业的财政拨款支持程度以及参股范围。

各个国有涉军企业的具体经营管理则由国防部负责。

法国国防部的涉军企业中国有涉军资产的监管职能包括：审核涉军企业总体发展计划，任免涉军企业领导人，派代表进入董事会，享有企业经营的监督权。

法国经济和财政部的涉军企业中国有涉军资产的监管职能包括：承担涉军企业经济和财务监督，负责预算署和国库署的领导工作。其中，预算署负责国有涉军企业的预算，国库署负责国有涉军企业的贷款。

第三节 法国国有涉军资产的运营管理实践

法国"国有情结"浓厚,对于国有涉军资产一直保持着绝对控股。对国有涉军资产的运营管理是涉军资产监管的主要内容。以法国 DCNS 为例,其前身舰艇建造局(DCN)及其所管理的四个海军造船厂是国防部下属机构,2003 年改组为 DCN 公司,2007 年并购了泰勒斯公司的海军业务,组建 DCNS 集团,法国政府控股 75%,泰勒斯公司持股 25%(泰勒斯公司由政府控股)。2011 年,政府控股 65%,泰勒斯公司持股 35%。可见,DCNS 公司虽然股权结构有所变动,但一直由政府绝对控股。

一、法国国有涉军资产运营的主要方式

除少数涉军单位,如法国发动机试验中心由国家直接经营,即所有者和经营者都是政府或政府代理人外,绝大部分国有涉军资产都是由法国政府间接经营,即政府通过一定的程序选择经营者对国有涉军资产进行经营,并授予一定的资产处置和收益权,法国政府并不直接参与或干预国有涉军资产的日常经营活动,只对其经营过程进行监督。法国国有涉军资产的经营方式主要包括股份制和计划合同制两种。

(一)股份制

法国主要国有涉军资产的经营实行的是股份制。股份制不仅是一种产权安排,也是一种经营方式。国家以国有涉军企业股东的身份通过持有企业股份掌握国有涉军资产所有权,依据《公司法》行使股东权力,国家又通过任免董事长以及同涉军企业签订计划合同等措施来控制国有涉军企业的发展和国有涉军资产的运营。对于涉军企业的日常经营活动,国家则不加干预,由董事会自主经营。国家与国有涉军企业的关系变成了股东与经营者之间的关系。

20 世纪 70 年代初期,法国完成了历史上第三次大规模的国有化运动,法国国有资产空前扩大,国有企业和国有资本遍及交通、能源、军工、汽车、金融、保险、公共服务等各个领域。到 1983 年,法国国有企业在职职工人数、企业数量、投资额、销售额及增加值等方面均达到了历史最高点。仅就工业企业而言,国有企业占职工人数的 23%,投资额的 49%,增加值的 28%,固定资产的 53%。然而与此同时,国有企业固有的机制不活、人浮于事、后劲不足等弊端日益显现。法国政府被迫不断地对亏损企业进行"输血"的行为,大大加大了国家财政赤字,使

得政府无力通过财政手段解决日益突出的失业等问题，国有化政策招致了越来越尖锐的批评。于是，在推进国有化的同时，法国政府开始推动包括涉军企业在内的国有企业资产实行股份制经营，也都收到了较好的成效。股份制成为法国国有涉军资产最基本的经营方式。

根据国家控股的数额，法国的国有涉军企业分为三种类型：一类是全额股份控制企业，如法兰西电力公司、法兰西煤气公司；第二类是国家多数控股企业，即国家控股51%以上，如雷诺汽车公司、马特技军火公司等；第三类为国家少数股份控制企业，即国家控股在50%以下的企业，如法国达索飞机公司。

国家控股的范围，法国政府一般只限于控制总公司或母公司的股份，不控制子公司和分公司的股份，后者的股份由总公司或母公司控制，并且总公司或母公司控制的股份数额也不相同。如全球第一大核工业集团公司——法国阿法珐工业集团母公司的股份80%以上由国家控制，而它的几个分公司的股份则由母公司控制，作为母公司的阿法珐工业集团总公司控制着汤姆逊大众电力公司97%的股份、汤姆逊CSF公司50.7%的股份。这样，国家与国有涉军企业控股的分公司或子公司的关系就成了一种间接控股关系。

（二）计划合同制

计划合同制是法国政府在对国有涉军企业进行计划管理中采取的一种特有的涉军资产经营方式。在此方法提出之前，法国政府与国有企业的关系始终没有明确的规定：涉军企业要求独立经营，国家要求实现自己的目标，二者之间经常发生矛盾。为协调国家与国有企业的关系，1969年法国财政总监提出报告，建议国家与包括涉军企业在内的国有企业之间通过签订项目合同，从法律上规定双方的权利和义务，并以此确立解决国家与国有企业之间关系的基本原则：一是保证国有企业财政收支平衡；二是国有企业以企业身份开展自己的业务；三是贯彻执行政府的各项经济和产业政策；四是企业为承担社会义务付出的代价，国家给予补偿。根据诺哈报告，1969年法国政府首先同当时的国营铁路公司和法国电力公司（法国著名的核电企业，主要负责法国军民用核材料的研制和生产）签订了两个计划合同。1973年发生石油危机，该计划合同无法继续执行随之放弃。1978年，计划合同的谈判重新恢复，并又与法国航空公司、法国电力公司、法国煤矿公司、法国海运公司签订了4个计划合同。1981年左翼社会党上台，进一步发展和扩大了计划合同的范围，目前同政府签订计划合同的国有企业越来越多。

法国政府与企业签订的计划合同，其主要内容是确定国有企业的中长期发展规划，使之符合国家总体经济、产业、国防政策和国家计划重点；规定国有涉军企业为实现国家发展的政策目标而采取的行动；规定国家在财政投资、补贴和外

部环境等方面对企业承担的义务。计划合同签订是根据一定的原则,按一定的步骤进行的,合同期一般为3~5年。当然,计划合同也有许多不完善和不足之处需要改进。如计划合同缺乏法律效力,国家单方面违反合同条款后企业没有办法,不能进行抗辩和制裁,等等。但是,法国的经验证明,计划合同制的确是把国有涉军企业发展、核心涉军资产的运营与国家计划、企业目标与国家目标结合起来、协调起来的一种国有涉军资产的有效经营方式。

二、法国国有涉军资产监管的主要措施

(一)明确国有涉军资产的所有权

法国政府对国有涉军企业进行监管,行使国有涉军资产的所有权和管理权,主要通过以下五种方式来实现:

一是明确涉军企业的资产管理部门,负责国有涉军资产的管理和对涉军企业进行领导,影响涉军企业的发展方向和涉军资产的运行绩效。

二是政府选派代表参加涉军企业董事会,任命董事长或决定董事长人选提名,保证国家对企业的领导权。

如,阿法珐工业集团的董事长就由法国政府任命法国原子能委员会主席出任。法国国有涉军企业一般实行董事会下的经理负责制。董事会是决策机构,负责决定企业的发展战略、经营方针和红利分配,任免董事长、总经理。董事会中实行“三方代表制”原则,即国家代表、企业职工代表和与企业有关的专家、知名人士代表各占三分之一。企业董事会成员中的国家代表,由政府任命;专家、知名人士代表,也由政府任命。

三是直接任免企业领导层的主要领导人。

法国具有垄断性的大型国有企业的董事长和总经理一般由政府总理、主管部长任免,一般公司的领导人由企业内部选举产生,政府与国有企业签订计划合同,明确国家与企业的责权利关系。从具体实践看国家控股90%以上的企业和国有独资公司的董事长由国家任命,国家控股50%以下的企业,董事长由股东大会选举产生,企业的发展战略的选择问题,政府施加影响或直接干预,而日常的经营活动,则由企业自主决定。法国国会对国有企业以及政府有关国有企业的政策具有相当大的影响,国会议员拥有涉及国有企业的各方面的直接和间接调查权。

四是向涉军企业派驻国家稽查员和国防部代表,对涉军资产的经营进行监督。

财政经济和预算部的企业常驻代表称为国家稽查员,其主要任务是监督企

业遵守各项财务制度，检查企业的账目是否合乎规定，向政府提供企业各种信息，对企业经营提出建议。他们有权查阅企业的任何资料，在特殊情况下甚至有权直接给财政部长写报告反映情况和意见。

由国防部派出的企业常驻代表，负责了解并检查企业的情况，向国防部部门汇报。

这两种常驻代表都可以国家代表的身份列席董事会，有发言权，但无表决权。

五是设立国家审计法院，对国有企业进行审计检查。

国家审计法院每年都对国有涉军企业的账目进行事后稽核。稽核主要内容是检查企业财务收支是否合乎规定，并对企业效率和效益进行评估。

审计法院拥有对企业进行监督稽核的广泛权力，有权查阅档案和情报资料，随时召见企业领导人。国家审计法院每两年都要提交一份有关国有企业账目情况的报告，分析其财务管理和经营情况，审计报告送交财政经济和预算部、国民议会和参议院中负责监督国有企业的议员。审计法院可以对违反财务管理规定的行政机关公务员和企业职员课以罚款或审判。

法国政府对垄断性国有企业拥有财务审批权，主要表现在四个方面：第一，国有企业的年度预算、决算情况须经财经部审批；第二，国家对国有企业的参股和变卖资产拥有决策权；第三，国家对国有企业职工的工资拥有批准权；第四，在经营战略和计划合同方面，国家拥有干预权。

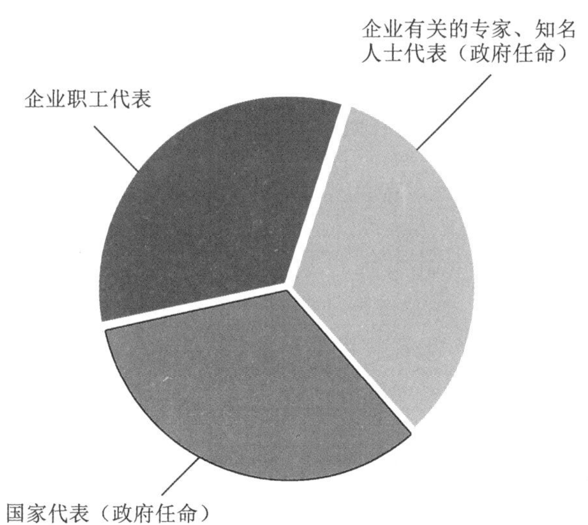

图5－3　法国通过人事权对涉军资产运营进行管理和控制

(二)按照垄断性国有企业的方式对国有涉军企业及其资产运营进行管理

法国政府对垄断性国有企业,采取直接管理和间接管理相结合,控制程度较高,管理比较严格,企业的自主权相对较少。

在投资方面,法国政府通过“经济与社会发展基金组织”每年确定一个投资额度,控制企业的借债规模。法国政府对国有企业投资的控制主要通过以下几方面来实施:第一,控制项目审批。如法国政府对铁路公司的建设项目明确规定,投资额在1 000万法郎以上的项目须经财经部审批。第二,控制投资收益。政府通过财经部规定项目建成以后的收益率必须高于资本利率。第三,控制投资的资金来源。第四,控制投资规模。

在价格方面,政府参照国际市场价格对垄断性企业的价格进行干预,防止企业利用垄断地位随意提高价格。

(三)通过计划合同行使国有涉军资产的所有权

计划合同的内容,主要是确定企业的中长期发展规划,包括一些生产经营目标,规定企业承担的盈利、自筹投资、就业、技术开发等义务,并对企业收益目标、服务质量、劳动生产率、价格变动等做出规定,企业在这套指标体系约束下可以进行最优经营方式的选择,同时,合同还规定了国家在财政投资、补贴和外部环境等方面对企业承担的义务。

政府与国有企业是否签订计划合同,有两个原则:一是看企业有无新的发展目标。如果没有新的发展目标,只进行日常经营管理,则没有必要签订专门的计划合同。二是看企业所处经济地位和企业经营战略的性质。如果企业经营战略选择与国民经济发展密切相关,政府就要求与国有企业签订计划合同。

(四)强化企业财务约束,促使企业自负盈亏

法国一部分国有企业原来亏损严重,由政府补贴,增加了财政负担。

20 世纪 80 年代以来,政府特别强调国有企业在财务上收支平衡的原则。在法律上国家对国有企业的亏损无补贴义务,企业也无权要求补贴。垄断性和公益性强的企业政策性亏损也需逐项核算,将详细情况向国家报告,才给予相应补贴。

国有企业按照税法规定交纳增值税后的利润,还要向财政部交 50% 所得税,剩下的利润分为两部分:一部分作为红利(红利一般占企业纯收入的 10% 左右)分给股东;一部分留给企业支配。留归企业支配的部分,大部分用于企业技术改造和扩大再生产,小部分用于职工的福利和奖金(一般只占企业纯收入的 50%)。

（五）建立健全国有涉军资产管理法规

法国从国家与国有企业的关系、国有资产的企业组织形式、企业领导体制，到财务、税收、审计、雇工、工资及计划合同等各个方面，都有明确的法律和法规，使政府对国有企业的各项管理工作做到法律化、制度化。法律具有稳定性、连续性和权威性等特征。完备系统的经济法律体系为处理国有企业遇到的各类问题提供了法律依据，也使有关各方的行为有了统一遵循的原则，从而保证国有企业生产经营活动在法律允许的范围内能够正常进行。

对于亏损的涉军企业，为了盘活涉军资产，近几年来，法国政府对垄断性国有企业的管理体制也在逐步改革，由原来主要采取补贴的办法，改变为扩大企业经营自主权，并要求垄断性企业也逐步实现自负盈亏。2001 年法国政府决定，把法国宇航公司这个国有企业的一部分股份转给马特拉高科技公司，组成一家私营的大型航空航天公司，让马特拉高科技公司与法国宇航公司合并，占 30% 的股份，法国政府仍占 30% 的股份，其余股份上市。合并后的企业职工可以优先购股，但国家仍保持金股，即保持选择让哪些企业入股的权利。

（六）政府通过国有投资公司对大型国防企业控股

法国武器装备科研生产总承包商一般为国家政府参股的大型涉军企业，或政府国有投资公司参股的大型涉军企业，政府通过股权和派驻代表影响涉军企业。

第四节　法国对涉军资产相关重大活动的监管措施

法国涉军资产相关重大活动主要包括涉军资产重组以及外资并购两个方面，本部分主要研究法国政府在这两项活动中对涉军资产监管的实践和措施。

一、法国对国有涉军资产重组的监管

（一）法国国有涉军资产重组的历史与现状

近年来，法国涉军产业结构调整重组力度非常大，涉及涉军资产的各大行业，形成了几个特大型企业集团，均已改组为上市公司。2000 年，法国宇航马特拉公司与德国、西班牙相关公司合并，组建了欧洲航空航天和防务公司 EADS；2001 年法马通公司、核燃料总公司等重组为 AREVA 集团，成为集核电设计、设

备制造与整个核燃料工业于一体的特大型核工业集团;2003 年法国军用舰艇主要生产单位舰船建造局改组为股份公司,并与著名电子企业泰勒斯公司的船舶业务进行重组;2004 年法国国有航空发动机研究制造公司 SNECMA 改组为股份公司,并随后与 SAGEM 公司重组;2006 年 9 月,地面武器集团公司 GIAT 改组为 NEXTER 公司。法国涉军企业专业化生产、社会化协作程度比较高,几个大企业与一批专而精的公司形成了比较合理的产业组织结构。在法国国有涉军企业调整改制过程中,曾遇到企业亏损、人员安置困难等难题,有人称之为“黑色岁月”,但总体上看,调整的最困难阶段已经度过。

1. 改组法国宇航公司

20 世纪 90 年代,法国国防工业结构内部调整计划的核心是对法国航空工业的支柱——法国宇航公司的改组。法国宇航公司是 20 世纪 70 年代由几个规模较小的企业合并而成的国有大型企业,产品种类繁多,包括民用客机、直升机、导弹、运载火箭、卫星五大系列,著名的空中客车飞机、阿丽亚娜火箭、飞鱼导弹等均是这家公司直接参与或独立研制生产的拳头产品。法国宇航公司改组的第一步是公司内部结构调整,按照当时的产品类别划分为航空部门、空间及防务两大部门,下属九个分公司。法国宇航公司进行结构调整的第二个重大步骤是与其他公司的整合,加速私有化进程,以解决国有企业法国宇航公司与其余欧洲国家的私营企业的联合,推进欧洲一体化进程。国有的法国宇航公司于 1998 年 7 月底与私有马特拉高科技公司合并为宇航 · 马特拉公司,由此,法国航空工业朝私有化方向迈出了重要一步,为创造一个私营的欧洲航天、航空及国防工业的公司奠定了基础。1998 年 12 月,法国政府把在达索飞机公司所掌握的 46% 的股份(军用飞机业务)划归法国宇航公司,使法国的民用飞机和军用飞机制造业形成一个整体,成为法国航空工业的轴心。

2. 泰勒斯集团的主要业务发展与调整

法国泰勒斯集团(简称泰勒斯)是世界著名、欧洲最大的国防电子公司。经过多年的发展壮大,该公司在地面与联合系统、航空电子系统、通信系统、空中交通管理系统、防空系统、潜艇电子系统和信息系统等领域确立了全球领先的地位。泰勒斯集团目前的核心业务集中在航空航天、防务、安全与服务三大领域,下设六个业务分部,各分部的主要业务组织结构如图 5 – 4 所示。2012 年,泰勒斯集团总收入达到182.56亿美元,军品收入达到92.13亿美元,位居世界百强涉军企业中第 11 位,欧洲第 4 位。

在“多国本土化战略”的指导下,泰勒斯集团已经发展成为以法国本土为主,在欧洲、美洲、亚洲、大洋洲等拥有 200 多家子公司的跨国防务公司,并购已成为该公司实现快速发展的重要手段。

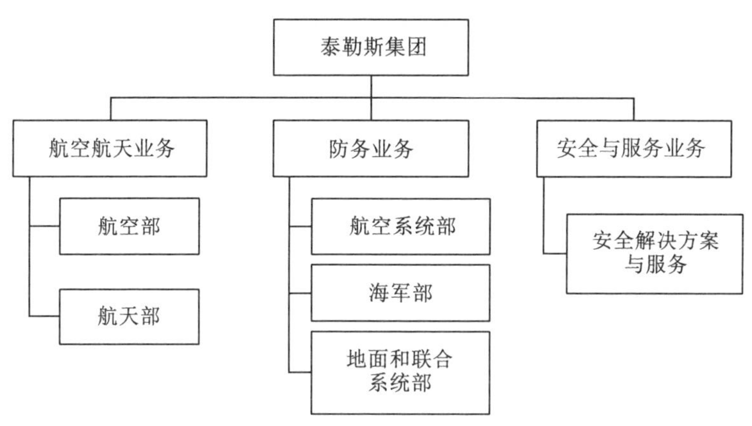

图5-4 泰勒斯集团的组织架构图

在泛欧层面,为了参与欧洲国防工业的竞争,法国政府一直积极推动泰勒斯集团与国内大型防务公司的合同事项。2005年,泰勒斯集团100%控股迫击炮主要生产企业TDA装备公司。2006年12月,泰勒斯集团以6.7亿欧元价格将阿尔卡特-朗讯集团下属卫星制造企业阿尔卡特-阿莱尼亚空间公司并入自己旗下,进一步巩固了其在欧洲卫星制造市场的优势地位。同时,法国最大地面武器公司耐克斯特公司为了争取在欧洲地面武器市场获得一席之地,也把与泰勒斯集团的合并作为选项之一。

其中最值得一提的是,泰勒斯集团与DCNS公司的结合。法国政府为了巩固与加强法国海军业务,提高欧洲海军力量,一手促成了泰勒斯集团与DCNS的整合。DCNS几乎生产法国海军所有的新产品并贯穿产品周期保障方案,泰勒斯集团拥有强大的海军市场,侧重于设备和系统的供给和综合。法国提出DCNS必须参加欧洲海军业的合并,而泰勒斯集团在DCNS的资本结构的作用将有助于为欧洲国防部门的未来的工业和技术能力做准备,因此促进泰勒斯集团和DCNS的联合以建立欧洲海军系统的龙头企业,由此推进欧洲联盟进程,提高了法国在海军国际市场的竞争力。

DCNS和泰勒斯法国海军业务的资产自20世纪90年代起开始结合:20世纪90年代,投资Horizon SAS、Eurosysna v、UDSI、SFCS项目;2002年,双方成立Armaris合资企业(泰勒斯占50%股份),负责军用产品在出口市场或合作方案主要的承包和销售;2005年,双方成立的MOPA2合资企业(泰勒斯占35%股份)生产法国的第二艘航空母舰。泰勒斯还在Eurotorp合资企业占24%的股份。在海军业务方面,美国的4家主要企业的年收入为116亿欧元,而欧洲11家主要企业的年收入为91亿欧元,其中法国的DCNS和泰勒斯两家企业及其合资公司加起

来为50.6亿欧元(DCNS 为 26 亿欧元、泰勒斯为 20 亿欧元、Armaris 为4.6亿欧元),占欧洲的55.6%,是美国的43.6%。2005 年 12 月,泰勒斯和 DCNS 的海军业务整合计划启动,原计划经过 3 ~6 个月合作协议后于 2006 年中期合并,并继续与欧洲伙伴探讨合并,最终成立一个欧洲公司。

泰勒斯和 DCNS 实际于 2007 年 3 月正式联合建立欧洲海军系统的龙头企业,泰勒斯持有 25% 的股份。泰勒斯与 DCNS 的联合是一个连贯而平衡的工业项目,进一步优化了产品,提高了海军项目中的竞争力。此项合并的益处是:在国内市场,公司提高了海军的系统供应商位置、加强了法国作战系统的合并、使得投资优化、强化了服务、互惠互利;在出口市场,DCNS 得以进入泰勒斯的广大的国际营销和销售网络;在欧洲,使得以后的合并行动更加可信和合理。

在欧洲其他国家,泰勒斯积极收购目标国家的中小型防务公司,以加强对该国市场的开拓力度。2000 年,泰勒斯收购英国拉克尔电子公司,成立了泰勒斯英国公司。之后泰勒斯还陆续并购了英国的短程导弹系统公司、马可尼声呐公司,德国的迪尔航空电子公司,涉及导弹、船舶、军用电子、航空航天等多个领域。泰勒斯英国公司和泰勒斯荷兰公司已经成为泰勒斯集团在法国本土之外的最大的两大生产基地。

为了增强安全领域的技术能力,2008 年 7 月,泰勒斯集团收购专业密码技术开发商 nCipher 公司,扩充其在英国的安全业务。此次收购体现了泰利斯公司持续发展安全业务领域的经营战略,进一步增强了信息与通信系统安全业务的能力,扩展公司的加密产品目录。

3. 变更地面武器工业集团经营权

法国地面武器工业集团(Nexter Industries,过去称为 GIAT)是法国最主要的兵器研制和生产企业,也是欧洲领先的地面武器制造商,它不仅垄断了法国陆军装备的供应,更在国际市场赢得了相当份额。该公司也是法国唯一一家在载车(坦克、装甲车)、武器(大口径火炮与坦克炮,中、小口径枪炮)和弹药三个领域进行全面经营的公司。其主要任务是确保法国陆军对各种地面武器装备的需求,也向法国宪兵队、空军和海军提供武器装备;同时负责对较重要的计划项目进行指导,管理武器的研究、发展、生产和维修。此外,法国地面武器工业集团还向全世界出口涉军产品,并经常作为陆军大型系统的主承包商参加法国或国际间的涉军合作。

1990 年以前的法国地面武器工业集团是政府所有、政府经营的行政机构,由国防部地面武器装备局直接经营,不具备法人资格,只能在政府的直接管理下开展经营活动。从 1990 年 7 月 1 日起,法国地面武器工业集团变成享有充分经营自主权的国有民营集团公司,并使用了“GIAT”作为公司名称。GIAT 公司全部股份属于政府,但自主经营,具有法人资格,可以参与国际军火市场的竞争。2007

年,公司名称从GIAT变更为Nexter(奈克斯特),意图谋求更好的发展。

4.其他公司的业务调整

法国国防部提出,无沦从政治、军事,还是从经济财政上分析,法国都不必再维持一个像原来那样的独立、完整的国防工业体系,而必须对原有规模进行压缩,从整个欧洲规模着眼,使国防生产结构合理化,要把国家财力集中用在法国有竞争力的武器装备生产上。国防部武器装备部希望通过结构调整保持国防工业的核心能力。

比如,法国将政府在达索公司46%的股份划归法国宇航公司,促成达索公司的军用飞机业务与航空航天公司业务合并,从而形成航空航天工业的核心;1998年7月,法政府同意航空航天公司与拉戈戴尔公司所属的马特拉公司合并,成立新的宇航·马特拉公司,组成了当年销售额约148.5亿美元的法国最大、世界第五大涉军企业集团。

2000年5月,法国斯奈克玛公司收购拉比纳尔(Labinal)集团,从而获得对涡轴发动机制造商透博梅卡的控制,实现了法国航空发动机大、中、小制造公司的一体化集中。

2007年,空中客车公司落实“POWER 8”计划,引入一种全面整合的跨国公司组织架构。新的生产架构通过建立四个真正的跨国“专业化生产中心”来实现流水线生产。这四个跨国“专业化生产中心”由公司负责机身和客舱,机翼和外挂、机尾和飞机结构的几大运营负责人担任领导,其中负责飞机结构的运营官还将负责机身段的组装和客舱内饰工作。这四个跨国“专业化生产中心”取代空中客车原有的8个位于不同国家的“专业化生产中心”。其他的组织架构调整还包括对公司支持部门,如财务和人力资源部门的整合,增强公司核心职能部门如研发、采购和项目部门的权力。新的组织架构将通过更明确的分工、更快的决策、更简化的工作流程来节省成本、强化公司管理。

当前,法国六大涉军集团中的阿法珐工业集团、DCNS集团和奈克斯特集团都是由原来法国政府经营的兵工厂通过资产重组形成的新兴防务企业。

(二)法国国有涉军资产重组的主要方式

1.上市重组

上市重组即通过证券市场进行资产重组,这是国营企业改制改组的最主要的方式。上市重组又分为两种基本情况:首次上市企业的重组和已经上市企业的重组。两种情形的主要差异在于转让价格的确定。对于首次上市的企业,其重组转让价格一般是按低于最高的价位定价;对于已上市企业的转让价格则主要依据历史股价来确定。根据法国有关法律的规定,资产重组中所依据的资产

及企业价值最终由具有完全独立性的股权及转让委员会依据恰当的方法决定。

上市重组面对众多的投资者,法国的法律将其分为两大类,并做出了不同的规范:

①机构投资者。他们将得到银行公会的总体认购保证。银行组成一个投资公会,负责接受机构投资者的认购,并保证结算交割。每一个认购指令都要明确认购数量,并可以限定买价。所有的认购指令被收录进认购指令登记册,反映出对上市股票的需求状况,为确定价格和上市量提供依据,同时据此分析投资者的质量。这样做主要在于鼓励长远投资。

②个人投资者。他们参加公开求售。对于定价求售,他们依据确定的股票价格提出自己的认购数量,参与认购;对于不定价求售,则认购时只确定金额不确定数量,一旦知道股票的最高价,则该项认购指令同定价求售认购指令一样,就不得撤销。

③其他有关规定。以上两类投资者的需求大幅度超过求售数量时,认购就按一定比例予以兑现,为鼓励个人购买,个人认购价低于机构投资者的认购价,并且在持股到一定期限后可得到免费分配的股票。依据 Clawback 条款的规定,当个人认购踊跃时,供给机构投资者的部分股票要投放给个人投资者。该种重组方式需向职工优惠出售全部转让股份的 10% 的股票,优惠主要有最多 20% 的价格优惠和最长 3 年的交款期优惠。并且每个职工的购买额不得超过年社会保险基金缴纳额的 5 倍;为防止股票大量上市给股市带来的冲击,银行公会可以采取收购股票的办法进行维持股价相对稳定的任务。

2. 协议重组

即通过招标或谈判进行重组。协议重组的主要原因有:建立稳定的股东结构;从战略角度确定合作伙伴;被重组企业处于严重困境,无法通过上市进行重组(这时,需要政府予以增资)。以上三种情况显然通过上市无法达到重组的目的,此时则根据经济部长的决定不通过证券市场进行重组。协议重组在不同的条件下,又有三种不同的形式:

①通过招标的形式。制定一份规范书,明确重组转让的具体方式、参与重组的条件、政府选择购买方的标准等。参与该企业重组的购买方在保密的前提下可以查阅企业的核心资料,他们还要求必须说明如何实现规范书所确定的目标,并提出报价。政府据此确定恰当的购买者。目前,此种形式又增加了预选阶段,进入预选的购买者可以查阅到更多的资料,并可修改开始提出的报价。这种形式不完全符合招标的规定,但同招标具有很多的共同点,可以简称为招标形式。

②独立比较的形式。此种形式主要指在没有规范书的情况下,由经济部长任命一位独立人士,就重组转让的条件和实施情况提出报告,重点是比较、分析、

阐明各位参与重组转让的购买者的方案的优势,据此来确定合适的重组购买者。此种形式主观因素较多,因此运用的次数有限,并且都是在重组企业形式特殊时才采用。

③伙伴重组形式。参与重组转让的企业与被重组的企业原本就有合作关系,属于合作协议范围内的股权转让。这种形式需要在官方公报上刊登公告,公布重组转让的目的和参与企业的名称,并需公告刊登 15 天后,经经济部长批准,转让方可进行。

3. 自行重组方式

即针对间接股权的重组转让。采用间接股权的重组转让在实践中一般是由持股单位自行决定并执行的。当被重组企业超过一定规模时,则需要审批,包括独立专家所做的企业资产评估资料在内的重组转让材料首先要由经济部国库司审核,批准的决定也要以法令的形式公布,其中要求转让价不能低于评估价值。

(三)法国国有涉军资产重组监管的主要措施

冷战结束以后,法国开始改变过去国家对国防工业管得太宽太细的做法,实施以宏观调控为主的政策,减少对涉军生产的直接参与和管理。具体措施包括:一是由装备总署负责制定和发布国防工业发展政策,指导国防工业能力与结构的调整;二是将涉军企业进一步推向市场,减少国家控股份额,主要涉军企业陆续实现股票上市;三是掌管武器装备工业生产部门、武器采购主管部门和武器需求部门(参谋总长与三军参谋部),加强对武器装备计划、经费的管理和产品质量控制;四是调整企业资金结构,对大型涉军企业以国家控股的方式实现股份化,引入大量私人资本。

二、对外资收购涉军资产的监管

法国对外资并购本国涉军资产的定义:

①收购法定地址在法国的公司的控制权;

②直接或间接收购法定地址在法国的公司的某项业务的部分或全部;

③直接或间接购买法定地址在法国的公司 33.5% 的股本或表决权。

2000 年以后,法国政府对国防资产和技术的外流越来越敏感,尤其十分警惕其关键的军事和安全技术落入别国之手。2005 年,法国在"防止关键国防资产和技术外流"两方面都采取了积极措施:

2005 年 8 月 31 日,法国政府宣布,已经确立 10 个关键业务领域,今后法国政府将阻止这 10 个领域的本土公司被外国投资者收购,以避免法国关键国防资产和技术被外方掌控。这 10 个领域的大部分都与国防或安全资产和技术相关。

法国政府出台的法令也将很好地保护核生化武器领域、加密软件领域、通信领域、军民两用技术领域和信息安全技术安全系统领域的法国本土生产商。

2006财年,法国又将金股制度和"毒丸计划"纳入预算法案,以保持国家对涉军企业重大决策(特别是国外公司并购其股份)的最后发言权。"毒丸计划"是金股制度的有效补充,也被称为"股东购股权计划",即在公司面临被收购危险时,通过股本结构重组降低潜在收购方的持股比例或表决权比例,或通过增加收购成本以降低公司对潜在收购方的吸引力,最终达到反收购的效果。

(一)单层监管、单阶段审查

法国目前对外资收购涉军资产的监管采取的是单层监管模式,即单一机构在外资审查中进行国家安全因素的考虑。但即便是单一机构审查,在审查过程中,也需要其他部门的参与,跨部门合作使各个机构之间可以就各自擅长的领域提供经验、建议,弥补可能的专业空白,促进监管水平的提高。这种单层的监管模式使得监管机构被赋予规范而重大的权力,集中了调查权、裁判权、处罚权于一身,同时充当"警察""法官"和"执行局"角色。

法国负责外资并购安全审查并具有决定权的是财政部。然而,财政部并非可以独立地决定是否同意本国企业和资产被收购。在所有已经发生的外资并购法国本土企业和资产的案例中,财政部都会征求其他行业管理部门的意见,如涉及工业企业及其相关资产的并购中,财政部会征求工业部的意见;而涉及涉军企业及涉军资产的并购中,财政部则会征求国防部的意见。

法国的安全审查由经济、金融与劳动部负责,在规定的期间内完成安全审查。法国经济、金融和劳动部在审查后通知相关企业该交易是否会得到批准。如果没有在两个月之内完成审查给予答复,则视为自动批准该交易。

(二)根据"控制权"确定审查对象

几乎所有国家在确定审查对象的具体范围时,都必须确定"控制权"标准,只有当并购交易使外国投资对本国企业达到控制时,才可能对国家安全有威胁而启动审查。实现"控制"的一般标志是:①获得企业全部或部分资产的所有权或使用权;②对企业的构成、管理层的任命、经营决策或一般运行过程产生重大影响。如何判断达到"控制",各国所采取的标准不同,法国的方式有以下几种:

1. 以"比例"界定控制权

法国法律规定:上市公司的20%以上的股份为非本国居民或非本国居民所控制的公司拥有时,这个公司就是"外国控制"的公司;非上市公司的33.33%以上的表决权为非本国居民所拥有时认为是"外国控制";特殊情况下有时也会考

虑其他情况。例如,是否有信贷或商业联系,是否有可以导致被某一外国实体额外控制的许可协议等。

法国第2005-1739号法令规定,对于非欧盟国家的投资者在一个敏感的部门的投资必须进行审查。例如,投资者将收购控制一家总部设在法国的公司;收购一家总部设在法国的公司的分支机构;或者收购一家总部设在法国的公司三分之一以上的公司股本或投票权。

2. 设置特许范围

(1)国防军事安全

法国第2005-1739号法令规定敏感部门外商投资必须审查、明确了审查范围,但并没有明确的外资审查的标准,以及政府通过哪些因素考虑外资审查是否能够通过。审查外资并购时财政部的考虑因素包括:①保证国际利益不受损害;②能够在将来保护业务经营生产、研发能力和相关技术……③涉军和涉及国防产业政府采购合同的法国公司的业绩不受威胁等。由此可见,对于法国,国防等安全是外资并购国家安全审查的重要内容之一。

(2)产业发展安全

法国规定可能危及公众安全或国防利益的外资并购,应由法国政府事先批准。此外,有关武器,弹药,爆炸物的研究、生产和营销的外商投资也须事先获得批准。政府也可以根据情况授权批准。部分投资者不满足这些条件可能会导致投资批准被剥夺。法国规定了11类战略性产业部门应接受国家安全审查:①博彩业;②政府管制的保安护卫业;③研发对恐怖分子可能使用生化攻击手段的防护方法并制造相关物质的产业;④窃听、监视及监听器材生产业;⑤与信息系统或产品安全有关的服务业;⑥为关键产业的国有或私营公司提供信息系统安全的产品或服务的产业;⑦可军民两用的技术或项目的相关产业;⑧提供密码产品或服务的产业;⑨有关私人保密信息的产业;⑩生产、研发、销售武器弹药,可用于军队或战争爆炸物质或其他禁限材料的行业;⑪与国防部有任何形式的合同或承包关系的企业所进行的可军民两用的技术、项目或上述武器弹药等的研发、生产、销售有关的行业。

法国政府加强对外资收购本国涉军资产的监管始于1998年美国联合技术公司的收购事件。1998年美国联合技术公司旗下的汉密尔顿·胜特兰公司收购了法国从事航空装备和核潜艇推进器生产的Ratier-Figeac公司,使得法国部分丧失了独立研制生产核潜艇的能力。之后,法国政府对关键国防资产和技术的外流越来越敏感,十分警惕其关键涉军和安全资产落入美国和英国之手。基于联合技术公司的收购事件的教训,法国政府开始采取一系列措施防止关键国防资产和技术外流。

2004 年 11 月，法国政府制定并颁布了 2004－1343 号法令，对《货币与金融法典》进行了修订，改革了法国的外国投资审查程序，确定法国相关政府机构（如财政部、工业部、国防部、原子能委员会等）有权终止外国资本对法国本土具有战略意义的企业进行控股的活动。

3. 附条件批准

附条件批准是各国普遍采取的一种灵活措施，美国、法国、英国、俄罗斯、澳大利亚、加拿大等国家都存在“附条件批准”的立法或实践。“附条件批准”，是指在某些并购本国企业可能会对国家安全带来威胁的情况下，可以通过一些灵活的措施，既不否定其并购，又能将国家风险纳入可承受或可控制范围内，而不是动辄就禁止该项交易。各国企业并购安全审查的监管机构大多数都属于行政机关，虽然它们中有不少具有准司法性质。因此，监管机构做出的审查决定或命令在本质上都属于一种行政行为。作为一种行政行为就应该可以通过司法手段获得救济。因此，各国在相应立法中通常都会为不服本国企业并购监管机构所做决定的主体提供必要的救济途径。

法国有关法律规定，在并购审查部门不批准并购交易的情况下，投资人拥有就该决定向法国行政法院提起上诉的权利。此外，如果投资人认为不批准交易的决定违反了欧共体条约，也可以向欧盟法院提起诉讼。但自国家安全审查法令实施以来，还没有投资人提起过行政诉讼或者欧盟法院诉讼。

对于行政权力进行时间的限制是为了保障当事方企业的利益。大多数国家对审查程序设立了法定期限，有的法定期限规定还十分严格。例如，法国审查期限为 2 个月，从接到申请报告开始之日算起，如果在该期限内财政部未给予答复，则视为自动批准该交易。如果财政部认为需要更多的并购交易信息时，可以延长审查时限。

第五节　法国涉军资产运营管理和安全监管的主要特点与经验

在法国，国家赋予国有涉军企业的主要使命是进行有效的经营，增加效益和盈利。但由国有涉军企业的所有制性质和与国家的特殊关系所决定，涉军企业在经营过程中，还要承担国家履行经济调节器的职能，为国家全局利益和社会公共利益服务，包括帮助国家实现经济发展目标和战略发展计划，刺激和带动市场投资，完成工业项目和科技项目攻关任务等。基于此，法国处理国家与国有涉军企业之间关系的基本原则是：既要保证国家对企业的所有权和领导权，又要保证

使企业拥有经营自主权，让大多数国有涉军企业能够像私人企业那样，按照一般经济和市场规律运作。

一、财政部和国防部对国有涉军资产进行双重监管

法国的涉军资产主要分布在国有控股的涉军企业和政府所属的科研机构之中。对于分布在国有控股的涉军企业中的国有涉军资产，其监管主要由财政经济预算部和国防部负责。其中，财政经济和预算部权限较大，是包括国有涉军资产在内的法国国有资产管理的核心部门，统一管理所有国有资本，而国防部主要负责经营和指导国有涉军企业发展。所以，法国国有涉军资产监管总体架构体系表现出主要以财政部和国防部相结合，并以财政经济和预算部为主的"双重监管"架构体系。

二、国家只对拥有重要涉军资产的母公司进行监管（间接监管）

对于国有涉军资产的监管，国家控股一般只限于控制总公司或母公司的股份，不控制子公司和分公司的股份。后者的股份由总公司和母公司控制，而且总公司或母公司控制的股份数额也不相同。与此相类似，国家与国有企业控股的分公司或子公司的产权关系也是一种间接控股关系。

三、对于上市涉军企业，限制国有涉军股份自由交易

根据有关国有化的法律，法国国有企业中的国家股份不能在股票交易所买卖，其变化必须通过一定的法律程序。但是，国有企业中的私人股份，可以在巴黎股票交易所自由买卖。国有企业如果经营亏损严重，经主管部门批准，可以兼并或出售，但生产正常，只是改变了隶属关系。实际上，兼并和出售也是一种处理企业破产的方式。

四、根据国有股份比例的不同对涉军资产进行分类监管

法国从20世纪90年代开始对国有涉军企业进行改组，使国有化程度有所降低。法国政府设有专门的国有企业和国有资产管理机构对国有涉军企业进行分类管理。对国家占51%以上控股地位的国有企业，国家从价格、投资、分配等方面实行严格的控制。对国家参股的企业，则按私法对其进行规范管理，这类国有企业大多数是竞争性的国有工业企业。

五、对涉军资产的外资并购采用混合立法，多头监管

混合立法模式是指国家没有针对外资并购监管进行专门的立法，有关该监

管活动的规定分散在反垄断法、外贸法、外汇法等相关法律中，通过适用国家安全法、反垄断法等相关法律法规，对影响国家安全和国防安全的外资并购进行审查，故也称为宽泛意义上的国家安全审查制度。采用混合立法模式的国家大多是在适用反垄断法或在外资产业准入时考虑国家安全因素。

法国作为欧盟的主要成员国之一，必须遵守欧盟法律中关于外资投资的要求，即允许资本的自由流动，来自欧盟其他国家的投资者可以不受约束地在欧盟成员国开展商业活动。然而，根据欧共体条约，欧盟成员国可以保留基于公共安全考虑而实行对外资进行限制的权利，只要这些限制不会导致歧视或对贸易的变相限制。

法国没有统一的外资法，也没有专门的外资并购国家安全审查的立法，而是通过法国《货币与金融法典》L. 151 －3 条的规定和第 2005 －1739 条法令进行涉及国家安全的外资审查。

根据法国《货币与金融法典》L. 151 －3 条规定，“外国公司在法国的投资如果涉及公共权力的行使或者涉及如下领域，即使只是短期的投资也应获得法国财政部长的事先批准：可能会危害公共秩序、公共安全或国防利益的业务；研究，制造，营销武器、弹药、火药或爆炸物的业务。”

遵循《货币与金融法典》L. 151 －3 条的规定，在 1992—1993 年，法国政府以可能危害公共秩序为由禁止 8 件并购交易，1994 年禁止 1 件。而在当时，因为绝大多数的法国涉军企业为国家所有，很少有机会被外国公司并购，所以以国家安全为由而被否决的外资并购在 1996 年之前没有。然而私有化后，部分法国涉军企业开始非国有，由此导致了国防资产和技术的外流情况。

之后，法国于 2004 年制定了其 2004 －1343 号法律，改革了其外国投资审查程序。2005 年颁布了第 2005 －1739 号法令，这一法令补充了《货币与金融法典》中 L. 151 －3 条的规定。该法令列举划分了 11 个明确的区域来规制有关保护法国公共秩序、公共安全、国防利益的外资投资，并对欧盟投资者和非欧盟投资者实行区别对待。

在法国，国有资产统一管理机构负责资产的管理，国有资产经营公司和授权经营集团等国企负责资产的营运，国有资产监督机构负责资产管理的监督。它们之间的关系是：国有资产统一管理机构与资产经营公司是授权和被授权的关系，资产经营公司与被投资企业是出资人代表与企业法人的关系、投资和被投资关系，国有资产监督机构与国有资产统一管理机构是监督与被监督的关系。

第六章 俄罗斯涉军资产的构成与安全监管实践

俄罗斯涉军资产安全监管源于冷战结束后该国国防工业所有制改革引发的国防关键资产和军事技术流失问题。20世纪90年代，俄罗斯在航空、船舶制造、信息技术等特定领域建立了一系列纵向综合的股份制公司。这一活动曾被当作俄罗斯国防工业改革和引入私人投资（包括外国资本）的主要途径。然而，由于当时的俄罗斯联邦政府没有能力对联邦资产进行有效的管理，使国家在国防工业股份制改革中不仅没有获得更大的收益，而且生产能力大幅度下降。更主要的是，在股份制改革中，由于缺乏完善的法律制度和监管手段，出现了国外公司大量收购俄罗斯国防工业企业股份的趋势，给俄罗斯国防工业的技术安全带来极大的隐患。针对上述问题，普京上台后，俄罗斯联邦政府通过建立国家控股的战略企业名录、在国防股份公司设立“监督股”等措施保障国防关键资产和军事技术的安全。

第一节 俄罗斯涉军资产的形成与分布

当前，俄罗斯的涉军资产从投资主体来看，主要分为政府直接投资涉军资产、私人投资涉军资产和外国投资涉军资产。从所有制分布来看，涉军资产主要分为国有涉军资产、国有控股涉军资产和私人控股涉军资产。从部门分布来看，俄罗斯的涉军资产主要分布于国防工业企业和国防科研机构。

苏联解体后，俄罗斯国防工业经历了大规模的私有化进程，大量国有涉军资产流失。普京上台后，在继续坚持吸引社会私人资本和外国资本进入国防工业同时，加强了国家对国防工业的投资，巩固了国有涉军资产在俄罗斯国防工业的基础地位。从这个意义上来说，当期俄罗斯涉军资产主要还是以国家投资为主，辅之以社会和外国资本投资。

一、工业企业所有的涉军资产分布情况

俄罗斯国防工业在政府的直接领导之下进行企业重组和所有制改革，目前以国有企业为主体，多种所有制并存，今后也将如此。俄罗斯政府的目标是，将国防工业分为战略性企业和非战略性企业两大类，政府对战略性企业进行直接控制，将非战略性企业推向市场，在此过程中推行股份制（包括私有化）改造。按照俄罗斯联邦政府国防企业重组与所有制改革计划，国防工业核心力量，即从事武器装备设计和生产的机构与企业，将全部是国家全资或国家控股的股份公司（国防工业综合体）；配套企业可以是多种所有制企业。到 2011 年，俄罗斯已经完成了联合飞机制造集团、联合发动机制造集团、俄罗斯直升机公司、联合造船集团、原子能工业集团、阿尔马兹 – 安泰公司、战术导弹集团公司等 50 家大型“一体化”涉军企业的组建。经过十几年的改革，俄罗斯国防工业生产体系的所有制结构发生了重大的变化，逐步形成了一个由多种所有制形式并存的混合型经济体系。具体可分为以下三大类别：

第一类，是以军品为主的国有制企业（俄称“联邦国家单一制企业”）。这类企业由国家重点保护，是各个国防工业行业中的骨干企业。这类企业约占总数的 50%。

第二类，是军民品并重的国家参与的股份制公司。此类公司在生产军品的同时，积极扩大民品生产，大多数公司的民品生产比例超过公司产值的一半以上。公司的经费中国家拨款约占 25%，其余的经费主要靠军品出口、生产民品及与国外合作研制新产品获得。这类企业约占总数的 30%。

第三类，是完全私有化的企业。此类企业一般是一些规模较小的、在国防工业生产中不很重要的企业。其产权完全为私人所有，目前约占总数的 20%。对这类企业，政府只根据合同拨款。

二、国防科研机构所有的涉军资产分布情况

俄罗斯的国防科研机构主要分为独立的国防科研机构、企业内部的科研机构和其他机构（含大学院校的科研机构）三大类。独立的国防科研机构又分为国有国防科研机构（国家级）、国家参股的国防科研机构和私有的国防科研机构三类。在企业内部的科研机构中，根据所属企业的性质，分为国有企业内部的科研机构、国家参股企业内部的国防科研机构和私有企业内部的国防科研机构三类。

独立的国有国防科研机构是俄罗斯国防科研各领域的主要力量，其所需经费约 3/4 由国家拨款，其余的靠自筹解决。主要职责是：承担前瞻性强、国防科研重大项目的研究，对设计局提出的设计方案做国家级鉴定，对武器装备的性

能、安全性做出权威性的最终结论，编制国家国防科技发展大纲、制定标准和其他一些国家规定性文件等。其中，属于政府所有的科研机构主要包括以下几个：

（一）国家航空系统科学研究院

国家航空系统科学研究院是重要的国家级科学研究院，组建于1946年，有雇员约6 000人。该研究院的科研活动涉及与航空及机载武器相关的广泛领域，例如，机载武器控制系统；航空武器系统的效能；空空、空地、地空导弹的制导系统；用于空空、空地和反飞机制导导弹有关的控制和制导设备；机载武器与载机的接口问题；军用飞机和直升机机载雷达和武器系统的综合处理；机载计算机系统的程序和算法；航空器与地面设施的信息保障系统；远距探测与数字地图绘制；卫星导航；数据传输；专用计算机技术；飞行试验方法和军事航空装备的飞行试验等。此外，该研究院还将设计和模拟复杂工程系统使用的方法应用到相应的民用领域，如空中交通管制、导航系统和复杂的医学设备等。在联合项目的框架中，该研究院与美国、英国、法国和中国的研究机构开展了国际合作。

（二）全俄航空材料研究院

全俄航空材料研究院是俄罗斯的国家级科研机构，下设11个分部，每个分部下设5~6个研究室。研究院从事航空、航天、电子技术、医疗和其他领域材料的研究，主要科研活动包括：航空航天材料和基础原料的研究；新型材料的探索研究、基础研究和新材料测试；航空发动机、飞机、直升机和航空仪表生产工艺研究；航空航天材料在飞机及其发动机、航天器和运载工具上的应用研究；制定航空航天材料标准。具体研究内容包括合金理论；疲劳断裂机理；结构钢和结构合金；铝合金、钛合金和镁合金；镍、钛和高强度钢等合金，金属材料的焊接工艺及其他各种加工工艺；多功能材料合成与加工；聚合物基复合材料和金属基复合材料；隔热材料及耐磨损材料等；提高材料性能的途径和测试方法；制定合金和非金属材料无损检测及力学试验方法，以及材料加工设备研制等领域开展多种活动。

（三）茹科夫斯基中央空气流体力学研究院

茹科夫斯基中央空气流体力学研究院成立于1918年，目前主要从事飞行器空气动力学和结构强度方面的基础研究、应用研究以及相关流体力学研究。该研究院下设中央航空发动机研究院、全俄航空材料研究院、飞行试验研究院和航空工艺研究院等多家研究机构。拥有50多处试验设施，用于气动、飞行力学、航

空声学、热动力学、流体力学、气动弹性、强度和耐疲劳等方面的研究。装备了低亚声速、亚声速、跨声速、超声速和高超声速风洞,以及用于研究推进系统和试验设备的特殊风洞等试验设施。

该研究院的研究范围包括:飞行器外形设计和气动参数选择及气动模型风洞试验;气动弹性和气动特性计算及试验研究;结构设计参数优化;专业发展的探索性研究。此外,在航天飞机的研制上也进行了许多探索性工作。它还负责对俄罗斯各航空设计局提出的飞行器设计方案进行国家级鉴定,对方案首飞的可行性和安全性给出最终结论。

目前,该研究院开展的重要研究活动包括:新一代干线运输机外形和经济性能研究;改善运输机的使用性能;研究具有“飞翼”气动布局的概念客机;改善旋翼机性能;研究航空器的非传统的气动布局;研究飞行器隐身能力;高超声速飞行器热结构的研究,以及未来航空航天装备的发展研究等。此外,还通过在风洞中的模型和实体试验,研究和优化各种型号的汽车、地铁列车及其他飞行器。

(四)巴拉诺夫中央航空发动机研究院

巴拉诺夫中央航空发动机研究院主要从事航空发动机研究,是俄罗斯最大的航空研究机构之一,也是欧洲最大的航空发动机试验中心,有雇员约6 500人。该研究院下设科学研究中心和科研试验研究基地,拥有约 30 座试验设施,能在接近真实飞行条件下对航空发动机及其部件、系统和构件进行试验研究。主要设施包括喷气发动机高空试车台、发动机小试车台、可模拟地球各地气候的气候试车台、试验飞机起降时工作情况的开口式风洞、研究压气机气动特性和强度的压气机试验台、燃烧室试验台、涡轮及其零部件试验台、研究气体动力学的现代数学模型、计算机辅助设计系统、航空发动机材料与零部件强度试验设施和现代化激光与光学测试系统等。

该研究院的科研活动包括:气动、紊流和燃烧、边界层理论、热交换、结构强度分析、发动机控制理论方面的基础研究;喷气发动机理论和先进发动机性能优化探索性研究;发动机部件与组件和燃气发生器系统的探索性研究和应用研究;高超声速技术研究;高能燃料研究;为发动机制造设计局开展的研究项目提供科学理论保障;为实验发动机及其系统和零部件进行试验;探索改进航空发动机并解决环境保护的问题;还负责确定航空发动机预研型号及其研制项目,并制定相应的技术条件等。

近些年来,该研究院的科研活动主要围绕俄罗斯出台的俄联邦航空航天目标纲要进行,这些纲要包括《俄罗斯民用航空装备发展》《俄罗斯联邦航天规划》《民用科技发展优先方向方面的研究》等。

（五）格洛莫夫飞行试验研究院

格洛莫夫飞行试验研究院是俄罗斯著名的航空研究机构之一。该研究院拥有现代化的研究试验设施和装置，包括欧洲最大的机场（跑道超过 5 km）、现代化的控制系统、独特的测试装备和试验场所、约 100 架试验载机和 20 个以上多用途试验台与模拟器。研究院下设试飞员学院和航空展览公司，并负责举办莫斯科国际航展。

该研究院主要科研活动包括：飞机气动、热力学、控制系统、人机学和生命保障系统等方面的飞行试验研究；动力装置样机、驾驶导航综合系统样机、其他机载电子设备样机及应急分离和机组救生系统样机的飞行试验研究；复杂飞行状态下的飞行器飞行试验研究；飞行可靠性、操纵性能和安全性研究；机载设备和地面设备及保障全天候起降的微波着陆系统的综合飞行试验研究；人为因素对飞行安全的影响和提高飞行安全的方法及手段研究。

目前，该研究院的主要科研活动是在基础研究的基础上从事新技术的研发，未来的研究重点为：进行轨道测量方面的飞行试验；设计飞行试验的估算系统、研究新型发动机在飞行试验室的试验方法；研究建立信息测量系统的新原则等。

（六）克雷洛夫中央造船研究院

克雷洛夫中央造船研究院是俄罗斯的重要造船科研机构，成立于 1894 年，主要从事船舶设计及水动力学研究和实验。该研究院职工总数约5 000人。克雷洛夫中央造船研究院曾专门为海军服务，目前其研究业务已扩大到船舶科学领域的各学科。1999 年通过兼并活动，提高了海军舰艇及商船的设计能力，加强了船舶标准化及认证的研究和管理职能。

该研究院主要业务领域包括：舰船水动力学研究，船舶结构强度和振动研究；舰船动力装置研究；中核辐射及环境安全研究；船舶声学、动力设备和机械研究；电磁和水物理特征及隐身技术研究；设计和自动化研究；海军舰艇和商船设计；船队发展趋势预测分析和造船计划制定；船舶标准化和认证。

该研究院拥有完善的试验设施，可完成各种舰船的实尺寸试验和船模试验。主要试验设施包括深水和浅水拖曳水池、高速拖曳水池、耐波性试验水池、船模操纵性与空泡试验水池、破冰试验池、风洞与空化水筒、声学测量水池、拉伸试验机、疲劳振动试验机，以及水力和动力装置试验设施。

主要研究部门包括先进船舶概念设计和船舶建造计划部；海军舰艇、商船、舰载武器和海洋工程结构水动力学研究部；结构强度和可靠性研究部；船舶动力装置、核辐射和环境安全研究部；近海及海洋工程研究和设计中心；海洋及工业声学研究部；海洋物理场和船舶特征研究部；舰艇、远洋船舶和高速艇推进性能研究部。

（七）俄罗斯国家研究中心－库尔恰托夫研究所

俄罗斯国家研究中心－库尔恰托夫研究所是俄罗斯第一个国家级研究中心，于1991年11月根据俄罗斯总统令在原库尔恰托夫原子能研究所基础上组建。该中心直属俄罗斯联邦政府领导，既不属于俄科学院，也不属于其他政府部门。现主要从事核电及核燃料安全、受控热核聚变及等离子体工艺、核物理、固态物理和超导研究，此外，还进行分子物理、物理和无机化学、化学物理、等离子体物理和化学、新技术安全、生态学、微电子学及信息科学等的基础和应用研究。

该研究中心的前身——库尔恰托夫原子能研究所成立于1943年，成立之初的目的是制造核武器。在苏联实现核武器的制造目标后，核裂变与核聚变反应在核电工程中的应用成为其主要研究方向。该研究所的发展历经了苏联科学院2号实验室（1943年）、苏联科学院测量仪器实验室（1949年）、原子能研究所（1956年）、库尔恰托夫原子能研究所（1960年）、俄罗斯国家研究中心－库尔恰托夫研究所（1991年）等不同阶段，其规模和人员不断壮大。随着国防项目的持续减少和裁军的要求，该研究机构在核科学与工程的基础研究领域不断拓宽，在众多基础科学研究领域走在世界前沿。该机构拥有多种大型科学实验基础设施，包括多用途研究反应堆、等离子体热核聚变装置、各种加速器，其他独特的实验研究设施，以及大型计算机系统和先进的设计生产基础。为保持该研究所的自主知识产权和独有的实验基础，成立新的俄罗斯研究中心－库尔恰托夫研究所之后，俄罗斯联邦政府划拨部分专款用以维持其庞大的科学研究基础设施。

（八）理论与实验物理研究所

该研究所成立于1945年12月1日，它为苏联核工业的创建做出了很大贡献，它的理论和实验研究为苏联的核技术工程奠定了基础。目前，该研究所是俄罗斯最重要的核物理与高能物理科学研究与教育中心，主要从事核物理、中子物理、高能物理、理论和数学物理、等离子体物理、天体物理、固态物理和纳米技术、反应堆及加速器物理，以及计算机科学等研究；在应用研究方面，开展物质的基础特性及其在新技术特别是在生态安全能源、节能设备、无线电通信和医学中的应用。该研究所拥有的实验设施主要包括：重水堆、10 GeV质子同步加速器、24 MeV质子线性加速器、低温实验室和质子治疗中心等。

（九）高能物理研究所

该研究所是俄罗斯主要的高能物理学国家研究中心之一，成立于1963年10月。曾在基本粒子研究方面取得多项国际领先水平的研究成果。其研究领域包

括:基本粒子、场和加速器物理;裂变反应堆概念;核探测装置;核测量仪器仪表;工程材料;有机和电子材料;材料合成和加工;核安全和保障等。主要研究设施有:70 GeV 质子加速器(内靶束可达到 50 GeV,快慢引出)及 1.5 GeV 快速回旋质子同步加速器。

(十)俄罗斯科学院核研究所

该研究所成立于 1970 年,是目前俄罗斯主要的核物理学研究中心之一,1994 年成为俄罗斯国家研究中心;主要从事理论和应用核物理、高能物理、宇宙射线物理及中微子天体物理的研究与发展。

该研究所在距莫斯科 20 km 的特罗伊茨克市拥有生产研究机构,主要从事短寿命放射性同位素生产,并开展加速器物理和技术、材料和产品无损分析,材料辐射、放射化学、固态物理、核物理、介原子物理等方面的研究。该工厂拥有质子和氢离子线性加速器(能量为 600 MeV,束流 0.5 ~ 1.0 mA),医用和工业用放射性同位素制造设施,中子源设施和具有介子存储环的实验设施。此外,该研究所还拥有位于高加索的巴克山中微子天文台,位于贝加尔湖的中微子望远镜。

(十一)俄罗斯科学院彼得堡核物理研究所

该研究所成立于 1971 年,其前身是 1954 年成立的主要从事核物理研究的苏联科学院物理技术研究院分部,1992 年更名为俄罗斯科学院彼得堡核物理研究所,1994 年成为俄罗斯国家研究中心。该研究所主要从事中子物理、高能物理、理论核物理、分子物理和辐射生物物理等方面的研究;主要研究设施包括:1959 年 12 月开始运行的 WWR – M 研究堆和 1970 年建成的 1GeV 质子同步加速器。

(十二)物理学与动力工程研究所

该所又称奥布宁斯克研究所,成立于 1946 年 5 月,1951 年该所承担了世界第一个核电厂(热功率为 30 MW、电功率为 5 MW)的建设任务,并于 1954 年 6 月 27 日进行了调试。1994 年 4 月该所成为俄罗斯国家研究中心,是俄主要的核反应堆技术研发中心。

物理学与动力工程研究所成立以来,在开发俄罗斯的钠冷快堆、轻水石墨慢化堆、液态金属冷却船用动力堆、直接能源转换空间动力堆等方面发挥了重要作用,并以科技主管和监理的身份参与过多项大型研发项目,包括 BOR – 60 实验快堆、世界上第一座快堆(BN – 350)、BN – 600 快堆、比利比诺核热电联供厂、铅 – 铋合金冷却潜艇核动力堆、直接热电转换空间核动力堆等。目前,该研究所主要从事核物理和中子学、核反应堆芯和辐射屏蔽物理、核电工程理论、热工水力学

和冷却剂技术、结构材料腐蚀、材料辐射和固态物理、计算方法等领域广泛的研究和开发活动,还开展核技术应用研究与服务。

(十三)俄罗斯中央机械研究院

俄罗斯中央机械研究院成立于 1946 年 5 月,原名中央机器制造科研所。2004 年,该研究院在国防工业系统改革总规划的框架内,开始实施改革计划,其中包括在研究所内实行新结构图。根据新结构图,专题活动的主要科技方向的实施,分配给了三个大型联合科技中心:系统设计中心、应用研究中心、飞行管理中心。该研究院在改组过程中,在航空气体动力学中心、热交换中心、强度中心,以及科学和试验中心的基础上,建立了大型应用研究科技中心。应用研究科技中心由热交换、航空气体动力学、强度系统,以及火箭航天技术可靠性和管理体系部门组成。该研究院成为联邦航空航天局在俄罗斯航天事业发展问题系统研究领域主要的分析中心,并在科技保障俄罗斯航天形成创建火箭和航天系统领域的国家科技政策方面,以及解决长期预测和发展与确定火箭航天技术远景整体计划方面,形成航天领域国家政策的构想、建议,确定国家订货方面的首要任务、关键问题和建立科学和国民经济发展所需的火箭航天技术的工艺方面,发挥着主导作用。

由该研究院的系统设计中心编制的草案包括:关于航天事业的俄联邦法、俄罗斯国家航天政策构想、2010 年前航天领域的俄联邦政策基础,以及一系列俄联邦法和法律文件、俄罗斯航天活动问题方面的总统令和俄联邦政府决议的草案。中心还制定了 1994—2000 年、2001—2005 年和 2006—2015 年联邦航天计划草案。

俄罗斯中央机械研究院的气体动力学中心拥有气体动力学试验台、常规风洞、激波风洞、活塞式风洞等各种气动试验设施和专用的能量供应系统,可进行各个阶段样机的所有气动和大气物理方面的系统地面试验。中央机械研究院气体动力学中心有欧洲最大的 У－306－3 高超音速风洞。俄罗斯航天结构技术领域最重要的科研机构是俄罗斯中央机械研究院的强度中心。该中心在全箭振动、静态结构、动态结构等方面都拥有大量试验研究设施。

(十四)俄罗斯的化工机械研究所

俄罗斯的化工机械研究所作为最主要的推进技术试验基地,其中最典型的是 ИС－102 试验站火箭推进综合试验设施。它是欧洲最大试验设施。化工机械研究所有两台较大的热真空设备,一台称作 ВК600/300,另一台称作 КВИ,是欧洲最大的热真空设备。这些设备主要用于通信卫星、气象卫星、行星探测器、空间站等航天器及设备的整机或部分大型舱段的热真空试验或真空气密试验。

一般来说,对于国有国防科研机构,国家通过控制财权和人事权力而享有绝

对控制。对于国家参股的国防科研机构，视国家占有股份的多少而有所不同：如果是国家控股，则国家仍然控制着科研机构的财权和人事权力，而如果国家不控股，则国家通过所占股权而间接对科研机构施加影响，并且在重大问题决策上，国家可以通过所掌握的金股而拥有一票否决权。对于私有国防科研机构，国家不进行直接干预，而是通过法律法规来规范和指导科研机构的活动。

俄罗斯政府与国防科研机构的关系见表 6－1。

表 6－4　俄罗斯政府与国防科研机构的关系

<table>
<tr><th colspan="2">国防科研机构</th><th>与政府的关系</th></tr>
<tr><td rowspan="3">独立的国防科研机构</td><td>国有国防科研机构</td><td>1. 国家直属
2. 经费来源：国家预算拨款＋合同经费
3. 领导由国家任命
4. 国家管理</td></tr>
<tr><td>国家参股的国防科研机构</td><td>1. 国家参股或控股
2. 经费来源：股本＋合同经费
3. 领导由董事会任命（国家控股的实际由国家任命）</td></tr>
<tr><td>私有国防科研机构</td><td>1. 遵守国家有关法律法规
2. 经费来源：包括国家合同经费</td></tr>
<tr><td rowspan="4">企业内部的国防科研机构</td><td rowspan="2">国有企业内部的国防科研机构</td><td>一元制：
1. 经费来源：通过企业获得国家拨款＋合同经费
2. 领导不由国家任命</td></tr>
<tr><td>二元相关制：
1. 经费来源：国家＋企业
2. 企业管理，国家有一定的控制权</td></tr>
<tr><td>国家参股的企业内部的国防科研机构</td><td>1. 国家参股或控股
2. 不由国家管理，由企业管理</td></tr>
<tr><td>私有企业内部的国防科研机构</td><td>1. 遵守国家有关法律法规
2. 不由国家管理，由企业管理</td></tr>
</table>

企业内部的科研机构是为各行业相关专业领域服务的部门级国防科研机

构。机构的主要任务是围绕产品型号的设计和生产开展研究。对这些科研机构国家不拨款,经费主要来源于企业,其研究经费主要通过合同方式获得。其他机构(含大学院校的科研机构)主要是进行基础性研究,并以合同方式承接国防企业和研究院的科研项目。

对于国有企业内部的科研机构,存在两种管理模式,即"一元制"和"二元相关制"。所谓"一元制"是指科研机构作为企业的下属单位,完全由企业管理和支配,其经费通过企业而获得,领导也由企业任命,即该科研机构不与国家发生直接联系。而"二元相关制"是指科研机构虽然在企业内部,但具有相对独立性。经费有一部分来自国家拨款,国家对该科研机构有一定的控制权。

第二节　俄罗斯涉军资产的监管架构与政府职能

俄罗斯没有关于涉军资产监管的统一监管部门。对于涉军资产的监管,俄罗斯主要通过三个部门展开:一是国防工业管理部门;二是国有资产监管部门;三是外国资本监管部门。

一、国防工业管理部门

俄罗斯涉军资产的政府监管架构从属于其国防工业管理体制。俄罗斯对国防工业的管理分三个层次,如图 6－1 所示。

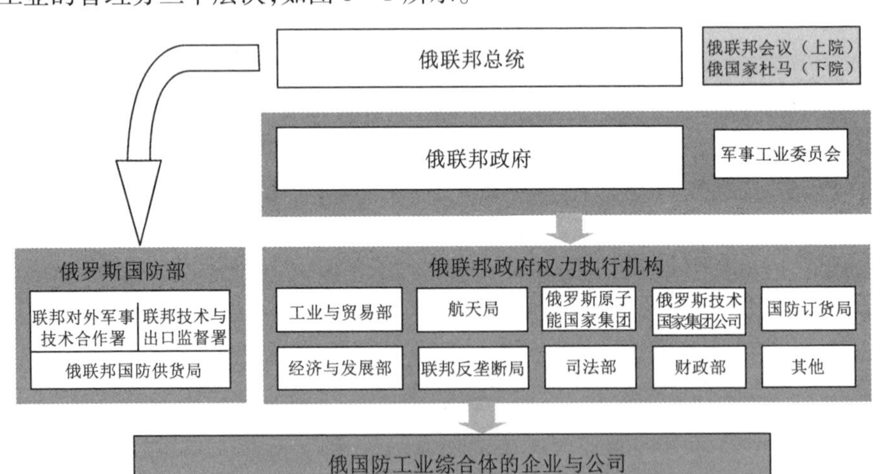

图 6－1　俄罗斯国防科技工业的国家管理体制示意图

最高层是俄联邦总统、俄联邦会议（上院）和国家杜马（下院）。其中，上、下两院主要负责审议所制定的有关国防工业方面的相关政策和法律，对国防预算法案进行审核和批准拨款，监督预算的执行，最终由俄总统颁布批准命令。俄联邦总统办公厅下设机构中，涉及管理国防工业的部门有：俄联邦安全委员会（其中包括：俄联邦安全委员会科技委和俄联邦安全委员会军事安全方面的部门间委员会）、俄联邦对外军事技术合作问题方面的委员会、保护国家机密方面的部门间委员会、消除化学武器的国家委员会，以及科学技术与教育委员会。

第二层是俄联邦政府。俄政府机构中涉及管理国防工业的部门有：俄联邦政府的军事工业委员会（委员会中包括：俄联邦政府军事工业委员会的科技委、2012 年新增加的俄联邦政府军事工业委员会保证完成国家国防订货任务的工作组）、保证俄联邦航空制造业的企业组建一体化的政府委员会、保证俄联邦造船业的企业组建一体化的政府委员会、俄联邦出口监督委员会、高技术和创新政府委员会、在防止战略企业和机构及国防工业综合体机构的破产方面的保证措施实施委员会、2011 年新增的国防工业综合体的现代化和创新发展部门间委员会、俄政府海洋事务委员会。

第三层是管理国防工业各领域的相关俄联邦权力执行机构，它们上对政府总理负责，下对国防工业的不同领域实施管理，主要包括：俄联邦工业与贸易部、俄联邦航天局、俄罗斯原子能国家集团、俄罗斯技术国家集团、俄联邦经济与发展部、俄联邦国防订货局、俄联邦财政部、俄联邦司法部、俄联邦反垄断局等。

（一）军事工业委员会

军事工业委员会成立于 2006 年 5 月。它是直属俄联邦政府的常设协调机构，主要负责协调和沟通俄联邦政府、国防部及其“强力”部门以及国防工业综合体之间的关系，监督实施国家国防工业和相关军事技术保障方面的政策，以及监督国防工业完成国家国防订货任务。

军事工业委员会的具体职责包括：①在发展国防工业及其综合体方面，贯彻实施俄联邦国家政策及军事技术政策；②在编制国家武备计划、国防订货计划、联邦专项计划等方面，以及保证对外军事技术合作的产品交付方面，协调俄联邦权力执行机构的活动，并对完成情况组织监控检查；③审查联邦权力执行机构在武器、军事及特种技术的研制、采购、修理的拨款经费方面，以及实施科技与创新政策方面的提案；④审查在保持和发展武器、军事及特种技术的生产能力、基础设施、靶场和其他由国防工业综合体所进行的民用和两用高科技产品的研制、试验和生产的计划项目的提案；⑤审查有关国防工业改革与发展方面的提案；⑥确定组建大型“一体化”集团公司和大型国有单一制企业计划的进度表；⑦审查国

防订购产品的价格制定方面的提案等。需要指出的是,俄政府的军事工业委员会只具有咨议、协调和监督职能,对于俄联邦机构和企业没有指挥与命令的权力,也无权独立分配与调拨国防经费。

军事工业委员会的主席由政府第一副总理担任。该委员会成员包括:军事工业委员会科技委主席、国防部部长和第一副部长、总参谋长、俄联邦工业与贸易部部长、俄联邦财政部部长、俄联邦政府各部委(即俄联邦权力执行机构)的主要负责人、俄联邦总统办公厅主任、俄联邦上院代表、俄联邦科学院院长等。

2012 年,为了保证国防订货任务的完成,俄政府加大了俄政府军事工业委员会在国防订货监管中的作用,设立了俄政府涉军委员会领导下的国防订货合同执行监控专门机构——"保证完成国防订货任务工作组",由副总理、军事工业委员会领导依戈里·鲍洛夫科夫主持工作,成员分别来自国防部、俄罗斯原子能国家集团公司、财政部、经济发展部、工业与贸易部、国防订货局和俄罗斯航天局等部门;俄政府授权军事工业委员会担任国防部与涉军企业之间价格争议的仲裁者,承担国防部与涉军企业之间价格争议的仲裁,并负责对项目进度和质量进行客观监督,以解决目前国防部与国防企业之间存在的军品价格分歧,排除国防订货合同签署的主要障碍。

(二)俄联邦工业与贸易部

俄联邦工业与贸易部成立于2008 年5 月,直接向政府总理负责。下设:在发展国防工业综合体领域措施实施方面的科技委,实施"2008—2015 年发展电子元器件基础和无线电电子学"联邦专项计划方面的科技协调委员会,在实施"2002—2010 年及至 2015 年前发展俄罗斯民用航空技术装备"联邦专项计划的协调、科学技术和组织伴随方面的科技协调委员会,国防工业综合体机构在实施创新和生产高科技产品的投资项目上提请获得俄罗斯信贷机构和"外经活动和发展银行"国家集团的补贴方面的部门间委员会。

该部的主要职能包括参与制定国防工业的政策;对国防工业活动进行宏观调控与管理;参与确定并论证相关领域的武器装备和军事技术发展的基本方向和战技指标;参与制定研制程序;为落实武器装备采购和国防订货计划,会同国防部等部门选定武器装备的研制和生产企业;协调企业组织研制、生产、改进和销毁武器装备等工作,参与出口武器装备的使用与维修服务的协调工作等。

俄联邦工业与贸易部下属的航空工业司、舰船制造工业司、常规武器工业司、无线电电子工业司、弹药与特种化工工业司 5 个业务司分别在航空武器装备、舰艇与海军武器装备、军事电子装备、地面武器装备与弹药等领域代表政府面向相关的国防工业企业与机构行使政府管理职能。

（三）俄罗斯原子能国家集团

俄罗斯原子能国家集团成立于2008年秋，由俄联邦原子能局改组而成，直接向俄联邦政府总理负责，是负责核弹药计划、研制、试验和生产，以及和平利用核能、核材料与核技术的综合性的军民结合的工业部门。

（四）俄联邦航天局

俄联邦航天局成立于2004年，直接向俄联邦政府总理负责，2010年新增了出口监督委员会。该局是火箭－航天工业的政府管理机构，统一管理军用、民用以及商业航天活动，并负责管理弹道导弹工业。

（五）俄联邦国防订货局

俄联邦国防订货局于2004年3月建立，2012年归俄政府领导，国防订货局下设：国防订货价格制定与拨款经费使用监督处；通用武器技术装备、航空装备、空天防御装备、舰艇、海军武器装备的国防订货监督处；战略导弹部队、航天部队、通信与自动化指挥装备的武器技术装备的国防订货监督处；基础设施建设国防订货监督处；国防工业综合体企业状态与国防订货分配监督处；后勤保障国防订货监督处；财经处；法律处；保密处；人事处等。如图6－2所示。

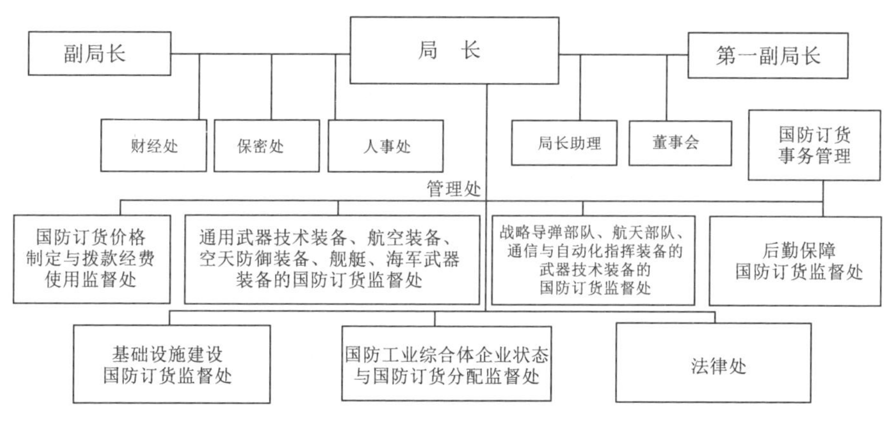

图6－2　俄联邦国防订货局

俄联邦国防订货局在2004年3月建立之时，曾归国防部领导，直接向总统负责，是俄联邦武器装备的唯一的国家订货方。它那时作为武器装备采购部门，负责协调和管理与武器装备有关的研究、设计、研制、试验和生产，以及军事技术合作的协调工作。2008年，俄罗斯成立俄罗斯国防供货局后，联邦国防订货局将国

防产品订货方的职能移交给俄罗斯国防供货局，并在此后主要负责提出武器装备的需求指标，参与从提出装备需求到监督新型武器装备的研制、生产和验收等各个阶段的工作，检查和监督国家国防订货的订货方和执行方（交付方）在定购分配和产品交付等方面的情况，从而对质量管理与控制发挥重要作用。2012 年，根据俄总统普京的命令，又将联邦国防订货局从国防部分离，转交俄政府领导，在国防订货体系中负责装备订货合同的分配、招标、签订、价格审核、经费拨付、并监督装备订货合同的执行。

（六）俄罗斯技术国家集团

俄罗斯技术国家集团于 2007 年成立，为 100% 国家股份，其兼并原“俄罗斯国防出口公司”，并代替后者实施管理军贸与军事技术合作活动，负责俄罗斯主要武器装备的进出口计划拟定、合同签署、装备出口企业选择等事务。需要指出的是，除俄罗斯技术国家集团外，俄罗斯还有少数几家国家授权的独立出口商有权从事军贸业务，主要出口整机的配件和零配件，它们的出口份额约占 10% 。

（七）俄联邦经济发展部

俄联邦经济发展部成立于 2008 年，是在 2004 年成立的经济与贸易部的基础上新组建的政府管理部门。下设联邦国家资产局和联邦知识产权局。该部主要从宏观经济的战略角度监督国防科技工业规划的制定与协调，负责联邦资产的管理。具体职能是制定战时经济管理和国防经济动员准备的组织方法与保证原则；组织和协调联邦政府机构编制国防订货方案；保证按军品价格提供国防订货；参与涉军企业破产与清理整顿政策的制定；编制国防科技工业的改组方案，协调与推进工业部门的一系列改革；编制国防订货计划等。

（八）俄联邦财政部

俄联邦财政部在国防工业领域，主要负责国防工业和国防订货方面的预算管理。

（九）俄联邦国防部

俄联邦国防部直接向总统负责。该部负责制定统一的俄联邦武装力量军事技术政策、武器装备发展规划、制订国防订货计划，以及对外军事技术合作工作等，管理下辖的装备修理机构和企业，以及装备论证机构，监督核国防工业企业的活动。

（十）俄罗斯国防供货局

俄罗斯国防供货局全称“俄联邦武器、军事、特种技术设备和后勤物资供货局”，于2008年5月成立，下设：国防部国家订货装备品种名目处；联邦执行权力机构国家订货产品种类处；国家订货的统计、监督与方法处；产品检验与价格制定监督处；财经及物资技术保障处；法律处；保密安全处；信息化处等。俄罗斯国防供货局归俄国防部领导，是国防订货监督方，负责确定装备需求，制订和提交武器装备的清单和战技指标，监督国防订货承包方的国防订货合同完成情况；负责向俄武装力量提供武器装备，并检查监督合同的完成情况，验收产品。

2008年俄国防供货局成立之初，目的是与国防订货方（负责分配国防订货，与企业签订订货合同，掌握订货经费的机构）分离，即不让国防订货方与监督方均由军方单独控制，以防止腐败和专权。但因长期以来这两项职能一直由军方掌管，政府（内阁）缺少专业人员和运行经验，所以国防供货局没能正常运作，2010年后划归国防部领导。

（十一）联邦对外军事技术合作署

联邦对外军事技术合作署于2004年5月建立，下设：国防工业综合体企业对外军事技术合作项目实施的监督与管理处；出口监督处；对外军事技术合作第一、第二、第三、第四管理处；财经处；国家保密处等。

联邦对外军事技术合作署是国防部下属的负责对外军事技术合作的组织协调工作的机构，保证对军事技术合作主体活动的检查与监督。主要职责是：①与有关联邦权力执行机构一起制定巩固俄联邦在世界各地区军事政治地位的统一国家政策，向总统和政府提交相关建议；②与有关联邦权力执行机构一起按照总统确定的方向保障军事技术合作领域的活动；③与其他联邦权力执行机构一起保障实施军事技术合作领域的国家政策原则；④与其他联邦权力执行机构一起实施军事技术合作领域的国家调节和行使这一领域的国家垄断。

（十二）联邦技术与出口监查署

联邦技术与出口监查署于2004年5月建立，是国防部下属的负责军事技术合作与出口的监督检查管理机构，负责保证国家的信息安全、军事技术合作与出口安全，阻止大规模杀伤性武器扩散，以及承担反技术侦察等任务。

二、国防工业管理特征

针对与国防工业改革发展的相关事项，俄联邦政府管理的主要有如下特点：

(一)国防订货的管理——实行国家的统一管理

为适应国家经济体制由计划经济向市场经济的转变,1995 年,俄联邦政府颁布了《俄罗斯联邦国家国防订货法》,开始对国家武器装备采购实行国防订货制度的改革。

2005 年,俄总统提出“必须要为所有的联邦强力机构建立高效、统一的武备订货管理体制”,并下令组建国家国防订购方的统一系统——国防部下属的“联邦国防订货局”,统一负责制定俄联邦武装力量及其所有强力部门的武备发展政策、规划,以及从武器装备研制、生产、试验到验收和交付的全部采购工作,以便改变过去俄联邦的强力机构的各部门各自独立订购武器装备,从而出现国防工业为相同产品定不同价格、国家订货范围内无目的及重复的费用支出,资金监管不力,出现腐败等损害国家利益的现象。

2006 年 12 月,俄政府正式批准建立统一的国防订货和军种联合订货系统(即“军事订货人体制”),并由此启动了装备订货管理体系进一步的改革调整。

2007 年 2 月,俄总统普京宣布建立由俄联邦政府领导的“俄罗斯国防供货局”,使国防订货署的国防产品订货方的职能移交给“俄罗斯国防供货局”,从而将武器装备的订购从军事部门和“强力”部门内部转移到政府监控之下,使“经费与订货方分离。”2008 年由第一副总理直接管辖的俄罗斯国防供货局正式成立,至此俄罗斯国防供货局和联邦国防订货署将共同负责俄罗斯武器装备的采购工作,国防部门将为武装力量编制订货单,由联邦国防订货局负责提出武器装备的需求指标(如武备的种类、型号和式样)并在监督采购和政策制定方面代表军方起主导作用;俄罗斯国防供货局将配置资金,负责招标、订货分配、合同签订、经费支付、检查监督和统计清查合同等。此外,军事工业委员会在装备采购中也发挥重要作用,负责审议国家国防订货的主要参数,包括时限、价格、经费,对国防项目的定价引入严格的监督机制等。由于俄罗斯采取的这一改革遇到极大的阻力,未达到原定的目的,俄罗斯国防供货局未能按原定设想开展工作,所以,2010 年俄罗斯国防供货局又转交由国防部领导。

2011 年,俄罗斯国防部新设立了俄联邦国防武备司,由俄国防部第一副部长领导。该司的主要职责包括:①与总参谋部共同制定和实施俄联邦的主要军事技术政策;②协同军事相关机构、联邦执行权力机构和国家武备订货方,组织安排研究和编制国家武备规划草案;③在武器装备的研发、采购、维修、回收利用和销毁方面,编写国防部的预算申请草案提案;④协同军事相关机构,组织安排研究和编写国防部的国防订货草案;⑤组织军事相关机构实施军技跟踪护送;⑥平时和战时,监督国防工业综合体的征召计划的实施措施;⑦参加编写和实施国防

工业综合体的发展计划，以及对外军事合作的计划和项目；⑧组织安排、协调管理和监督武器装备的回收利用，完成保障裁减武备的国际条约的实施措施，以及编写相应的联邦(部门的)专项计划的提案；⑨在进行国家武备计划和国防订货范围内，就平时和战时的个别方向的武器研发和批量采购，组织安排计划和协调管理。

2012 年 5 月，为了高效完成国防订货任务，实现 2020 年俄武装力量装备现代化率达 70% 的目标，总统普京下令将国防订货的分配和监管权重归政府领导，将负责监管国防采购执行的“国防订货局”从国防部移出，直接由俄政府领导，使国防部的武器装备订货与经费分离，防止出现腐败，也解决了军方与国防工业企业之间的价格分歧问题。至此(从 2007 年起直至 2012 年 5 月，经过几番调整)，俄罗斯国防订货形成了新的三个系统：一是以国防部领导的俄联邦国防武备司为主，总参谋部参与的装备发展规划和订货计划制定系统；二是以俄政府领导的国防订货局为主的装备订货分配、招标、合同签订、价格审核、经费拨付，并监督执行的装备订货执行系统；三是以俄国防部领导的国防供货局为主的从装备需求到监督新型武器装备研制、生产和验收各个阶段的装备订货监督系统。

俄罗斯涉及管理国防订货的职能部门主要包括：政府领导的军事工业委员会和联邦国防订货局；俄国防部的联邦国防供货局和国防装备司等军事装备计划制定部门；以及负责装备的研制和生产单位的相应管理机构，如俄工业与贸易部、俄联邦航天局、俄罗斯核能国家集团、俄罗斯技术集团等联邦权力执行机构，及其所管辖的企业与公司。

(二)军事技术合作管理——实行国家对军贸的“垄断”管理

在对外军事技术合作/军贸的管理方面，俄罗斯实行国家对军事技术国际合作与军贸的“垄断”管理，形成了总统→政府/国防部→俄罗斯技术国家集团→国防工业管理机构→国防工业的企业与机构这一纵向管理体系。

1998 年俄政府颁布了《对外军事技术合作法》，规定“与军事技术合作领域有关的国际条约的签署权限仅属于俄罗斯联邦总统和联邦政府。”总统负责最终批准参与对外军事技术合作的俄方机构名单、重大产品和技术清单、武器装备购买方国家名单。1999 年俄政府又颁布《关于批准俄罗斯联邦权力机构对军品研制、生产及供货实施全程跟踪检查章程》，规定俄罗斯国防部全权负责对外军事技术合作。

2007 年，根据俄联邦政府批准的法律和总统令，俄罗斯成立了 100% 股份为国家所有的大型公司——俄罗斯技术国家集团，其承担的军贸业务占全俄军贸业务总量的 90% 以上，另外的 10% 由少数几家国家授权的出口整机配件和零配件的独立出口商承担。

俄罗斯国防部下设的联邦对外军事技术合作局和联邦技术与出口监查局，分别负责对外军事技术合作与出口的监督检查和管理。

(三)合同签订与管理

1995 年，俄罗斯政府批准《俄联邦国家国防订货法》，正式把国防订货合同制确立下来。该法规定，军方批准武器项目研制或生产计划后，由武装力量装备部或各军种装备部等订货主体通过公开竞争选择承包商，与承包商签订合同，并对合同实施管理。该法还明确规定，“除动员能力外，国防订货计划的落实应在竞争的基础上进行”。在选择承包商时，该法规定，承包商的选择要在平等的基础上进行，无论属于何种所有制形式的涉军企业，只要它具有完成国防订货任务的许可证，都可以成为国防订货的承包商。

俄国防订货合同分为国家合同和一般合同两种。国家合同是指国家国防订货主体与总承包商或承包商签订的合同，它规定双方完成国防订货应承担的义务和享受的权利。国家合同就是传统意义上的主合同。一般合同实际上就是转包合同，它是由总承包商与分承包商或分承包商与分承包商之间签订的、规定双方为完成国防订货而应承担义务和享受权利的契约。在签订国家合同或一般合同时，既可以签订一揽子合同，也可以签订阶段合同。

在签订合同方面一般遵守下列原则：①国家国防订货分配的公平竞争性。这一原则可以确保武器装备的定价有充分依据，各承包商都处于平等地位。只有在特殊情况下，武器装备的研制和生产才不以竞争为基础。②承包商（供货商）对完成国防订货负责。承包商必须具有一定的经济实力，且信誉高，同时具备军品生产许可证。③合同类型与合同对象相适应。在选择合同类型时，应考虑合同对象的实际情况，一般来说，合同类型由项目（供货）条件、与履行合同有关的风险决定。④考虑社会和经济问题。贯彻这一原则，就要将完成国防订货的各涉军企业人员的社会保障条件（最低工资水平、工作时间、劳动条件等）列入合同条款。

俄罗斯目前使用的国防订货合同主要有固定价格合同和成本补偿合同两种。在国防订货合同签订的基本方式方面，主要包括：公开竞争、非公开竞争、竞争性报价、非竞争性程序、承包商主动报价等方式。

2012 年 5 月，为了保障武备计划的完成，俄政府军事工业委员会制定了新的《国家国防订货》联邦法律草案。新法案明确了国防订货的订货方和承包方的责任和奖惩等法律条款。为解决价格争端，俄政府提出要改革联邦税务部门制定的利润确定标准，提高配套系统的价格，确保国防企业合同的利润在 13% ~20%

之间；俄国防部决定，将支付国防订货合同的预付款从30%提高到80%～100%，保证货款按时到位，并签署8～10年的长期合同；俄政府将为签订国防订购合同的国防企业提供国家担保的贷款，并明令指定俄罗斯的四家大银行提供贷款，政府还保证在贷款利率和税金方面予以优惠补贴。

(四)国防科研经费管理

俄罗斯国防工业的科研经费由国家拨发的联邦预算经费和预算外经费组成。其中，联邦预算经费包括：国防订货中用于武器装备的研发、生产等各种预算经费，联邦专项计划中用于研发生产试验等经费，国家订货中用于民品和商品的研发、生产等各种预算经费，以及用于国防工业单位的现代化技术改造中的科研经费等。

国防订货的预算经费中用于武器和军事技术设备的研制生产费，通过签订国防订货合同获得。按照《俄罗斯联邦国家国防订货法》规定，"国家国防订货经费在联邦预算中予以保障，联邦预算的国防订货经费通过拨款方式拨给国家国防订货主体。"国防订货方在支付给承包方国防订货经费时，一般要严格按照国家合同的规定和合同任务的完成情况进行。如果转包商的履约符合国家合同(转包合同)的规定要求，那么，国防订货方也可以直接把经费支付给转包商。另外，该法还规定，由国防订货方支付给总承包商(转包商)的经费，只能用于完成国防订货合同及相关工作的支出，总承包商(转包商)要保证专款专用，不得将国防订货经费挪作它用。

国家订货的预算经费，也是通过签订国家订货合同获得，其中包括基础科学和应用技术研究的经费。

预算外资金主要包括：企业与机构的自筹资金，吸引私企和国外私人和组织的投资资金。

为了提高装备订货的经费效率，防止国家国防订货费用重复支出和资金监管不利，以及防止腐败等现象，进入21世纪俄罗斯政府开始对装备采购体系进行调整改革。为此，俄罗斯建立了俄联邦国防供货局和俄联邦订货局，并将国家国防订货转移到俄联邦政府监管之下，将国防部装备订货与经费分离，实施严格的管理。

三、国有资产监管部门

苏联解体后，俄罗斯实施的改革，也称为"私有化"改革，其实质是对国有资产的存量进行再分配。以国有企业的私有化为例，早在1992年，俄罗斯政府颁布了《俄罗斯联邦国有企业私有化纲要基本原则》，对大部分国有企业产权实行

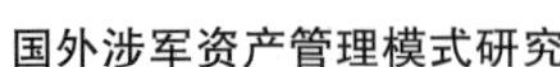

了运动式的再分配。这种轰轰烈烈的私有化,企业招牌更换了,内部依然如故,同时国有资产大规模流失。在总结近10年的改革后,普京政府于2002年底颁布了新私有化法,从防止国有资产流失的宗旨出发,重新规范了国有资产出售程序,加强了国有资产的管理。

俄罗斯对国有资产实行分级管理体制。即国家资产由中央政府管理,地方资产由地方政府管理,国家资产也可以按资产所处地域委托地方进行监管。在中央政府和地方政府内部设立了国家资源管理委员会。该委员会是政府管理国有资产的职能机构,其不但拥有对有国有资产的企业和单位实施使用状况检查和监督的功能,而且还拥有处置国有资产的决定权,即可以根据国有资产运营状况来决定是否可以转让,以及转让的底价确定等权限。

俄联邦政府对国有资产进行严格管理和控制(经济发展部、工业与贸易部等机构负责)。俄政府拥有或控股所有国防工业"战略性"企业;负责投资军用和军民两用领域科研、试验、生产的保障/基础设施的维护与发展,更新技术设备,以保持和发展武器、军事及特种技术的科研和生产能力(目前因政府投入资金不足,政府推动国防企业从军贸和两用品生产方面增加对基础设施的投入);制定一系列法律、政府决议和总统令,严格限制外国公司和私人公司在俄国防工业企业中的所有权份额;对高技术、基础研究负责投资,如俄罗斯政府建立的俄罗斯技术国家集团负责支持俄罗斯高科技工业产品的研制、生产和出口,为这些企业吸引投资。

四、外国资本监管部门

外资在俄罗斯的并购引发了人们对外资并购负面效应的关注,也引发了学界对于外资并购对国家经济安全特别是产业安全影响的争论。作为经济上过度依赖能源的转轨国家,俄罗斯产业竞争力还比较弱,俄罗斯政府认为有必要为加强本国产业发展而对外资并购活动进行规范。

俄罗斯规范外资并购的目标呈现出多样化特征:兼顾经济效率与公平,力求构建维护政治民主的经济基础。其近期规范目标在于防止外商受资本趋利性驱动,损害俄罗斯国内企业的利益。远期规范目标在于推进俄罗斯产业结构的优化,增强俄罗斯企业的国际竞争力。

俄罗斯关于外资并购的法律体系的主要特点是由多部法律组成,几个机构分工协作。其法律体系主要包括联邦反垄断法、俄罗斯联邦的其他相关法律和国际条约,以及俄罗斯政府部门的相关规则。其中,联邦反垄断法是并购法律体系的基础。

俄罗斯第一部反垄断法是《商品市场竞争及限制垄断法》(简称《反垄断

法》)。该法于1990年颁布,1991年生效。该法第5章对企业合并的管理进行了明确规定。联盟、协会、商会和跨地区、跨部门联合体的设立、合并和接管,以及股份公司的设立、合并、接管和清算等行为,必须获得联邦反垄断主管机关的同意。此外,该法还规定了企业合并的条件以及合并企业的申报、主管机关的调查处理程序等。

近年来,以《反垄断法》为基础和核心,俄罗斯出台了一系列配套法律法规。这些法律法规连同《反垄断法》一起,形成了俄罗斯外资并购监管的法律体系。2006年7月26日,俄罗斯出台了联邦法律第135－FZ号法令《竞争保护法》(又称《竞争法》)。该法于2006年10月26日生效,成为目前俄罗斯联邦反垄断法规的根基。《竞争法》主要用于规范商品市场、金融服务市场领域的竞争。其主要立法意图是反对垄断,预防、限制、排除垄断活动和不公平竞争,以维护俄罗斯市场的有效竞争局面,保护消费者利益。

目前,俄罗斯外资并购的主管机构是联邦反垄断署(FAS)。同时,俄罗斯中央银行(CBR)也履行部分并购监管功能,主要对涉及银行和金融机构等方面的交易进行监管。联邦反垄断署总部设在莫斯科,并在俄罗斯各地设有分支机构。

第三节　俄罗斯对涉军资产相关重大经济活动的监管措施

俄罗斯对涉军资产相关重大经济活动监管主要包括三个方面的内容:一是对国有股份制涉军企业涉军资产的监管;二是对非国家控股的涉军企业涉军资产的监管;三是对外资并购涉军资产的监管。其中,前面两项属于俄罗斯涉军资产股份制改造、私有化及其监管,后面一项属于对外国资本监管的内容。

一、俄罗斯涉军资产股份制改造、私有化及其监管

苏联解体后,俄罗斯国防工业的生存和发展受到了前所未有的挑战。俄国防工业综合体的机构重组(或称结构改革)以及所有制改革(也称私有化)一直被看作是发展俄国防工业的一个根本因素。

俄罗斯国防工业的私有化被认为是按国家利益来解决国防工业中存在的某些问题的方法。但是,在2001年之前的最初阶段,私有化实际上是为了完全不同的目的而展开的。俄罗斯国防工业的私有化实际上是与俄国民经济其他部门同时开始的,并经过了三个阶段:“证券”私有化(1992—1993年);“货币”私有化(1994—2000年);重组和一体化进行之中的私有化(从2001年起)。

在第一阶段,私有化按俄罗斯联邦1991年7月3日《关于俄罗斯联邦国家

和地方企业私有化》的法令和一系列俄联邦总统令实行。这次私有化没有考虑当时的时代特殊性，私有化的唯一目的就是摆脱国家所有制的桎梏，充实国家预算。这一阶段，通过瓜分原来的科学－生产体系而新建立和出现的科研、生产方向的各种股份公司，大部分不能很快适应正在形成的市场条件，它们或者破产，或者结果不令人满意（俄罗斯国内外研究者的结论着重指出，俄罗斯企业或机构的工作效率，取决于经营管理的水平，几乎很少与所有制形式有关）。

据统计，从俄罗斯经济改革初期的1991年底（此时国防工业综合体的企业和机构有2 160家）到大规模私有化的1995年，约26%的国防工业的企业转变为国家参股的股份公司，约16%的国防工业企业完全脱离了国有隶属关系并转向民品生产。

1993年8月总统及政府分别发布的两个命令，揭开了俄罗斯国防工业第二阶段的私有化的帷幕。“证券”私有化阶段结束后，按俄联邦总统令，开始了长时期（1994—2000年）的国家所有制的“货币”私有化。

至2000年，国防工业综合体的共1 631家企业与机构中，国家单一体制企业（国企）占43.0%（为701家），股份制占57.0%（为930家）。在股份制企业中，国家不参股的占49.5%（为460家），国家参股的占50.5%（为470家）；股份制企业中，生产战略意义产品占38.0%。在国企中，允许股份制的企业占37.9%（为266家），不允许私有化（战略企业）的占62.1%（为435家）。从后来对货币私有化的结果进行分析可以看出，按照大规模私有化操作法和在此阶段形成的各种方法对国防企业进行私有化是完全没有意义的（1996年的立法计划中首次提出了要注意国防企业私有化的特殊性）。

第三阶段的私有化是最具理性的。它实际上开始于2002年，也即是在《2002—2006年改革与发展国防工业》联邦专项计划和2001年12月制定的《关于国有和地方资产私有化》联邦法通过之后。这一阶段的私有化，确定了改革的两个基本问题的机制：优化国防工业结构，按国防工业活动的基本方向建立一体化结构。

俄政府在建立股份公司方面的意图是保持至少51%的国家所有权股份（金股，也叫监督股），这反映出国家决心在事关国家安全的关键部门加强对国防工业股份制公司的控制权。2004年，参与俄罗斯军贸销售前20位的国防工业综合体的公司总收入为85.29亿美元，其中国家占股不少于51%的国有公司赚得71%的份额（约60.70亿），而2002年相应的比例份额是59%。

到2004年，在国防工业综合体的共1 462家企业与机构中：国家单一体制的企业（国企）为510家，占34.9%；股份制为952家公司，占65.1%。在股份制公司中，国家不参股的为499家，占52.4%；国家参股的（453家）占47.6%。在国家

参股的公司中，国家股份大于50%（金股、为74家）和国家股份为100%（控股、为84家）的公司约占国家参股公司的34.9%；国家股份大于25%并小于50%的为177家约占39%；国家股份小于25%的为118家约占26%。

至2006年初，国防工业综合体共1 265家企业与机构中，国有企业约占53.1%，实行股份制的约占46.9%。在股份制公司中，国家不参股的为250家，约占42.1%；国家参股的(343家)占57.8%。在国家参股的公司中，国家股份大于50%（金股、为59家）和国家股份为100%（控股、58家）的公司约占国家参股公司的34%；国家股份大于25%并小于50%的(阻断股、为160家)约占46.6%；国家股份小于25%的为66家，约占19.2%。如图6－3所示。

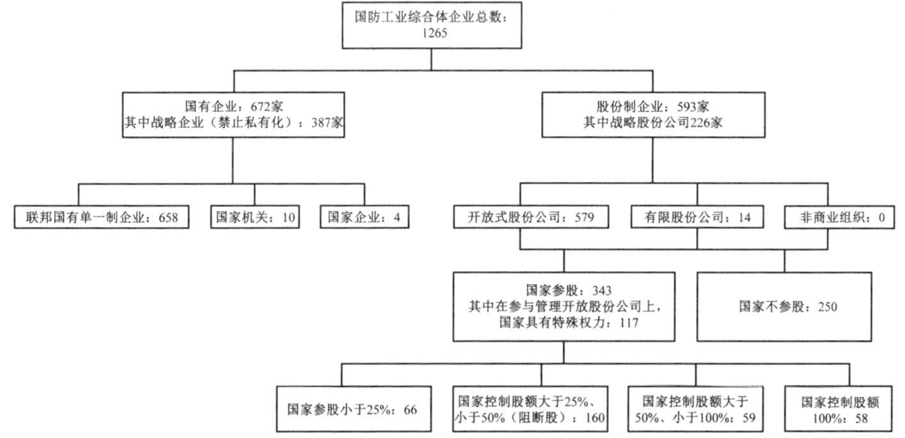

图6－3　2006年俄罗斯国防工业综合体企业与机构的所有制结构及比例

由上述两年对比可见，期间国有企业所占的比例上升了近19%；股份制公司中，国家参股公司所占的比例也上升了近10%。

2005年，作为改革的法律基础，俄政府提出"国营和私营合伙（PPP principles）原则"。俄政府试图通过创建若干个能够从事民用、两用和军用产品的研发和生产的控股公司，尤其是合资综合控股公司，来探索新的利用外资和私人资金来发展国防工业企业的机遇。

2006年5月10日，普京总统在其国情咨文报告中透露了政府制定的国防领域计划的总轮廓。打算在重建国家工业和改革国防工业综合体的过程中，通过引入国营私营合伙原则（PPP principles），将比较牢固的国家控制与国内投资机会自由化相结合。此外，武装部队和各兵种现代化资金将会多元化和来自多个渠道。至少，在2007—2009年期间，国家预算的资金来源预期来自关税和税务条例。普京总统在国情咨文报告中还提出要尽快创建航空－航天和船舶制造领域的控股公司。

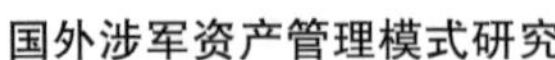

2005—2006 年,俄政府除了对于传统上涉及核导弹采购计划的 600 家企业之间合作的有效性和可能性进行了详细的可行性研究之外,俄罗斯联邦政府正在强调在航空、船舶制造、信息技术、通信等领域创建专业化控股公司。在这类公司中,将推行国营私营合伙原则,即将国家投资与商业进取精神相结合,以此来快速复兴国家工业和国防工业综合体。俄政府还准备采取措施,促进私人资本投资国防领域。比如,俄政府已经寻求简化对私人/外国资本投资国防和安全领域审批过程的新的立法,而无须呈送总统批准。不过,这一简化程序只适用于投资总额不大于被投向企业的 30% 的情况。

二、俄罗斯涉军资产外资并购的监管

俄罗斯有独立的外国投资法律体系,对外国投资予以监管的历史可以追溯至苏联解体之初。俄罗斯于 1991 年颁布了《俄罗斯联邦外国投资法》,并于 1997 年修订了该法规,进一步明确了合资企业的法律地位及其相应的权利和义务。苏联解体之初,俄罗斯迫切需要引入外资,因此对外资企业实际上实行“超国民待遇”,给予外资企业各种税收优惠。随着国家财力不断增强,外资“超国民待遇”局面开始改观。1999 年 7 月 9 日,俄罗斯出台了新的外资法,即联邦法律第 160 - FZ 号《俄罗斯联邦外商投资法》,在税收方面对外资企业实行与内资企业同等待遇的管理。

除了外资法之外,外商在俄投资也适用于其他相关领域法律。联邦法律第 209 - FZ 号法令《俄罗斯联邦中小企业法》,于 2007 年 7 月 24 日颁布,2008 年 1 月 1 日生效。该法令限制了外资比例,外资份额在中小企业不得超过所在企业注册资本的 25% 。

除对外资企业在俄投资并购行为进行制约外,上述法规也为外资企业的投资并购行为提供了一系列制度保障。例如,如果政府征用或对外国投资者在俄资产实施国有化,外国投资者可获得相应补偿;如果在合同有效期内,俄有关法律发生变化,俄政府将保障外国投资者在合同期内经营活动不受影响,并保障税收政策的连续性;外国投资者在依法向俄税务机关纳税后,可以自主决定将利润用于追加投资,还是转移出俄罗斯。

随着俄罗斯吸引外资系列法律法规的出台,外资不断注入俄罗斯。经过最初几年的低迷和被动局面后,从 2005 年开始,俄罗斯吸引外资状况呈现良好态势,投资主体和投资领域也发生了变化。例如,外国对俄投资不再主要集中在能源领域,而且投资主体不再是本国外流资金的回流投资,而是欧美等国家和地区的增量投资。然而,2008 年以来受俄格冲突以及金融危机的影响,俄罗斯出现了大量资本撤资外逃的现象。

根据《外资对俄战略和涉及国家安全产业投资程序联邦法》的要求，俄政府外国投资监管委员会于2008年7月正式成立，普京总理在第一副总理舒瓦洛夫的协助下亲自领导外国投资监管委员会。联邦反垄断署是对外国投资实施监管的联邦执法机构。根据外国投资程序法，外资监管委员会将对联邦战略性产业及涉及国家安全的公司交易实施监管。

三、外资并购中的产业政策限制

俄罗斯对外国投资设有不少产业政策限制，主要有以下几个方面：

①航空。联邦法律第10－FZ号《航空发展法》于1998年1月出台。依据此法，航空公司（主要指从事航空发展、生产、检测、修理及应用航空机械设备的公司）的注册资本中，外资份额不得超过25%，除非经过俄总统的批准。

②土地。联邦法律第101－FZ号《农业土地流转法》于2002年7月出台。依据此法，外国人不得在俄拥有农业土地。俄罗斯联邦《土地条令》在2001年10月出台，该条令主要管理俄领土上被外国法人实体和个人所收购和使用的地块。

③保险。联邦法律第4015－1号《俄罗斯联邦保险公司法》于1992年11月出台，该法规定了外商在保险业进行投资的特殊程序。1999年11月，俄前总统叶利钦签署法令，决定对该法进行补充和修改，限制外国公司在俄的投资活动。在俄罗斯金融领域，保险业的发展远远落后于银行业和证券业的发展。为了保护和培育本国保险市场，俄罗斯采取法律手段限制外资在保险业中的投资与经营。目前，外资在保险业的资本总量不得超过15%，外资在某一具体保险公司的资本总量不得超过49%。此外，在业务方面也对外资提出了限制，长期人寿保险和强制保险等业务领域禁止外资涉足。

④媒体。联邦法律第2124－1号《大众媒体法》于1991年12月27日出台。该法对外国法人实体和个人设立俄罗斯大众媒体进行了规定，并对大众媒体中外资的份额做了特殊限制。相对而言，俄罗斯对规模较小的媒体管理比较宽松。

⑤能源。联邦法律第69－FZ号《俄罗斯联邦油气供给法》于1999年3月出台。依据该法，俄罗斯油气供给系统和生产系统中外资份额不得超过总注册资本的20%。能源在俄罗斯经济发展中具有重要的作用，2000年以来，能源出口占俄罗斯总出口的一半以上，作为俄罗斯的经济命脉，它关系到俄罗斯的国计民生。从外资并购的行业分布来看，并购资金中有很大一部分资金流向能源领域，引起俄罗斯民众和政府的不安，担心过多的外资并购行为会使能源工业受制于外国资本，从而威胁俄罗斯的经济命脉。2006年，为了制约外资对俄矿藏的开采和加强股权上的控制，俄对《矿产资源法》重新进行修订。该法规定，对于任何海上油田以及储量超过7 000万吨的陆上油田和储量超过500亿立方米的天然气

田，外国投资者都不得控股。

四、俄罗斯对外资并购限制的动向及其影响

外资流入将导致资本增量的积累和产业结构的调整，进而会促进东道国的经济增长。然而，外资流入也不可避免地带来许多负面效应，对于发展中国家和转轨国家来说更是如此。首先，这些国家引入大量外国资本，对本国金融安全产生冲击，国家经济呈现出虚假繁荣，经济泡沫一旦破灭必然会殃及这些国家本来就不坚牢的实体经济；其次，许多国家在引进外资的过程中逐渐丧失了对本国战略产业领域的控制权，导致本国在国际分工中逐渐陷入被动局面，甚至有些国家的经济命脉会掌握在一些跨国公司手中；再次，某些国家以环境为代价换取经济增长，对本国环境造成污染。以上原因造成目前经济民族主义潮流的泛滥，一些国家出现“限外现象”。近年来，俄罗斯对外资的吸引力不断增强，外资开始大量流入。在苏联解体后的最初十多年里，俄罗斯对外资企业在本国战略领域进行投资基本不加审查。这导致某些大型石油公司和涉军企业为外资企业所控制，外国公司在俄罗斯经济领域掌握了相当多的股权。在大量外部资本的冲击下，俄罗斯民众对国家安全的关注度日益上升，一些重大并购案在俄罗斯引起较大反响。例如，2003 年，尤科斯公司欲向外资出售股权，引起政府对其进行整顿；2005 年西门子公司企图收购俄罗斯动力机械公司，结果受到俄罗斯政府的抵制。近年来，俄罗斯为避免外资对国民经济产生不良影响，加强了对外资的制约。俄罗斯已经出台新法案来强化原有的审查机制，并将重点定位于经济战略领域。

2008 年 5 月 7 日，俄罗斯开始实施《关于外资向对国家国防和安全具有战略意义的经营公司进行投资之程序的联邦法》(简称《战略领域外国投资法》)，限制外资企业在俄罗斯战略领域的投资并购活动。该法令主要有两个特点：

第一，扩大了外资并购限制的范围。

俄罗斯对外商投资并购限制的范围有所增加，主要表现在把战略领域的清单从 38 个增加至 42 个。列入《战略领域外国投资法》的战略领域除了传统的矿产地质勘探研究、核能、武器生产和销售、渔业，以及宇航业等行业，还包括观众和听众人数超过全国人数一半的电视和广播公司、日发行量不少于 100 万份的印刷媒体、国家垄断资源，以及某些特殊的服务业(例如，国家安全相关产业的服务业、大众电信服务业、邮政服务业、供暖和供电行业等)。

第二，加大了对外资并购限制的力度，审核程序更加规范和严格。

外资在前述战略领域的投资并购必须经过相关机构的提前审核。法律规定，欲获得俄战略领域企业 50% 以上股份的外国私人投资或者私营公司投资，须获得专门许可，应向俄罗斯政府专门委员会(由政府经济部门和国家安全机关的

代表组成)提出允许交易的申请,专门委员会将在 3 ~6 个月后做出决定,如果在规定期间无法做出决定,应把申请移交给政府进行审议,在某些特殊情况下也可以移交给总统审批。如上所述,拒绝外资控股俄战略企业的权力归属于政府和总统,他们在审查外资并购方面具有特殊权力。以俄联邦安全局为例,它有权就外资并购对国家安全的影响进行判定并做出书面结论,有权为获取证据而采取搜查行动,有权阻止股权交易进行。

为避免国内战略部门受制于外国国有公司,防止外国国有公司拥有否决权,外国国有公司和机构在俄战略性公司所持股份不得超过 25%,购买 25% 以上的股份时,要经过批准。所有外国国有公司一律被禁止控股俄方战略性公司。

对于外资并购俄战略矿藏地开发项目的限制更为严格。俄不允许外国投资者控股其战略矿藏地开发项目。禁止外国投资者控股的战略矿藏地开发项目包括:储量在7 000万吨以上的油田和超过 500 亿立方米的气田,储量超过 50 吨的金矿和超过 50 万吨的铜矿,以及位于大陆架上的所有矿区。该法规所涵盖的战略矿藏地共有 42 个,其中气田 26 个、油田 10 个、金矿 1 个、铜矿 5 个。

同时,该法规不涉及在法律颁布之前已经完成的交易,对于已经开始落实的外商控股的俄战略企业和矿藏地开发项目,俄政府将不再重新审议。但是所有持有俄罗斯战略公司 5% 以上股份的外国公司,应将控股情况向俄政府备案。

《战略领域外国投资法》所反映出来的动向,也是普京对于外资并购限制理念的延续和加强。普京曾强烈反对本国战略企业的私有化,2004 年 8 月曾经通过总统令声明只有总统本人才有权对本国1 000多家企业的改制进行审批。通过《战略领域外国投资法》以及其他相关法律的实施,俄罗斯对本国战略企业和战略矿藏地的控制能力进一步得到加强,维护了国家的经济安全,强化了政府(以及总统)在国家经济决策中的权力和地位。同时,该法案使对外资的调节有了一个统一的标准,有利于俄罗斯建立一个稳定透明的外商投资环境。然而,这个法规还不是俄罗斯收紧本国外资监管行为的终结,它仅仅是个开端,在能源、媒体等战略领域还会有新的限制规则出台。例如在媒体领域,俄罗斯的限制行为有所强化。2008 年,俄罗斯政府以反垄断为由阻止了国际搜索引擎谷歌公司对国内一家主要互联网广告公司的收购行为。2009 年 4 月,俄罗斯总统梅德韦杰夫明确指出,外资在俄罗斯互联网公司的活动有可能会对网络安全造成威胁。俄罗斯已经表现出目前媒体领域中唯一未受监管的领域互联网进行投资限制的倾向。

第四节　俄罗斯涉军资产运营管理和安全监管的教训及改进措施

一、关系国家安全的战略性企业不允许任意私有化

在经济转轨的较长时期里，俄政府只讲私有化，不讲国有经济的地位和作用。1996 年俄领导人才强调国家要控制大型国有企业，加强国有资产的管理。政府经济发展中期纲要也强调必须保持必要的国有资产总量，国家必须控制具有战略意义的企业。俄主张保留一定国有经济的理论依据主要是：生产高度社会化理论，国家经济安全理论和国家公共职能（提供公共产品，如国防）理论。

俄将国有经济分为两类。一类为官办企业，它们的经营按照市场原则是无效的或低效的，但对社会又是必需的。其活动不以商业标准为方向，经费靠预算拨款来提供，由国家直接管理。官办企业的数目将根据国家预算的能力来决定，主管部门提出 700 家，国有资产委员会认为只需 100 ~ 150 家。为了提高管理效率，国家有关部门同官办企业领导人签订合同，规定目标责任。

另一类为公司化企业。这主要是垄断部门的企业，如能源、铁路、航空航天、港口、邮电等。它们将改组为开放型股份公司，国家对其实行控股或参股，即国家掌握其股票的控股额（占有 51% 以上的股份）或区段额（占有 25% ~50% 的股份）。目前俄对石油天然气部门国家控股为 90%，铁路为 100%，民航为 51%。

俄罗斯在持续推进国防工业所有制改造的过程中，为保证国家对国防工业的控制，保持国防工业的核心能力，防止技术、资产和人才外流，以及防止国外公司通过收购俄国防工业股份获得俄国防先进技术，损害国家利益和国家安全，俄罗斯对事关国家核心利益和承担国防订货任务主要方的股份公司制定了国家掌握控股权的机制，并确定了禁止进行私有化改制的战略性企业的名单。一方面保证对战略性企业和机构的国家控制，向其提供保护和优惠政策，确保国防工业的核心能力；另一方面通过在股份制改造中理性推进私有化，吸纳私人资金和技术，凝聚社会资源，提高企业竞争力。

二、对国有涉军股份的监管由派遣国家代表管理向实行委托管理转变

对国防工业企业中国有股份的管理经历了从派遣国家代表管理到实行委托管理的变化。起初由国家派遣到股份公司管理机构中的代表管理国有股份，两年多的实践表明这种制度是无效的，因为作为代表的官员缺乏专业能力和责任

心,不胜任这种管理职能。为了提高管理效率,现在改为实行委托管理制度,即按照商业条件将国有股份转交自然人或法人来管理。被委托人的选择要通过投标的办法来确定。俄认为,国有股份委托管理不可能解决所有问题,但可以为国家控股或参股股份公司的管理提供一个新的推动因素,提高其管理效率。

三、在非国家控股的重要国防工业配套企业里实行国家参与管理特别权利

俄新私有化法规定,政府可以对国家不掌握股份的重要企业实行国家参与管理特别权利(黄金股)的措施。在这种情况下,掌握黄金股、使用参与管理特别权利的政府,要委派国家在开放型股份公司董事会(监事会)和监察委员会中的代表。国家代表是开放型股份公司董事会(监事会)的成员。行使黄金股权利的特点不是多数票通过,而是一票否决制,以此保证股份公司的重大决策能符合国家、企业和劳动者的共同利益。黄金股是保证股份公司把企业效益原则与国家政策协调起来的重要管理方式。

四、加大外资审查力度和限制范围

在俄罗斯国防工业私有化的早期,对外国投资不加审查,造成大量国防关键资产流失。普京在 2004 年签署总统令,明确只有俄联邦总统有权审批核心战略企业的改制。其中,对于外资并购限制的模式是,严格规范,列入名单的企业的并购活动必须经过总统的批准。扩大外资并购限制的范围,加大外资并购限制力度,规范审核程序。

第七章 典型案例剖析

第一节　涉军资产股份制改造和上市监管的典型案例

一、美国政府对上市涉军资产的监管

(一)美国政府通过建立与华尔街的特殊关系监管上市涉军资产的案例

当前,华尔街是涉军巨头和政府间默契关系的"纽带",由少数超大金融机构控制的"华尔街"是确保美国涉军企业和政府关系稳定和互信的经济基础。①

洛克希德·马丁公司、波音公司主要股东的构成,在前五位中,机构和基金投资者持股比例很高,洛克希德·马丁的55.9%、波音的35%都是由机构和基金持有。同时,这些机构和基金也是美国微软、苹果等 IT 公司的大股东。深究下去,这些机构上一层的股东又大都来自华尔街圈子里能够代表美国利益的各大金融财团,这些机构的子公司有的也是母公司的股东。当然,各类股东之间也会相互交叉持股,有时企业本身也是自身股东的股东,这些"巧妙安排"的交叉持股关系能够在资本层面使投资者和公司的利益一致,保证在遇有重大问题时大股东间可以采取一致行动,确保公司稳定持续发展。

从表面上看,美国涉军上市公司股权比较分散,但是它们的多数股票却掌握在少数华尔街金融巨头及其一致行动人(机构)手中,只需五家左右的大金融机构联手就可以控股这些企业。因此美国政府只要管住了华尔街,管住了这些金融巨头,也就管住了这些显赫的涉军企业。

华尔街产生于资本主义制度,金融机构靠法律存在,靠规则吃饭,再大的金

① 吴献东:《涉军企业与资本市场和政府的关系》,航空工业出版社,2013。

融机构也不会与有立法和执法权的政府过不去。华尔街是美国政府的财源和政策源地,其作用相当于大英帝国时代的英国东印度公司。华尔街大金融机构的高管和美国政府高官之间存在“旋转门”,经常互换,例如,美国多任财长都来自华尔街,鲁宾、保尔森都来自高盛,离职后往往又回归华尔街。军方高官退休后也经常任职大公司高管、董事甚至 CEO。这实际上也是美国特色的“干部交流”,通过这样一些人事安排可以确保美国价值观和战略的延续。

(二)美国政府对于高度市场化的涉军企业也具有很强的干预能力

通过研究分析,美国洛克希德·马丁公司(代表产品:F-22 隐身战机等军品)、波音公司(代表产品:军民用飞机、航天飞机与卫星等)、诺斯罗普·格鲁门公司(代表产品:预警机、“全球鹰”无人机、航空母舰等军品)、欧洲宇航防务集团(EADS)、英国 BAE 系统公司、罗尔斯·罗伊斯公司(简称罗·罗公司)等重要涉军企业近百年发展历程不难发现,虽然这些美欧涉军企业都是独立性很强的上市公司,也有盈利性很好的非军品业务支撑,但是在关键时刻,美欧政府对这些与自己没有产权关系的涉军巨头依然有很强的影响力和控制力,有时甚至决定其生死存亡。

案例一:1934 年,美国政府按照反垄断法将威廉·波音创立的联合飞机制造和运输公司一分为三,开启了飞机制造和运营相分离的制度,即使有不同意见的公司创始人波音离开公司并抛售了自己所有的公司股票,也没有改变政府的主意。分拆后的三个公司今天都已成为各自领域的领先者,它们就是波音公司、美国联合技术公司(UTC)、美国联合航空公司。

案例二:1997 年洛克希德·马丁公司和诺斯罗普·格鲁门公司提出合并,以增强全球竞争力。虽然在 1990—2000 年间是美国涉军企业合并高潮期,但是美国政府考虑到该合并完成后将打破已经形成的洛克希德·马丁、波音两强竞争格局,美国司法部出于反垄断考虑未予批准。

案例三:2002 年诺斯罗普·格鲁门公司收购美国第八大涉军企业 TRW 公司,“老大”洛克希德·马丁公司出面阻止,美国司法部还是批准了该合并案,因为这将形成“洛克希德·马丁—波音—诺斯罗普·格鲁门”三强竞争局面,美国国防部也乐观其成,因为洛克希德·马丁与波音已经控制航空航天领域很长时间,多一个对手也可以给美国国防部和纳税人省些钱。

由此可见,美国政府是可以通过法律而不是仅仅靠产权来管控企业,法大于行政权,法大于所有权应该在政府和企业间成为习惯。众多案例表明,美国的反垄断审查等法律制度不是挂在墙上的幌子,而是一把确保欧美资本主义自由竞争基本制度的“利剑”,任何企业都不例外。

众多企业并购案例表明，欧美国家政府通过安全审查，确保企业在并购和合资合作等商业行为中不损害国家利益和安全，无论交易大小。

2011 年 2 月 18 日，华为公司宣布放弃收购美国三叶公司部分知识产权和资产，这笔区区 200 万美元的交易最后以失败告终。表面上看，这笔并购失败的直接原因是没有通过美国 CFIUS 的安全审查，而深层原因则是源于美国政府一贯对中国采取的高科技封锁政策。媒体对这个案例已有分析，下面结合中航工业通用飞机公司并购美国西锐飞机公司案例，来看一看美国对外资并购案的审查过程和一些细节问题。

2011 年 2 月 3 日，中航工业通飞公司和美国西锐公司股东签署股权收购协议，3 月 1 日正式对外发布，这个时间恰巧是在美国媒体热炒华为收购案之后。虽然西锐公司是一家私营企业，业务主要以通用飞机为主，但是鉴于其航空行业特点，以及收购方中航工业的国有涉军背景，在美国还是引起了广泛关注，在反垄断和安全审查方面费了些周折。

2011 年 3 月 25 日，美国明尼苏达州第 8 区国会众议员克拉法克致信美国财政部长盖特纳，提醒美国政府在审查时要“极端谨慎”，并关注两个问题：一是要关注收购后中方是否向国内转移工作量，从而消减当地就业；二是中方通过此收购将获得喷气发动机和全权电子发动机控制系统技术等受美国出口管制的技术，对美国国家安全构成威胁。实际上，对其所说的管制技术，中航工业从一开始就明确表态可以剥离出去。

对此，中航工业通飞与西锐公司一道，按照美国一般性商业规则进行了大量富有成效的沟通和公关：西锐公司公开致信克拉法克议员做出正面回应；通过律师与美国 CFIUS 官员就涉及的技术性问题进行深入沟通；专程拜访所在地政府官员、当地议员，美国国防部、商务部、财政部等相关人员，争取各方面的支持。2011 年 4 月 22 日，收购交易通过了美国政府的反垄断审查后，进入了最关键的美国 CFIUS 的安全审查。

2011 年 5 月 18 日，由于担心中方收购西锐公司会对美国国家安全构成威胁，美方根据其国防生产法案，要求中航工业通飞公司与 CFIUS 签订缓冲协议，并要求中航工业出具确认函。

条款内容主要包括：西锐公司在雇佣外国人或邀请外国人访问前需要通知美国政府；外国人实地访问西锐公司或与西锐业务相关单位（如供应商），需提前 × × 天通知美国政府；西锐公司设置一名安保负责人，记录上述有关信息并向美国政府报告。

该缓冲协议是由外资并购交易各方与美国外资并购国家安全审查参与部门之一的美国国防部之间，就减轻美国国家安全潜在威胁达成的协议，是美国

CFIUS 有条件通过审查的方式之一。对此中航工业进行了认真而客观的分析：

——鉴于收购方中航工业的国有涉军背景等，美国监管部门有戒备之心可以理解。实际上，西锐公司的客户遍布欧美，尤其是美军也用西锐公司的产品作初级教练机。并购完成后，法国的一家媒体还在渲染“美国空军向中航工业订购飞机”话题。客观地讲，美方是希望通过缓冲协议使我们在西锐公司的活动变得“透明”，而我们也不想通过西锐公司从事与正常经营无关的事。

——协议采用了相对温和的访问控制、现场检查、任命安保主任等方式，而未采用直接干预企业控制权的“董事会决议”等强烈措施，可以判断美国政府对本次交易的关注点不在于公司的实际经营，而在于对收购方和目标公司交流的监控上，这些条款对中航工业通飞公司接手西锐公司之后的正常运营不会产生实质性损害。

经过慎重研究，中航工业同意了美国国防部提出的缓冲协议。缓冲协议的签订，标志着并购项目安全审查的完成，也意味着美国政府监管的开始，作为签约方的中航工业通飞公司必须严格执行协议中的条款，否则美国 CFIUS 有权再次启动审查调查程序。

在欧洲企业收购美国企业的案例中，类似的限制条款也屡见不鲜。例如，当年英国罗·罗公司收购美国艾利逊(Allison)发动机公司时，美国国防部也提出了许多限制性条款。其中一条和要求中航工业的缓冲协议类似。

可见，美国外国投资安全审查是一个体系，企业所在社区、议员、财政部、国防部及公众媒体等机构都参与其中，关注的问题很具体，无论交易大小，都不例外。虽然处于金融危机中的美国私人股东非常想出售自己的股份，但是在整个交易中必须尊重政府的制度，不敢有丝毫侥幸。可以说，安全审查是确保美国企业在资本主义市场经济自主运营中不损害国家战略和安全的重要“屏障”。

以市场竞争理念为基础制定的政府采购制度，是美国政府掌控涉军企业的“紧箍咒”。订单是美国政府管控涉军企业最直截了当的工具，它可以逼迫曾与波音抗衡的麦道臣服于波音，可以让一个国防部官员召集的“晚餐”启动美国历史上最大规模的涉军企业合并潮。1981 年 5 月美国空军发布了“先进战机设计信息征求书”，洛克希德公司、波音公司、诺斯罗普公司、麦道公司、通用动力公司、格鲁门公司、沃特飞机公司、罗克韦尔国际公司、仙童飞机公司等 9 家飞机制造商提交了概念设计书。1986 年 5 月，美国空军又给各竞标公司发布了新的技战指标和成本预算要求，其中特别提出：仅选择两家公司参与论证与定型阶段；鼓励公司间进行合作。这时剩下的五家公司迫于美国当时经济状况和国防部压力，分为“洛克希德公司－波音公司－通用动力公司”和“诺斯罗普－麦道”两大合作集团，以确保能在当时的 650 亿美元的“大蛋糕”中分得一块(目前已升至

1 000亿美元以上），两大合作集团各得到了6.9亿美元生产两架原型机的合同。经过最后的原型机试飞验证，1991 年4 月，空军宣布洛克希德 - 波音 - 通用动力合作集团获胜进入工程开发阶段。

1993 年洛克希德·马丁兼并通用动力公司沃思堡航空业务分部；1994 年诺斯罗普公司和格鲁门公司合并成立了诺斯罗普·格鲁门公司，随后又收购沃特飞机公司；1995 年洛克希德和马丁·玛丽埃塔公司合并组成新的洛克希德·马丁公司；1996 年波音公司收购罗克韦尔国际公司航天业务，1997 年波音公司收购麦道公司。虽然20 世纪90 年代美国涉军企业合并潮的直接起因是冷战结束，但是 F－22 项目在其中发挥了关键的催化作用。1997 年洛克希德·马丁公司和诺斯罗普·格鲁门公司两大对头曾提出合并，这次提议和 F－22 等新项目发展也有密切关系，虽然最后没有获得政府批准。

2011 年，随着美国政府的战略调整和经济压力增大，最后一架 F－22 下线，最后一架航天飞机谢幕，竞争已在无人机、空天武器和信息安全等领域展开。相信新一轮美国涉军企业的调整将启动，不知又将影响多少公司的命运，但是从历史上看，每一轮调整都会大大提高胜出公司的竞争力，研发出更具创新性、革命性的产品。

二、英国政府对涉军资产私有化的监管

（一）英国在罗·罗公司私有化进程中的监管

罗·罗公司是欧洲最大的航空发动机制造商，也是世界船用动力、核潜艇动力堆、装甲车辆发动机、航天推动系统的著名制造企业。目前，全球市场占有率第二，仅次于美国通用 GE 公司。罗·罗公司于 1906 年由亨利·罗伊斯和查尔斯·罗尔斯在曼彻斯特成立，并在 1914 年开始制造航空发动机。在两次世界大战中，协约国的一半飞机发动机都是由罗·罗公司制造的。罗·罗公司在 1971 年由于为洛克希德的 L－1011 客机宽体客机研究设计 RB211 飞机引擎花去巨额资金导致陷入财政危机后被政府接管而国有化；在 1971—1987 年期间，罗·罗隶属于英国政府，并投入 10 亿英镑支持公司继续研发 RB211。

自 1979 年撒切尔夫人担任英国首相后，基于英国国内绝大多数国有企业出现经营不善，产品竞争力差，国有企业处于长期亏损状况，政府每年都要大量拨款扶持，导致政府公共开支不断增加、负担日渐加重的现状，撒切尔政府开始对国有企业进行大刀阔斧的私有化改造。在政府出资帮助罗·罗公司渡过难关后，在 1984 年末，随着民用航空市场开始复苏，并于 1985 年和 1986 年获得了不错的利润的罗·罗公司走上了再次私有化改革之路。

1. 罗・罗公司上市过程

1987 年 5 月，英国政府在实施国有企业民营化过程中，通过股票上市的办法，罗・罗公司在伦敦股票交易所上市，英国政府以13.6亿英镑的价格向社会公众出售了罗・罗公司的全部股份，仅仅保留了一股，即特殊股或称金股。此外，在 Francis Tombs 爵士的要求下，罗・罗公司任命了新董事长，并且政府授权了一项股票增发以获得了2.83亿英镑注入资金。

罗・罗公司超过 50 万的股东中，其中绝大部分为小股东，少数为大股东。在这少数大股东里，有 15 家公共基金拥有罗・罗公司总股份的 40% 以上，最大一家基金约持有总股份的 15% 。由于股权相当分散，大股东又都是不会直接介入企业经营管理的基金机构，所以公司董事会里没有大股东代表，也没有任何个别股东对董事会有控制权。

2. 罗・罗公司的金股制度

虽然英国政府出售了罗・罗公司的全部股份，但持有金股，使政府保留对罗・罗公司的最后控制权。上市时，英国政府制定的公司的金股权利包括：

①单个外国股东（包括欧洲国家）或行动一致的多个外国股东不得持有超过 15% 的股份；

②公司行政总裁及主要高管必须是英国人；

③公司重大业务以及涉及重大产权变更等整体事务的处理，必须得到金股持有者的同意。

虽然到现在为止，金股条款还没有被英国政府使用过，但是由于它的存在，使一些可能的敌意收购望而却步，减少了许多不必要的麻烦。

3. 罗・罗公司私有化改革成果

①政府筹集了巨额资金。英国政府通过对罗・罗公司进行私有化改革，通过出售全部股票为政府筹集了13.6亿英镑的巨资，而且政府每年还可以收到一定的税收；而在私有化改革之前，政府每年要对企业进行补贴。

②企业提高了产品质量、服务质量和经济效益。私有化的企业为了在竞争中求得生存和发展，把提高产品及服务质量作为赢得消费者的唯一出路。

③技术装备得到了及时更新。这是企业立于不败之地的另一个重大因素。

4. 罗・罗公司私有化后的资本运作

罗・罗公司上市后，依托资本市场展开了一系列的并购活动，巩固和扩大了核心业务，成为世界领先的能够为航空、航海和陆地提供动力设备的企业。这些并购活动包括：1989 年，罗・罗公司兼并了英国北方工业工程公司，以加强公司在燃气涡轮技术上的核心竞争力。1994 年底，罗・罗公司收购了美国 Allison 公司，以完善航空发动机产品线。1999 年是罗・罗公司收购频繁年，收购库珀能源

服务公司,以增强燃气涡轮技术在能源动力领域中的应用能力;收购美国国家空中动力公司,以加强发动机维修和翻修业务;收购英国维克斯公司(Vickers Plc.),以拓展燃气涡轮技术在船舶制造行业的应用,一举进入船舶动力业务领域,同时成就了其在该领域内世界级供应商的地位。

罗·罗公司选择收购的战略意图非常明显,而且具有明显的运作特点。这些并购项目中,有几个是罗·罗公司和合作伙伴(包括美国、德国等盟国)的合资公司,这些合资公司最初都有很好的合作设想,但是最终由于各种原因,罗·罗公司收购了合资方的股份,控制了这些公司后,罗·罗公司按照自己的战略进行改组,加大投入,使这些公司实现持续发展。通过小股渗透—增持—控股—完全控制,最终达到其战略收购的目的,这是罗·罗公司资本运作的一大特点。

罗·罗公司在收购外国企业中受到了许多限制,如在收购美国 Allison 发动机公司时,美国国防部虽然最终批准了这项并购,但也提出了许多限制性条款:

①Allison 发动机公司与国防部签署安全和技术协议,协议规定在未获国防部批准的情况下,技术和信息转移所必需的一些约束条件;

②所有涉及前沿领先技术的项目必须放在一家新成立公司——Allison 领先开发公司(AAD)中开展;

③AAD 必须在独立的治理结构、管理层和附加的安全程序下运作,AAD 将负责与美国国防部达成的秘密级以上的合约项目,以及为下一代飞机发动机准备的基础开发项目,AAD 向 Allison 发动机公司转移任何项目或指定的技术数据前,必须得到国防部的许可;

④如果股东代表需要在 AAD、Allison 或罗·罗公司之间参观考察,须经过事先的许可。

其中最后一条与前文所述的要求中航工业的缓冲协议类似。虽然有这么多限制,但是通过此次收购,罗·罗公司扩大了其民用飞机发动机产品领域,使其能够提供几乎所有飞机机型的发动机产品;并购同时为罗·罗公司带来了已获成功的防务项目。

综上,罗·罗公司通过再次私有化改革进入资本市场,为政府筹集了巨额资金,同时提高了公司的产品质量、服务质量和经济效益的竞争力。英国政府通过持有公司金股保证了对涉军上市企业重大事项的最后控制权,使一些可能的敌意收购望而却步,防止核心涉军资产的流失,确保了国防安全。

(二)英国在原国防评估研究局股份制改造中的监管

国防评估与研究局隶属于英国国防部,主要开展基础和应用研究、技术开发和工程化，为国防部提供采购项目的建议、武器试验，以及管理国际合作研究等。在1992—1998年期间，英国国防部预算下降40%，该局面临经营压力；与此同时，英国国防工业积极开展私有化改革。在这种背景下，国防评估与研究局逐渐走上了私有化改革之路。

1. 私有化改革的路径

英国工党政府1998年出版的《战略防御评估》对国防评估和研究局的未来发展提出五种方式：一是维持其现状；二是将其业务分解到由主要学术机构管理的多个实验室中；三是剥离非国防业务和国防工业可完成的业务；四是扩大非国防业务范围；五是通过改革分离出股份制公司，并由机构持续增加持股，即公私合营模式（public - private partnerships，PPP）。国防部最后选择了第五种方式。

2. 成立私有化改革指导机构和执行机构

为推进国防评估与研究局私有化改革，国防部专门成立“部长级指导小组”（Ministerial Steering Group）对私有化改革中的重大事项做决策。指导小组组长由国防军需国务大臣担任，组员包括国防部和财政部的高级官员、首席科学顾问、国防评估与研究局的首席执行官，以及来自私营部门的专家等。此外，国防部成立了“国防评估与研究局的合作小组”，作为执行机构，负责管理国防评估与研究局私有化改革。

3. 成立私有化改革指导机构和执行机构

当时，英国对国防评估与研究局的状况进行了深入研究，并委托咨询公司对其改革进行了可行性研究，在所选择的公私合营方式的基础上，提出了四种模式供选择。

国防部和国防评估与研究局的管理层最初支持采取“依赖模式”。但是，美国国防部对该局某些敏感领域业务（如放射性武器、生化武器、反恐等）私有化问题表示担忧。“核心能力模式”能在公共部门保留该局约四分之一的员工及最敏感业务，可以解决美国担心的问题，因此，英国最终选择了“核心能力模式”，决定将其大部分研究部门推向市场，组成私营企业，剩下的部分组成新的公共部门。最终，该局被分为国防科学与技术实验室（Defense Science and Technology Laboratory）和奎奈蒂克公司（QinetiQ）两部分，原国防评估与研究局四分之一的力量组建国防科学与技术实验室，作为国防部主管科研的业务部门，其他部门改组为奎奈蒂克公司，向私营部门出售股份，成为股份制的科技发展公司。

4. 改革后英国国防预研管理格局

国防评估与研究局改革后，英国形成了以国防科学与技术实验室为核心，奎奈蒂克公司、国防技术中心、其他政府科研机构、工业界科研机构和大学科研机构为基础的“小核心、大包围”的国防科研机构新格局。

国防科学与技术实验室继承原国防评估与研究局的管理职能，作为国防部主管科研的一个直属业务部门。该实验室保留了原有敏感的核心资产，主要支持国防部的政策和采购决策、技术研究，并为约40个其他政府部门和机构服务，其经费主要来源于国防部。目前，该实验室科研领域主要分布在武器系统、防护装备、航空、生化武器、放射性武器、反恐、雷达等方面。

5. 奎奈蒂克公司的上市过程

(1)成立公司高级管理层

奎奈蒂克公司成立时，国防部任命了五位非执行董事，其中包括一名为非执行董事会主席，负责维护公司治理和保护国防部的利益。此外，国防部派出了两名高级官员作为观察员，并任命为奎奈蒂克公司董事会成员，还任命了三名执行董事。

(2)奎奈蒂克公司国有股减持过程

奎奈蒂克公司主要从事军事测试评估综合管理、国防采购咨询、传感器电子系统、军用导航系统、能源等业务。奎奈蒂克公司与英国国防部的业务关系密切，两者签订了一份长达25年的合作协议(LTPA)，支持英国军队的试验测试与评估和训练保障服务，以满足英国国防部当前及未来的试验测试和评估需求。2010年，该公司进入涉军上市公司世界50强。

奎奈蒂克公司的国有股减持分阶段进行。公司成立时，由国防部100%持股，运行18个月后开始出售股份。2003年2月，美国私人资产公司卡莱尔集团获得部分股份，公司股权结构变为国防部56%、卡莱尔集团31%和员工13%。2006年2月公司上市后，英国国防部持股19.2%、卡莱尔集团持股10.3%。在公司管理方面，国防部委托卡莱尔公司代管所持股份；国防部派往公司的董事在日常决策中并没有特殊权力，但在公司资本结构和公司重大战略发生变化时可行使否决权。2007年2月卡莱尔集团出售了10.3%股份。2008年9月，英国国防部出售剩余的18.9%股份，但持有金股，使国防部保留对奎奈蒂克公司的最后控制权。奎奈蒂克公司金股权利包括：英国政府拥有阻止其他机构对公司恶意接管的权利，对重大决策保留最后发言权；英国政府拥有反对任何威胁国防安全的公司继续交易或持股的权利；对影响国家安全的合同或活动具有否决权；公司重要工作开展前必须得到英国国防部许可；出于国家安全考虑，英国国防部拥有监督董事会成员和批准董事会主席的权利；监督公司生产活动，使之满足英国国防军备产业链需要。

从英国国家统计局对奎奈蒂克公司的审计报告可知，英国国防部对奎奈蒂克公司拥有如下权利：在涉及国家安全时，国防部可介入；奎奈蒂克公司成立国外分公司、改变公司总部和办公地点以及从伦敦证交所退市等事项，必须经过国

防部批准;执行特殊股票(金股)权利;政府拥有阻止奎奈蒂克公司处置战略资产的权利。

综上,国防评估与研究局国有涉军资产在股份制改革前,剥离了敏感国有涉军资产,剩余部分通过股份制改革逐步实现私有化。英国国防部通过金股来保证国家对涉军上市企业重大事项的最后控制力,确保国防安全,并防止核心国有涉军资产流失。

三、法国在舰艇制造局集团改革中的监管

法国舰艇制造局(Direction des Constructions Navales,DCN)是一家拥有超过350年历史的法国军舰生产核心机构,也是目前欧洲最大的军舰制造商,曾归法国国防部武器装备总署领导,2000年后直接归属于法国国防部。该局既是舰艇设计、建造的具体实施机构,也是法国舰船科研与生产的管理部门。为了适应军舰市场的变化,从20世纪90年代开始,DCN进行了多次体制改革,与私营企业一样高度重视销售利润。

2006年12月,DCN接受了泰勒斯集团的部分海军业务,并向泰勒斯集团出让25%的股份,标志DCN向私有化转制迈出了重要一步,同时也使DCN集中了法国绝大部分军舰业务,成为欧洲三大军舰建造集团之一。

(一)私有化过程中的背景

法国国防工业中的国有成分较高。长期以来,法国国防工业一直在国家的高度控制之下,武器装备的研制生产绝大部分由国防部所属的涉军厂和国有企业承担。虽然冷战后法国对国防工业结构进行了全面调整,将原属于国防部的兵工厂和造船厂逐步推向市场,并通过转让股份来降低国家在国有涉军企业中的股份,以方便欧洲国防工业一体化建设,但国有成分在整个国防工业中仍然占有较大的比重。目前,国家直接控制绝大多数股份的工业企业有舰艇制造局、奈克斯特公司和国家火炸药集团等;国家及其公共机构资本占防务电子工业巨头——泰勒斯集团资本的31.2%、占赛峰集团资本的38.23%(国家握有金股)、占欧洲航空防务和航天公司资本的15.1%;此外,在专门从事咨询服务、培训和技术支援活动中的企业——国际防务资讯公司(DCI)中,国家资本占49.9%。

法国政府积极推进船舶工业的转型,推进私有化进程。法国政府在推进国防工业能力与结构的调整过程中,一方面减少对涉军生产的直接参与和管理,将涉军企业进一步推向市场,减少国家控股份额,引入私人资本;另一方面加强对企业的宏观管理,通过国家控股的方式实现大型涉军企业的股份化,控制公司的重大决策权和终审权。

(二)私有化过程中的具体做法

在法国的私有化过程中,主要有六种做法:

股权转让:国家股权的转让是法国民营化最基本的形式。国家股既可以在资本市场上出售,也可以由政府通过协议方式转让。

股权置换:在出售国家股时,购买方既可以用现金购买,也可以用债权换取股权。

增资扩股:在不减少国有资本的前提下,通过增资扩股的方式吸收私人资本。这种方式不仅为企业带来了急需的资金,同时也为企业注入了新的活力。

兼并:对于亏损严重的国有企业,鼓励私人企业进行兼并。

清算:这种方式往往用于国有企业对国家已不重要,不能再赚取利润,并因缺乏投资者的兴趣而不能出售的情况。

国有企业的承包、租赁经营:即将医院、铁路等由国家直接经营的国有企业,交由私营企业承包或租赁经营,国家按一定的比例收取租金。但如果涉及特许经营领域,承包者或租赁者还必须首先取得特许经营权。

法国国防部最后选择股权转让的模式对 DCN 进行私有化改革。

(三)私有化改革的具体步骤

法国国有企业的资产重组是以法律的形式对国有企业进行私有化为核心的股权转让,在具体的操作上也有一个大致相同的基本程序。

第一步,政府做出决定,由经济部国库司依据决定进行具体的操作。

第二步,国库司接到任务后,在全球范围内选择银行做重组顾问。

第三步,顾问银行接到任务后,独立地对被重组企业包括销售、技术、行业状况、财务报告、上市公司的股价变化等情况进行深入研究,并提出研究报告,定出企业价格。与此同时,被重组企业也委托顾问银行进行研究,并做出一份类似的报告。

第四步,将上述两个报告交股权及转让委员会,由该委员会对报告进行比较研究,并在一个月内做出价格决定。

第五步,由经济财政部长依据上述价格确定重组的实施。

(四)成立股份制改造的指导机构和执行机构

法国涉军资产监管机构包括国防部、经济部、股权及转让委员会等。以股权及转让委员会为例,其主要职能包括确定要重组转让资产的价值等。

1986 年成立的股权及转让委员会(前身叫民营化委员会)在法国企业资产

重组中扮演着重要的角色,是国有企业重组得以正常进行的关键机制,亦成为此轮 DCN 资产重组开始的标志和重要特征。

根据 1986 年 8 月 6 日修订的有关私有化的法律条款 86－912 号的第 3 条,分别在 2005 年 12 月 7 日、2006 年 10 月 16 日和 2007 年 3 月 7 日,经济、财务和工业部长针对泰勒斯收购 DCN 25% 的股份,提交了相关文件。2007 年 3 月 27 日,股权及转让委员会发布公告批准了这次 DCN 和泰勒斯集团之间的股权转让协议。

第二节　涉军资产并购重组监管的典型案例

一、美国在涉军资产并购中的监管

(一)美国在波音公司与麦道公司合并中的监管

波音公司 1916 年在美国华盛顿州的西雅图成立,总部设在芝加哥,目前是以航空航天与防务业务为主的超大型企业集团、世界第一大航空航天企业、全球最大的飞机制造商,也是美国国家航空航天局最大的承包商、美国最大的出口商,在美国是仅次于洛克希德·马丁公司的军火商。截至 2010 年 6 月,公司拥有雇员约 16 万人,分布于美国 49 个州和全球 70 个国家。公司的主要产品、在研项目包括各种类型军用和民用飞机、导弹武器、运载火箭、卫星、载人航天、与防务相关的电子通信系统等,主要分为航空类、航天与导弹类及其他产品。

波音公司的发展壮大是通过一系列的并购实现的。公司在 1996 年以 31 亿美元收购了罗克韦尔国际公司的防务与空间业务,1997 年以 133 亿美元兼并了世界第三大航空制造商麦道公司,2000 年再以37.5亿美元收购了休斯电子公司的部分航空和通信业务。通过并购,波音公司的业务能力不断增强并扩大。

1. 波音公司收购麦道公司

1996 年 12 月 15 日,世界航空制造业第一巨头美国波音公司宣布收购世界航空制造业排行第三的美国麦道公司,在全球飞机制造业引起轩然大波。波音公司遭到了欧盟方面的巨大压力,但此案在波音公司做出巨大让步后最终得到了通过,其博弈过程显示了反垄断案件的复杂性。

2. 并购前后的格局

(1)波音方面

①波音需要更多的技术员工和更大的生产能力。波音总经理坦言:飞机制

造工业在不断成长,波音需要更多的技术员工和生产能力。1996 年是波音和空中客车 6 年来订货最多的一年。1996 年,波音共有 645 架订货,价值 470 亿美元。波音订货历史最高年为 1989 年的 683 架。1996 年,空中客车有 309 架订货,几乎是 1995 年 106 架的三倍。空中客车订货历史最高年为 1990 年 404 架。1996 年,波音平均每月生产8.5架 737。1997 年 1 月要达到每月 10 架,第四季度要达到 21 架。兼并麦道,明显有助于波音扩大生产和加强新机型的研制。当时,已有 200 多名麦道生产 MD－11 的工程师接到通知,从加州搬到西雅图,为加长型波音 747 工作。

②波音需要增强自身实力,以与空中客车展开竞争。波音兼并麦道之后,空中客车成了波音唯一的竞争对手。早在 1970 年,英、法、德、西班牙4 国政府用各自的航空制造企业跨国组成空中客车公司。当时,以波音为首的美国公司占领了世界市场份额的 90%。欧洲任何一国的航空制造企业都无法与之抗衡。要挽救欧洲的航空制造工业,跨国联合是唯一的出路。从那时起,不算种种秘密补贴、固定补贴和免税优惠,只开发机型一项,空中客车即直接得到政府 100～200 亿美元的补贴。经过 25 年的努力,到 1995 年,7 个机型1 300架空中客车在天空翱翔,市场份额从零成长到 30%。1994 年空中客车的订货首次超过波音,占市场份额的 48%(波音为 46%),俨然成长为与波音旗鼓相当的竞争对手。

③来自空中客车的压力。1996 年 7 月 11 日,空中客车的两家公司以及意大利的阿联尼那,与中国和新加坡签订了合作开发 AE－100 客机项目。中国约1 000架客机、价值超过 200 亿美元的市场潜力,对空中客车具有毋庸置疑的战略意义。面对空中客车来势凶猛的进攻,波音并购了麦道,扶正固本,无疑有助于波音与空中客车一决雌雄。

(2)麦道方面

①就民用客机而言,由一家公司提供从 100 座到 550 座的完整客机系列,包括统一的电子操作系统,可以大大节约航空公司培训、维修和配件的成本。当时,波音用 50 亿美元开发出 550 座"加长型"747,空中客车用 80～100 亿美元开发出 550 座 A330。麦道自己的大飞机却只有 440 座,尽管当时仍旧盈利,日后还是难以占领市场的。

②在军用飞机方面,麦道过去一直是龙头老大。1994 年,美国马丁·玛瑞塔与洛克希德合并,组成洛克希德·马丁,与麦道展开竞争。1996 年,洛克希德·马丁又用 91 亿美元吞并了劳拉公司。"三合一"的年销售额达 300 亿美元,为麦道的两倍。其时,新一代战机——"联合歼击机",作为美国空军、海军和海军陆战队以及英国海军的主要装备,将有3 000 架订货。麦道虽然全力以赴,志在必得,结果却被五角大楼淘汰出局。对麦道而言,这不仅是一次重大商业机会的丧

失,而且意味着麦道将无力保持军用飞机技术上的先进地位。

总体上看,在当时麦道的民用机、军用机的技术能力皆跟不上其他几个主要竞争对手,要想继续独立生存,就十分困难了。于是麦道只能被波音收购。

3. 并购方案及过程

每一麦道股份折为0.65波音股份,总价值为133亿美元(按1996年12月13日收盘价计)。兼并后,除了保留100座MD-95的麦道品牌,麦道的民用客机一律改姓"波音"。有76年飞机制造历史的麦道公司从此不复存在。原波音总经理出任新波音的总经理,2/3以上的管理干部由原波音派出。新波音拥有500亿美元资产,净负债额为10亿美元,员工达20万人之多。1997年,波音的销售收入达到了约480亿美元,成为世界上最大的民用和军用飞机制造企业。

4. 并购整合中遇到的问题

(1)劳工关系

合并后,波音保留了原有的一半员工,原有的两个工会LAM、SPEEA在1995到1996年之间经历了两次罢工,罢工的主要原因是工作安全性问题。由于一系列问题,原有波音和麦道的员工与上层关系紧张。这种紧张关系造成的影响持续了很长一段时间,极大地阻碍了公司的发展。

(2)格局影响巨大,严重威胁欧洲飞机制造业

波音公司兼并麦道公司事件对欧洲飞机制造业构成了极大的威胁,在政府和企业各界引起了强烈的反响。为了完成兼并,波音公司在1997年7月22日不得不对欧盟做出让步,其代价是:波音公司同意放弃三家美国航空公司今后20年内只购买波音飞机的合同;接受麦道军用项目开发出的技术许可证和专利可以出售给竞争者(空中客车)的原则;同意麦道公司的民用部分成为波音公司的一个独立核算单位,分别公布财务报表。

经15个欧盟国家外长磋商之后,1997年7月24日,欧洲正式同意波音兼并麦道;1997年7月25日,代表麦道75.8%的股份,持有2.1亿股的股东投票通过麦道公司被波音公司兼并;1997年8月4日,新的波音公司开始正式运行。至此,世界航空制造业三足鼎立的局面不复存在,取而代之的是两霸相争的新格局。

(3)并购不符合《反垄断法》

在美国,联邦贸易委员会(FTC)和司法部(DOJ)反垄断处行使反垄断审查职能,而波音兼并麦道案最终交由联邦贸易委员会审查。由于该案涉及波音、麦道两大军备合同方,美国国防部在反垄断审查中亦发挥着重要作用。国防部提示联邦贸易委员会考虑公司最大的顾客——美国政府。这样,在美国政府的强力推动下,看似不可能通过的反垄断审查顺利通过。而通过的理由正是基于反垄

断法保护的是竞争而非竞争者的基本原则。由于民用飞机制造业是全球性寡头垄断行业,即便美国只有波音公司一家民用飞机制造商,也会存在来自欧洲空中客车的强有力的竞争。亦即是说,波音公司兼并麦道没有消灭竞争,波音公司不可能在开放的美国及世界市场上形成绝对垄断地位,而且,波音与麦道的合并有利于维护美国的航空工业大国地位。再加上波音公司强调合并有利于民用飞机生产线与军用飞机生产线的平衡、强强联合、优势互补等鼓动人心的宣传,亦为反垄断审查的顺利通过增添了不少动力。

综上,波音公司通过与麦道公司合并,综合利用了波音公司民用飞机生产线与麦道公司军用飞机生产线的优势,通过强强联合、优势互补维护美国的航空工业大国地位,所以即使在不符合美国政府《反垄断法》的条件下,仍然通过了美国政府的审查。

(二)美国在洛克希德公司与马丁·玛丽埃塔公司合并中的监管研究

洛克希德·马丁公司(简称洛·马公司)是由 2 家著名的航空航天工业公司——洛克希德公司和马丁·玛丽埃塔公司于 1995 年合并而成,随后于 1996 年以 91 亿美元收购了劳拉公司的防务电子与系统集成部分业务,成为世界上最大的防务承包商。2010 年公司总收入为 458 亿美元,其中防务收入约 428 亿美元,占总收入的93.4%,防务收入在当年世界涉军百强企业中排名第 1 位。2009 年公司防务收入的 58% 来自美国国防部(空军 25%、海军与船舶 23%、陆军 9%、其他约 2%),27% 来自国土安全部与情报机构,15% 为防务出口所得。公司的防务出口部分约占美国防务出口的 40%,占全球防务出口的 19%。洛·马公司总部位于美国马里兰州的贝塞斯达(Bethesda),2009 年拥有雇员约 14 万人(约 7 万名科学家和工程师),分布于美国国内 46 个州,全球 75 个国家和地区、500 个城市的1 000个科研机构和生产基地。

洛·马公司的业务可划分为航空、空间系统、电子系统、信息系统 4 大领域。近几年,各领域收入占公司总收入的比例为:航空领域约 29%、空间系统领域约 20%、电子系统领域约 29%、信息服务及其他领域约 22%。

二、法国对航空企业和航空资产重组的监管研究

1970 年,法国两大国有飞机制造公司南方航空公司和北方航空公司合并组成国营航空航天工业公司(Societe Nationale Industrielle Aerospatiale,简称法国宇航公司)。法国宇航公司对下属企业进行了重大调整,它的总部设在巴黎,下设飞机分部、直升机分部、战术导弹分部和弹道导弹与空间系统分部。原来的生产企业按特长进行了分工,飞机分部有 6 大厂,其中 3 个在图卢兹,另外 3 个分别在

梅奥尔特、南特和圣纳泽尔。直升机分部有3个生产试验厂，最主要的生产厂在马赛市马里安镇。

在政府的引导之下，私营企业达索公司与布雷盖公司也从1967年开始酝酿合并，并于1971年7月21日签署合并协议，完成两大私营航空企业的重组，新公司全名是马塞尔达索飞机－布雷盖航空公司（Avions Marcel Dassault－Breguet Aviation，简称达索－布雷盖公司）。这一重组实现了法国军用飞机设计、生产和销售的集中，提高了国际竞争力。达索－布雷盖公司研制生产试验单位多达17个。最重要的飞机总装厂有3个，其中位于波尔多市的梅里尼亚克厂（Bordeaux－Mrignac）有5条生产总装线，生产支线客机、军用飞机，已生产交付7 000架飞机。

法国的发动机企业也经历了重组与国有化过程。1945年5月29日，总统戴高乐亲自签署文件，将格诺姆－罗纳公司收归国有，同时合并了雷诺汽车公司和老洛林公司的航空发动机业务，组成国营航空发动机研究制造公司（SocitNationale de Etudes et Construction de Moteurs de Aviation，即斯奈克玛公司）。该公司成立后，首先借助德国喷气发动机技术研制出阿塔系列涡喷发动机，装备了达索－布雷盖公司研制的战斗机。

经过上述合并重组，法国航空工业基本上集中于法国宇航公司、达索－布雷盖飞机公司和斯奈克玛公司三大航空工业集团。政府主导、高度集中、明确分工、国内合作是20年纪70年代初法国航空工业政策的鲜明特点。正是这样一个政府主导的航空工业集中行动，使法国的技术资源得到了充分有效的利用，强化了自主创新能力，民用飞机、战斗机和直升机达到了世界一流研发、生产水平。

第三节　外资并购涉军资产监管的典型案例

一、美国在东芝收购西屋电气公司中的监管实践

西屋电气公司（Westinghouse Electric Corp.）是世界上最主要的压水反应堆供应商，目前世界近50%的现役核电机组都是以该公司开发的技术为基础建设的。公司的主要业务是向商业核电站的业主提供核燃料、核电站的保养与维修服务、核电站的设计与设备。2006年，西屋电气公司被日本东芝公司以54亿美元的价格收购，成为东芝公司的海外子公司。

（一）早期的创业与辉煌

1886年，火车空气制动闸发明者乔治·西屋，在匹兹堡建立了西屋公司。致

力于蓬勃发展的美国电气工业,他解决了长途电力输送问题。西屋所看好的交流电最终战胜了爱迪生公司(即后来的美国通用电气公司 General Electric,GE)看好的直流电,成为西方工业世界的主要电力传输和利用形式。西屋的主产品是大型电力设备,尤其是大型汽轮发电机等。二战及战后的恢复建设时期,西屋抓住了这个战略机遇期,产业迅速发展,技术水平大幅提升。特别是军用核工业的发展,为后来核电产业发展的辉煌,打下了深厚的基础。在 20 世纪 60 到 70 年代,西屋下属的西屋电气开发的压水堆核电技术,独占鳌头,在全世界推广发展,占领了世界一半以上的核电市场。这是西屋最辉煌的业绩。

(二)多次业务调整

二战后,随着其他工业国家(尤其是日本)电子产品市场的扩张,美国公司从家用电器市场不断收缩。20 世纪 70 年代西屋被迫逐步退出。70 年代中,由于又发生了汽轮发电机质量事件,失去大片市场,西屋走上了漫长的重组道路。随着各种事业公司的买进、卖出,与外国公司合资等,西屋走上了多元化发展的道路。1993 年,百事可乐的麦克·乔丹接任西屋的 CEO,进行重大结构调整,把重点转向广播网络(包括 18 个广播电台和 5 家电视台)、国防电子产品、电气控制和电力设备等产业,收购了联合技术公司的雷达事业部(生产了海湾战争中大显身手的诺顿反导弹雷达)。1995 年西屋又收购了 CBS 电视广播网,广播电视业务不断增加,逐渐改变了公司的管理哲学和董事会偏好;接着又收购了 TNN 和 CMT 电视频道,使得公司成了北美最大的西班牙语电视节目供应商。而作为西屋根本的电气类事业部门,热电事业卖给了 Ingersoll – Rand 公司,火力发电事业卖给了德国西门子公司。最后,西屋集团的名字也改成哥伦比亚广播公司 CBS。带着西屋最后历史遗产的核电事业部门——西屋电气,成了被母亲卷走资产改嫁后的孤儿。20 世纪 90 年代的西屋电气,努力开展以用户要求文件 URD 为指导的新机型研发,以非能动安全的革新理念,提出了 60 万千瓦 AP600 的设计概念,进行了大量的设计研究和试验、验证,1998 年获得核管会 NRC 颁发的设计认证证书。虽然西屋电气进行了广泛推销并获得好评,但没有订单。研究开发的投入无法回收,又缺少母公司的关照、支持,使得西屋电气陷入困境。

(三)被 BNFL 收购

1999 年 3 月英国核燃料公司(British Nuclear Fuels Ltd,BNFL)以 11 亿美元收购了西屋电气,1999 年 12 月 BNFL 又以 4.85 亿美元收购了 ABB – CE,合并为属于 BNFL 的子公司。西屋电气,由被遗弃的孤儿,变成为被外国公司收养的子公司。21 世纪的头几年,其利用原西屋电气 AP600 反应堆技术和原 ABB – CE

的50万千瓦的环路技术,研发了新机型AP1000,克服了AP600单机容量小的缺点,同时也引出了一些必须做的重要试验验证。但母公司BNFL,因英国石墨气冷堆退役,生产萎缩,经济恶化,难于支持西屋电气的试验验证。AP1000工作进展缓慢,长期处于研发阶段。随着BNFL的经济进一步恶化,该公司决定出售西屋电气。由于西屋电气这几年没有明显的业绩,只能大致以保本的价格,18亿美元开价出售。

东芝公司(Toshiba Corporation)是日本核电站的主要建造商,占日本核电站建造市场的35%,但是日本国内的核电市场已很难保持增长。其时,全球40%以上的核电厂使用的都是西屋的压水反应堆技术。通过收购,将增添东芝在中国和印度等海外新兴市场上的竞争力。由于日本国内核电市场已基本饱和,进一步扩大海外市场成为东芝的迫切需要。

BNFL出售西屋电气时,中国正在进行三代核电机型技术路线招标,并表现出对AP1000偏好的倾向,因此西屋电气身价上升,参与收购竞标的公司增加,投标价格上涨。最热门的日本三菱,投标价由开始的17.8亿美元,上涨到30亿美元。最终日本东芝于2006年出奇招,以54亿美元成功收购。东芝出资41.6亿美元,获77%的股份,美国Shaw出资10.8亿美元,获股20%,日本IHI获股3%。西屋电气成为被日本东芝收养的子公司。2007年8月哈萨克斯坦的核能公司Kazatomprom以5.4亿美元的价格,从东芝公司购得10%的股份,东芝持股由77%下降到67%。

同时,日立公司与通用公司在核能商业领域开展全球范围的联盟合作,以强化双方在核能利用市场上的地位。至此,国际核电企业以日系为中心,正在逐步形成三足鼎立局面:日本日立-美国通用、日本东芝-美国西屋、日本三菱重工-法国阿海珐。日系企业纷纷出击寻找合作伙伴,无疑在世界核电市场拥有了举足轻重的地位。

美国在日本东芝收购西屋电气的过程中采取了一系列的监管与审查措施。西屋电气有美国“血统”,并掌握核的敏感技术,因而也受美国政府的干预。转卖中,美时任总统布什给英时任首相布莱尔施压,要求将西屋电气卖给美国的公司GE。后东芝答应保留西屋电气高层的独立经营权,将干预降低到最低,并把20%股份转卖给美国公司Shaw,再加上54亿美元的高价,使得英政府最终不顾美国政府的压力将西屋电气卖给了日本东芝。由于西屋公司的业务涉及国家安全,这一收购交易交由CFIUS审查。引进一家美国公司,是东芝扫清美国政治与监管障碍的策略之一。CFIUS对此笔交易审查的主要内容,是看其是否影响到美国的国家安全。据报道东芝公司决定组建由若干家日本和美国公司参与的收购联盟,来完成此项收购,因而打消了美国监管机构的疑虑。最终,东芝扫清了

美国和欧盟所有的反垄断障碍，并获得了收购所必需的监管机构的批准。

（四）结语

从东芝冲破了美国和欧盟监管机构的重重疑虑完成对西屋电气公司的收购，到其抛售西屋电气股份的事实发人深省。对西屋电气要重新认识，它已不是20 世纪 60 到 70 年代业绩辉煌的西屋了；对 AP1000 应重新评价，它在 2005 前后的那些让人耀眼的“最”，已不复存在，用“空头支票”构筑的虚幻形象正在消失。我们应以尊重事实、尊重科学的态度，重新认识、重新评价，做出正确抉择。

二、美国在富士通收购仙童半导体公司中的监管实践

仙童半导体公司（Fairchild Semiconductor）于 1957 年得到仙童摄影设备公司（Fairchild Camera and Instrument）的资助成立，是美国的一家半导体设计与制造公司，目前总部设在缅因州南波特兰。公司曾经开发了世界上第一款商用集成电路，目前的主要产品是功率半导体器件，用于开关电源等应用。当前半导体行业的重要公司英特尔、AMD 等的创始人都来自此公司。仙童半导体公司在硅谷的发展史上占有重要的位置。其初期研究和生产晶体管，率先提出了商业化生产集成电路的方法。在此后的十年中，在这一领域保持了技术上的优势，业务飞速增长。20 世纪 70 年代后期，由于严重的人才流失，仙童半导体公司失去了技术领先的地位，业绩大幅下滑。

（一）富士通方面，日本经济实力提升，国际经济格局变化

经过战后 40 多年的经济发展，国际经济力量对比发生了重大变化。20 世纪 80 年代，美国对外直接投资增长速度缓慢，而外国对美国的直接投资发展非常迅速，外国投资者并购美国企业的案件急剧增加，并保持高速增长的势头，尤其是日美之间的经济力量对比日益朝着有利于日本的方向发展。1987 年日本人均国民收入为19 553美元，而美国为18 570美元，日本首次超过美国。同年日本对外投资总额约1 328亿美元，成为世界上最大的债权国，而美国负债高达24 356亿美元，年度预算赤字和贸易赤字都创历史最高记录。在经济实力膨胀的刺激下，上世纪 80 年代末 90 年代初，日本掀起了一股并购美国企业的热潮。富士通（Fujitsu）是一家世界领先的通信技术（ICT）企业，提供全方位的技术产品、解决方案和服务。在外资并购浪潮的推动下，1987 年日本富士通公司试图收购美国的仙童半导体公司。因妨碍美国国防安全，该并购案最终失败。

国家安全是每个主权国家都高度关注的问题，而美国针对外资并购交易的国家安全审查制度也有其深刻的经济渊源。美国有关外资并购的安全审查制度

最早可以追溯至 1917 年 10 月 6 日的《与敌贸易法》(*Tradingwith the Enemy Act*, *TWEA*)。但美国真正确立外资并购安全审查制度的标志是 1988 年美国国会通过的《1950 年国防产品法》(the Defense Production Act of 1950)修正案——《埃克森-佛罗里奥法案》。而富士通收购仙童半导体公司案被认为是美国外资并购国家安全审查制度产生的导火索。

20 世纪 80 年代,日本经济崛起,美欧联手压制日本,于 1985 年签订《广场协议》,日元被迫大幅升值,日本企业转而出海收购外国公司,对美国的投资迅猛增长。仅 1985 年,日本企业收购、兼并美国企业就达3 165起。1986 年三井不动产公司(MitsuiFudosan)以6.1亿美元买下埃克森总部大楼,斯瓦公司以6.2亿美元买下阿科广场,第一共同人寿保险公司以0.94亿美元收购了梯法尼大楼。1989 年日本索尼公司出资 34 亿美元购买美国哥伦比亚影片公司,三菱地产公司收购了洛克菲勒中心 80% 的股权。面对汹涌而来的日本资金,在享受这些资金带来好处的同时,美国国会与公众对国家安全越来越担忧,甚至感到非常恐惧,同时日本资金大量地涌入美国也激起了美国公众的恐日和反日情绪。

尤其是日本富士通对美国 Fairchild 的收购案使得美国外资并购国家安全审查制度得以真正确立。该并购案加剧了美国对国家安全的关注,其原因是 Fairchild 是美国顶尖的电脑芯片制造商,对美国国防起着至关重要的作用。由于富士通在国防合作方面同不少美国企业存在着竞争关系,而这些企业完成现有国防合同所必需的独特子部件又只能从 Fairchild 这一家企业获得。如果富士通成功收购 Fairchild,日本企业将控制美国最重要的军用计算机芯片制造企业,使美国的国防工业在更大的程度上依靠外国供应商。另外,在当时一些事件的推动下(Toshiba - Koningsberg 涉嫌把敏感的制造技术出售给苏联),很多人担心日本如果控制了 Fairchild,可能会把重要的技术泄露给以苏联为首的东方阵营。因此,国防部反对这一并购案。

(二)美国当时现行外资并购审查制度

虽然美国对外国投资一些关键领域进行了行业限制,但依据美国当时的外资并购审查制度不足以合法有据地对此次并购行为进行强有力的限制和干涉。《1950 年国防产品法》对此并没有明确的规定,另外 1917 年《对敌贸易法》及 1977 年《国际紧急经济权力法》(*International Emergency Economic Powers Act*, *IEEPA*)对日本的并购行为也无能为力。因此,美国产生了创设在正常政治、经济秩序下可反复适用的安全审查制度的迫切需要。

（三）个案协议催生外资并购国家安全审查制度

参议院议员詹姆斯·埃克森与众议院议员詹姆斯·弗罗里奥提议对《1950年国防生产法》第721条进行修改，1988年国会对《综合贸易竞争法》第123条的修正案通过了对《1950年国防生产法》第721条的修改，成立《721条款》或《埃克森－佛罗里奥法案》。该法案授权总统可对发生实体控制的兼并、收购、接管等会影响国家安全的行为进行审查，并由CFIUS执行对这些交易的审查和调查。其核心内容是授权美国总统可以采取任何适当的措施，中止或禁止任何被认为威胁美国国家安全的外国收购、并购或接管从事州际贸易的美国公司的行为。但总统在行使该权力时，应当有令人信服的证据证明外国并购者的控制可能导致其采取威胁美国国家安全的行动，且除IEEPA以外的其他法律规定无法为国家安全提供充分和适当的保护。它具体规定了美国外国投资委员会与总统在判断外资并购美国企业是否影响国家安全应考虑的五个因素：国内生产需要满足将来国防需求；国内产业用以满足国防需求的能力，包括人力资源、产品、技术、材料及其他供给和服务；外国公民对国内产业和商业活动的控制及其对满足国防需求能力所带来的影响；向支持恐怖主义或者扩散导弹技术或化学与生物武器的国家销售军用物资、设备或技术的潜在影响；交易对美国技术领导地位潜在的影响危及美国国家安全。

从《埃克森－佛罗里奥法案》的主要内容来看，美国外资并购安全审查制度的核心内容是确保国防安全，并未考虑经济安全。换言之，任何威胁美国国防安全的外资并购都必须接受美国外国投资委员会的安全审查。这样理解国家安全的概念也符合美国以前的外资并购安全审查实践。

《埃克森－佛罗里奥法案》通过后，像中国这样的国有企业并购美国企业的数量开始增加，在美国国会与民众中引起轩然大波，人们又开始担心这些以国家为背景的企业并购美国企业会威胁美国的国家安全，要求修改《埃克森－佛罗里奥修正案》以适应新的外资并购形势的需要。1992年国会通过了《1993年财年度国防授权法第837(a)条》，即《伯德修正案》(*the*“*ByrdAmendment*”)。该修正案修正了《埃克森－弗罗里奥法案》，增加了两条新的内容，即对以下两种情况实施调查：“如果收购方是由外国政府控制或者代表外国政府”与“收购可能导致在美国从事州际贸易的人受到控制并可能影响美国国家安全”。从中可以清楚地看出，新增加的规定主要是防止具有外国政府背景的企业并购美国基础企业或敏感企业以致影响美国安全，这样就给像我国这样的以国家控制、控股，甚至参股的企业并购美国企业设置了障碍。

《伯德修正案》虽然没有改变美国外资并购审查制度的安全观，但将任何具

有国家背景的企业并购美国企业列入国家安全审查的范围。其实质是,美国政府企图通过立法,最大限度地阻止中国国有企业并购美国企业。因为,中国是目前世界上最大的社会主义国家,国有企业或国家控股与控制的企业在中国占主导地位。因此可以说,这时的美国外资并购安全审查制度带有更多的政治色彩。

随后,美国政府开始将经济安全也纳入国家安全体系。美国政府在20世纪80年代末就已经注意到,国家安全不仅仅是指国防安全,还应该包括经济安全,但正式将“经济安全”写入美国官方文件的是克林顿1994年7月21日签发的《国家安全战略报告》。该报告将强大的经济实力、国防力量、全球的自由市场经济及民主人权列为美国外交政策的三大支柱。1996年2月白宫发表的《国家安全战略保证与扩大》再次将“促进美国经济复苏”作为三大战略目标之一。1997年5月的《新世纪国家安全战略》明确指出,“通过有效的外交手段与战之能胜的军队加强我们的安全;促进美国经济繁荣;促进海外民主。”1999年12月美国政府再次发表了《新世纪国家安全战略》的报告,重申:“加强美国安全;促进经济繁荣;促进海外民主与人权”。《2003年国防产品再授权法》从法律上确定,“国家安全包括但不限于经济安全,国家公众健康或安全”。可见在2007年《外国投资与国家安全审查法》公布之前,美国的国家安全观已经从注重国防安全转变为国防安全与经济安全并重的安全观。近20多年来,以产业竞争为中心的各国综合国力的较量越来越激烈,经济全球化的负面影响开始显现,南北矛盾日益加重,一国经济安全,特别是产业安全已成为世界各国国家安全的关注焦点。美国国家安全观的转变,既符合美国自身的利益,也适应经济全球化的要求。

进入21世纪,美国《2007年外国投资与国家安全法》及其实施细则征求意见稿确立了国防安全在美国外资并购审查制度中的优先位置。进入新世纪以来,美国政府以加强国家安全为由否决了多起外国投资者并购美国企业的重大案件。加强国家安全审查不仅意味着外国投资者并购美国企业的成本加大,也可能导致对非美国企业与投资者的歧视待遇,挫伤外国投资者的积极性,同时也有可能招致外国政府采取相同的“报复性措施”。另外,尽管美国政府已经加强了安全审查,但国会与民众仍对小布什政府在外资并购安全方面存在的漏洞表示不满,认为外国投资委员会在实施安全审查时缺少透明度,没有处理好国家安全与吸引外资的关系等,要求改革外国投资委员会,制定新的法律,弥补《埃克森－佛罗里奥法案》与《伯德修正案》之不足。在这种情况下,美国总统于2007年7月26日签署了2007年《外国投资与国家安全审查法》。

为了落实这部法律,消除外国投资者对美国并购投资的疑虑,明确告诉外国投资者,美国的投资大门一直向外国投资者敞开着,2008年4月23日美国财政

部在《联邦纪事》公布了《关于外国法人收购、兼并和接管的条例建议稿》，不仅向美国公民与公司，而且也向包括中国在内的有关国家的公司征求意见。《建议稿》是对 1991 年《关于外国法人收购、兼并和接管的条例》的修订，是 2007 年《外国投资与国家安全审查法》的实施细则，对外资并购安全审查范围做了进一步修正。这样，美国外国投资委员会在外资并购安全审查方面仍然拥有很大的自由裁量权，使其能够正确处理吸引外资与国家安全之间的关系，做到既要让外国投资者对美国投资有信心，不影响吸引外资，也要求外资不得损害美国国家安全利益。

美国跨国国家安全审查制度的程序设计是伴随着该制度立法的更新而不断得以完善的。该制度的存在表明美国重视外资引进的安全管理问题，国家以行政之手对于国际经济往来进行适当的干预，其本质就是保证国家经济的安全与健康发展。法令的更新、程序的完善具体表现出以下四大功能和作用：

一是保障了外国投资者合理的知情权。当外国投资者进入美国境内从事一项具体的跨国并购交易时，外国投资者必定要预估此次交易的风险和利润，如果该项交易很可能落入美国安全审查的管辖范围，该外国投资者的交易风险相应也就提高了，可是这种审查概率的判断必须要有依据可查，因此美国将该制度的法令、程序加以透明化，可以使得外国投资者更好地了解何种交易可能受到审查、可能要求与政府达成减轻协议或者可能被禁止。

二是保证了外资引进的国家安全无虞。一国的国家安全历来受到重视，这是民生之本，发展之源，各国都会运用法律手段、产业政策加以调剂。美国根据自身发展的需要，针对跨国并购可能引发的国家安全问题，制定相应的法律法规，设立相应的管理部门，合理有效地规避了外资引进过程中带来的国家安全风险。

三是化解了美国投资者遭遇外国安全审查制度的风险。美国作为早期对外投资的国家之一，特别是对发展中国家进行大量的跨国并购，但是随着世界范围内大部分国家建立起自身的国家安全审查制度，美国的并购企业也会遭致外国的安全审查，因此，美国自身制度的研究和发展也能够帮助美国企业了解最新动向，事前做好预估和评断，化解了海外投资的风险。

四是为世界各国提供了跨国并购国家安全审查制度的蓝本。美国作为跨国并购国家安全审查制度的创立者，美国的《埃克森－佛罗里奥法案》等一系列修订细则一直成为德国、日本、澳大利亚、加拿大的效仿对象。其中德国的跨国并购国家安全审查制度堪称美国的精简版，形成了以 2009 年生效的《对外贸易和支付法》为核心的一整套法律体系，对审查对象和审查标准、审查程序进行了具体的规定。

(四)结语

日本富士通对美国 Fairchild 的收购案使得美国外资并购国家安全审查制度得以真正确立。美国的外资并购国家安全审查制度有深厚的经济渊源和现实渊源,为世界各国提供了跨国并购国家安全审查制度的蓝本与变革思路。借此希望中国在外资并购中的国家安全等问题上健全相关制度,更好地维护国家安全。

三、美国在华为收购 3Com 公司中的监管实践

(一)贝恩资本联手华为收购 3Com 公司案背景

1. 收购相关当事方

贝恩资本(Bain Capital)以提供附加收购服务和私人股权投资为主要业务,具有国际性私人股权投资基金的性质,管理资金超过 500 亿美元,其中涉及私人股权、风险投资资金、上市股权对冲基金和杠杆债务资产管理业务,并长期致力于科技业务投资。

华为技术有限公司(简称华为)作为成功进入全球电信市场的高科技民营企业,通过通信网络技术的研发、生产和销售,为各电信运营商提供固定网、光网络和增值业务领域的网络解决方案。

3Com 公司名称取自电脑(Computer)、通信(Communication)与相容性(Compatibility),是一个全球的企业和小型企业联网解决方案供应商,不仅供应各种集成语音设备和安全产品,同时也为各种规模的企业提供网络解决方案。虽然如今的 3Com 公司只是一家小型企业,但其含有一项入侵检测技术 TippingPoint,不仅可以检测传输数据的合法性,还可以抵御黑客的入侵,据此,美国的许多政府机构都是 3Com 的主要客户。

2. 收购背景

3Com 作为现代网络通信技术的始祖之一,曾经拥有过销售额全球第二(仅次于思科 Cisco)、自身市值一度超过 400 亿美元的辉煌业绩。然而,公司管理层的商业决策失误使其市值下降到 22 亿美元。贝恩资本联手华为收购 3Com 是看好其旗下杭州华三通信技术有限公司(H3C)在企业网络数据通信市场的发展前景,以及华为在 H3C 未来发展中对其的商业支持。H3C 的员工占到了 3Com 员工总数的 80%,是 3Com 唯一的盈利部门。因此,H3C 作为 3Com 的核心资产,关系到 3Com 的生死。然而,3Com 在获得了对 H3C 的全额控股后,经营更加困难,原因在于 H3C 大部分关键业务掌握在华为转来的管理团队手里,而且华为占到 3Com 30% 的销售额,是其最大的客户。

(二)并购分析

1. 并购动机分析

(1)进入新市场

华为所处的通信行业属于投资类市场,2006 年华为销售额增至 656 亿元,其中来自海外的销售额占全部销售额的 44%,2007 年该比例超过 70%,特别是 2007 年上半年欧洲市场合同销售额的增长速度超过了 150%,但在美国市场的销售额却仍然没有太大的进展。另外,由于近年来美国的电信运营商之间发生了大规模的并购,使得其对电信设备的采购量进一步缩小,国外的电信设备商很难进入这个市场。所以,从短期来看,华为参与收购 3Com 公司的动机不是指望以此能够给公司带来多少回报,而是通过美国 3Com 公司从战略上进入美国市场。

(2)调整发展结构

企业级应用市场是电信企业潜在的、比较重要的收入来源,而收购 3Com 正可以弥补华为在企业网这个市场细分上的缺失,符合公司战略调整的需要。

(3)获得新的销售渠道,提高市场占有率

3Com 拥有的现代网络通信技术的销售渠道和大型客户正是华为进入美国市场、快速提高市场占有率的突破口。虽然是贝恩资本联合华为收购 3Com 公司,华为也并非此次并购的主动方,但一旦并购成功,华为将成为最大的受益者:用较少的资金实现对 H3C 业务的再次整合,完善和补充自己的产品线,借助 3Com 公司的全球渠道为华为重新进入北美市场铺路。

2. 华为并购 3Com 案的基本情况

2007 年 9 月 28 日,华为与美国私募股权投资基金贝恩资本宣布双方合组公司,并斥资 22 亿美元共同收购曾经显赫一时的美国网络设备公司 3Com。按照收购要约,华为将以 44% 的溢价持有 3Com 公司16.5% 的股权。此次收购的核心资产 H3C 是 2003 年 11 月由华为和 3Com 公司共同建立的合资企业,当时 3Com 投资1.65亿美元占有 49% 的股份,华为以技术入股占 51% 的股份。2005 年华为将所持 H3C 2% 的股权出售给 3Com 公司,2006 年 11 月又将剩余 49% 的股权以 8.8亿美元出售给 3Com,从而实现了聚焦核心业务、收缩战线的目的,同时获得了 10 亿美元的商业回报。贝恩资本看好 H3C 在企业网数据通信市场的发展前景以及在未来华为能给予 H3C 的商业支持,2007 年年初邀请华为作为少数股东参与收购 3Com 公司。最终此项收购计划未能获得美国外国投资委员会的审查批准,华为与私人资本公司贝恩资本宣布撤销联合收购 3Com 的提议。

3. 美国在此次并购案的国家安全审查

美国政府担心华为参与对 3Com 的并购会导致其敏感的通信网络被国外政

府所控制。3Com 作为美国国防部网络入侵防范技术的服务提供商,其担心华为的参与会使中国政府有机会控制其敏感的通信网络,威胁到美国的国家安全。实际上,贝恩资本此次收购的核心目标并不是争议焦点的 Tipping Point,而是利用华为 VRP 技术平台为基础发展起来的 H3C。因此,此次收购贝恩资本才坚持要与华为联手。而对于 H3C 来说,华为是净的技术输入者,不是引入者。然而在 CFIUS 对收购 3Com 的交易进行为期 30 天的调查时,美国众议院情报委员会首席委员彼得·霍克斯特拉和军备委员会首席委员邓肯·亨特写信给财政部长鲍尔森,要求美国政府的 CFIUS 对此次交易进行安全审查。为了顺利完成并购,贝恩资本在 2007 年 12 月初即向 CFIUS 主动提交了收购 3Com 的计划,并在提交申请文件中明确表明:在此次并购案中,华为不能获得 3Com 的经营管理权,也不会因此获得美国政府订单或泄漏美国敏感信息,因此贝恩资本联手华为收购美国 3Com 不会威胁美国的国家安全。但是,美国国家情报局局长给委员会提交了一份威胁评估报告,并在报告中称贝恩资本和华为联手收购 3Com 会对美国国家安全产生威胁。美国工商委员会国家安全项目资深研究员威廉·霍金斯也表示,国际贸易不是单纯的贸易问题,中国企业的投资问题更加复杂。华为尽管是私人企业,但是它具有军方背景,并且受到政府的大量补贴和资助,与中国政府有千丝万缕的关系,因此,对于此次并购案件,必须慎重考虑其中的国家安全问题。要求美国政府阻止华为参与收购 3Com 股权的呼声不断,因此 CFIUS 也不得不把通常的 30 天审查期依法延长 45 天,以便有充裕的时间决定是批准、限制还是阻止此项收购案。2008 年 2 月 20 日,美国投资公司贝恩资本在没有获得 CFIUS 批准的情况下,宣布撤回其之前向 CFIUS 提交的交易审查申请。此后,贝恩资本虽然再次与 3Com 进行了数轮谈判和协商,但最终未能就修改后的收购方案达成一致,而于 2008 年 3 月 21 日宣布终止其与 3Com 签署的收购协议。

4. 华为并购 3Com 失败与美国政府监管因素

“危害美国政府信息安全”是并购失败的首要原因。3Com 公司是美国国防部主要电脑网络设备供应商之一,其关键部门 TippingPoint 的电脑安全产品广泛应用于五角大楼和其他军事部门的网络系统。而华为的创始人兼总裁任正非曾在中国人民解放军服役,而且华为也曾在伊拉克、阿富汗等地开展业务,所以,2007 年 10 月,8 名美国议员提出议案认为,华为可能通过收购 3Com 公司来盗窃美国军事技术。而此时恰逢西方多家主流媒体大肆炒作某五角大楼官员对“中国军方黑客 4 月侵入五角大楼计算机网络”的指责。即使贝恩在 2007 年 10 月 4 日递交给 CFIUS 的申请中强调出售 3Com 公司不会对美国国家安全构成威胁,但最终也未打消掉 CFIUS 的疑虑。可以看出,交易受挫正是美国对中国企业收购美国敏感行业资产意图的明确回绝。

华为公司透明度低是并购失败的主要原因。作为一家完全独立的民营公司，华为长期采取刻意低调、回避媒体的做法，很少透露其公司的国内及国外业务信息，拒绝公布详细的股东结构，只称股份完全由职员持有。因此，当遭遇类似“国家安全”大棒时，华为缺乏诸如评级机构等给出的具有公信力的判词。

华为在美国市场中的强悍形象和一系列事件造成的负面影响也是其并购失败的原因之一。2002 年，华为在美国的一些主流和专业媒体上刊登了极具攻击性的广告——“他们唯一的不同是价格”，图案背景是旧金山金门大桥。众所周知，思科公司的标志就是金门大桥。有分析家指出，正是华为咄咄逼人的气势才导致了那场沸沸扬扬的国际诉讼。美国的《华盛顿邮报》撰文指出，“我们遗憾地发现，不知道是有意还是无意，华为在海外总是以强势形象进行传播，这让很多国家和企业敬而远之。”

华为16.5% 的持股比例和 44% 的溢价率收购所造成的竞争威胁也是并购不能成功的阻力之一。2006 年年底，3Com 公司全资收购了 H3C，表面上看 H3C 已经脱离华为体系，但实际上却从来没有真正离开过华为。在人事方面，H3C 当时的管理团队和员工很多都来自华为，关键业务也全部控制在华为转来的管理团队手中。在业务方面，华为仍然是 H3C 的最大客户，占 3Com 公司全部销售额的 30% 左右。在文化方面，H3C 和华为也是一脉相承的，很多 H3C 员工都有着根深蒂固的华为情结。虽然在并购后华为仅持有 3Com 公司16.5% 的股份，并有权在未来增持 5% 的股份，但因为涉及技术这一敏感性投资以及高达 44% 的溢价率，使得其未来在 H3C 和 3Com 公司的实际影响力将不止于股权比例关系，由此造成的竞争威胁加大了美国监管部门的顾虑。

（三）小结

美国拥有的良好商业投资环境，吸引了各国投资者的眼光，当然中国企业也不例外。金融危机爆发以后，中国企业并购美国企业从而进入美国市场的意愿越发明显，并展开了一系列的赴美并购活动。中国企业赴美并购活动跨越了国界，面临着美国政治风险、经济风险、法律风险的多重考验，同时法律制度的差异以及对美国外资并购法律法规的不熟悉都大大增加了中国企业赴美并购活动的风险。这项被美国商界看好的商业并购计划和中国私营企业有史以来参与的最大一宗海外收购案虽然以失败而告终，但其背后的原因却值得思考。

四、美国在华为收购 3Leaf System 公司中的监管实践

（一）收购相关当事方情况及收购背景

华为技术有限公司在前文已介绍，此处不再赘述。

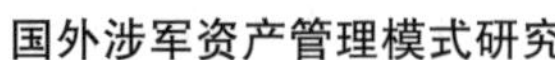

三叶公司(3Leaf Systems)是一家坐落于美国旧金山的服务器技术企业,其前身3Leaf Networks成立于2004年6月,在2007年时更名为3Leaf Systems(以下简称3Leaf),该公司主要为企业数据中心提供服务器虚拟化解决方案,其虚拟化架构能使服务器性能提升。公司主打产品是一款基于V-8000 Virtual输入/输出(I/O)服务器的计算机应用软件(当前热门的计算机尖端技术-云计算)。这款应用软件完全支持网络多路连接、端口连接和中断,可以解决企业在增加更多虚拟服务器时遇到的I/O瓶颈问题。该公司从英特尔以及艾萨华(LSI Corporation)等投资者中获得6700万美元收入。但在2010年初内部经营不善且几次融资失败以后,3Leaf最终决定出售公司。

收购背景。对于海外市场的投资方式,罗兰贝格提到中国资源有限,而海外并购是快速切入国际市场的有效策略。2011年华为在其主页上提出了公司"建设20个云计算数据中心"的业务要求。由于面临破产的3Leaf企业拥有了其想要的云计算技术,主要中心也在海外市场,为了进一步扩张其海外业务,华为于是在2010年5月宣布以200万美元收购服务器技术公司3Leaf。在这起交易中,华为聘请3Leaf公司50名员工中的16名,收购原属于3Leaf的数项专利,并购买了这家公司的服务器。该公司所拥有的技术可以让不同电脑群组一起运作,提供更强的计算功能。

(二)美国在此次并购案的国家安全审查

此次华为收购3Leaf遭遇的安全审查大致情况为:

①2010年5月,华为宣布以200万美元收购已宣布破产的美国旧金山三叶公司的部分专利。华为和3Leaf的前高管都表示此项收购只涉及知识产权购买和员工聘请,3Leaf并未被华为直接收购。3Leaf的资产及服务器由债权人所有。因此认为这一收购不需要CFIUS审查,而CFIUS只会对可能牵涉美国国家安全的收购案进行审查。

②2010年9月17日,华为主动就收购涉及的技术出口问题向美国商务部申请许可,并获得美国商务部"无须许可"的批示。

③美国国防部官员在交易结束后发现了此事,他们不同意该交易,并要求华为向CFIUS回溯性说明这宗交易。在2010年11月,华为向CFIUS递交了申请,主动请求对此交易进行审查并愿意给予全力配合。该审查共分两个阶段。首先,CFIUS要确定华为收购3Leaf的交易是否属于其管辖范围,对此,委员会专家组已做出肯定的判断。对美国政府关于华为进入美国电信市场后带来的所谓国家安全隐患的担心,华为也同时做出回应,邀请美国当局对华为展开正式调查。由此开始了第二阶段,即进入为期45天的审查期,审查是否允许该交易的发生。

在此期间，曾有5位美国国会议员致信财政部长盖特纳和商务部长骆家辉（财政部和商务部均在CFIUS内拥有席位），称华为给美国国家安全带来了风险，这家电信设备生产商收购美国技术的尝试应当接受严密审查。信件说，对3Leaf的收购似乎肯定会导致美国先进计算技术经由华为转移到中国。

④2011年2月11日，华为接到了CFIUS的通知，其以“国家安全”为借口，建议“撤销对3Leaf的交易”。

⑤2011年2月14日，华为指出这些指控毫无根据并对此回应称，将拒绝接受这一建议。华为方面称将等待走完所有程序，直到产生明确的结论，无论结果最终是否有利于华为，并借此机会请求美国政府全面调查华为。

⑥2011年2月20日，在美国方面巨大的压力之下，华为最终不得不选择了放弃，并在美国发布声明表示服从CFIUS的建议，撤销对3Leaf某些特定资产的收购申请。华为方面称这是一个艰难的决定，公司无意使这一收购交易产生这样重大的影响和关注。这份声明的发布，意味着华为再次进军北美市场以失败告终。

⑦2011年2月25日，在撤回对美国3Leaf公司的收购后，华为副董事长胡厚昆对外发表长达2 000字的公开信，试图澄清外界对其种种政治背景的误解。公开信回应了任正非身世、政府支持、窃取国家机密等市场猜疑，呼吁美国政府对其进行全面调查。这是华为走出海外，尤其是近十年在美国市场屡屡受挫以来，首次正面且公开回应市场对其种种“政治背景”的猜疑。华为在美国市场始终未能取得重大市场份额，很大程度上就是因为无法解除美方的安全担忧。

（三）华为并购3Leaf案中的美国安全审查特点

该并购案是在并购完成后触发国家安全审查，CFIUS劝阻撤回，使得并购公司最终放弃并购，从而导致并购交易彻底失败的并购案例，无论是程序方面，还是实体方面都很典型。

1. 程序方面特点

①国家安全审查启动机制的灵活便捷。本案的并购方华为在并购交易前，未主动向CFIUS提起国家安全审查的申请，而是在CFIUS即将主动启动审查程序时，主动进行补申请。CFIUS接受这种主动补申请，并开展审查工作。这就说明，美国国家安全审查制度赋予并购公司自由选择是否主动申报的权利，同时，针对这种权利风险提供了灵活主动的审查救济机制，从而体现了美国国家安全审查启动机制灵活便捷的特点。

②触发CFIUS启动审查的因素多元化。本案引起CFIUS的关注源于国会议员以个人身份写信要求CFIUS启动审查程序，这意味着，任何个人、组织如果认

为一项并购交易可能损害或者威胁美国国家安全,均可以向 CFIUS 提出启动国家安全审查的建议和要求。CFIUS 审查启动的多元化因素得到彰显。

③并购公司判断权衡,自主选择。本案中,CFIUS 采取了劝阻措施,即劝告华为放弃并购撤回申请。建议式的劝阻,不是法律上的禁止并购,不具有强制性,体现了该措施的灵活和刚柔并具的特性。而华为在刚接到通知时的拒绝接受劝阻,在美国国家安全审查制度 60 多年的历史中实属首例,凸显审查申请方的自主选择权。最后,在总统未做出最终决定前,华为接受劝阻,放弃并购,更是体现了并购方的判断权衡、自主选择的权利,节约审查程序的同时,也避免了陷入总统最终决定禁止交易的尴尬境地。

2. 实体方面特点

①美国外资安全制度疏而不漏、抓大不放小。此次被并购的美国科技公司 3Leaf 是一家很小且成立时间不长的已经破产的小公司,而且并购价值仅为 200 万美元,标的为该破产公司的专利技术。可以看出 CFIUS 对国家安全因素的审查,与企业大小无关,与价值大小无关,也不论是有形或无形资产,充分体现了美国外资安全法疏而不漏、抓大不放小,彰显了其严肃性和谨慎性。

②美国国家安全审查制度原则性与灵活性并存。美国审查的并购案件大多是外国公司对美国本土公司的并购,而此次并购主体为受美国法律管辖的华为美国公司,这区别于外国公司,而与并购对象的地位是相同的。但 CFIUS 的审查却延伸至并购公司的母公司华为公司。由此,可以得出 CFIUS 的审查具有灵活性,对审查对象可以区别看待,不仅仅限定在并购双方本身,而是进行连带审查。

③安全因素的不确定性。从华为公开信的内容以及媒体评论,我们可以揣测出本案涉及的国家安全因素为“军事关系”“政府背景关系”“知识产权问题”。一方面,这再次印证了“军事”和“国家”等敏感因素一直是美国国家安全审查的重点,无论这些因素的形成是直接还是间接,或者是否牵强。另一方面,该案也开创了“知识产权问题”作为被劝阻和被禁止理由的先例,安全因素的不确定性也再次凸显。

3. 华为并购 3Leaf 失败与美国监管因素

这是华为公司第二次并购美国公司以失败告终。华为收购 3Leaf 程序在法律上虽然是合规,但由于政治气候没有改善,导致并购失败。

①缺乏与美国联邦和州级政策制定者之间的沟通。由于美国政策制定者对华为公司缺乏了解,而华为对利益相关方的游说不足,没有向利益相关方提供足够的信息,导致其在美国商业议题的公共辩论中处于下风。据华盛顿阳光基金会的数据,2010 年中国公司用于美国联邦游说的资金仅有42.5万美元。

②缺少对美国媒体和公众的宣传。一直以来,华为很少在美国电视、平媒或

论坛上跟公众打交道,很少对媒体和公众提供公司良好形象信息,因而被美国政府“先入为主”,甚至美国参议员韦伯、凯尔和其他议员说称“华为是中共底下专门窃取美国机密的危险机构”,将华为并购定性为“影响国家安全”,对并购产生严重影响。

③CFIUS 的阻挠。CFIUS 负责审议涉及国家安全的外国公司收购案,但它通常都是在交易达成之前审议。华为并没有事先寻求其批准,这缘于华为认为其收购的不是整个公司,因此不需要报批。五角大楼发现这一交易之后,采取不寻常步骤,对该收购提出追溯性报批。因为美国的经济发展依赖于高科技产业,其不想中国在其高端产业链中占得席位而导致日后与其形成竞争,所以以“国家安全”为由阻挠和干扰华为的并购,并成功“建议”华为放弃此项收购。在 CFIUS 对此历经为期 75 天的审查后,华为收购 3Leaf 的一些专利和聘请 3Leaf 部分员工的计划以失败而告终。

第八章 国外涉军资产安全监管比较分析及对我国的启示

第一节　国外涉军资产监管模式的比较分析

一、涉军资产监管的政治、经济背景

涉军资产监管的政治、经济背景是产生涉军资产安全监管问题的外部因素。各国对于涉军资产监管的领域和手段的差异,也主要归于涉军资产监管的政治、经济背景的不同。例如,美国的涉军资产监管问题主要基于三个现实:①国防工业基础的缩减导致涉军资产形成和分布的变化;②骨干涉军企业涉军资产市场化、证券化程度高;③部分国有涉军资产委托民间机构运营。英国涉军资产监管问题主要由于大规模的私有化造成的国家对涉军资产控股比例的下降;法国涉军资产监管问题主要由于盟国对本国涉军资产的收购;俄罗斯涉军资产监管问题主要由于冷战结束后该国国防工业所有制改革引发的国防关键资产和军事技术流失问题。

美、英、法、俄四国涉军资产监管的政治、经济背景一览见表8-1。

表8-1　美、英、法、俄四国涉军资产监管的政治、经济背景一览

国家	涉军资产监管的政治、经济背景
美国	国防工业基础的缩减导致涉军资产形成和分布的变化;骨干涉军企业涉军资产市场化、证券化程度高;部分国有涉军资产委托民间机构运营
英国	国有涉军资产的私有化;外国资本进入国防工业领域
法国	外国资本进入国防工业领域;国防资产和技术的外流风险的不断上升
俄罗斯	国有企业股份制改造的惨痛教训;关键国防资产和技术流失

（一）美国国防工业基础的缩减导致涉军资产形成和分布的变化

美国国防部既是国防投资的主管机构，也是基础研究和技术开发的管理者。国防部可通过多种手段进行调控管理：一是通过立法确立国家在紧急状态下有征调国防资源的权力；二是设立专项资金直接建设国有民营设施；三是与企业共同投资进行基础研究和技术开发研究，掌握最新技术；四是提出各军种装备需求计划，并以合同方式引导企业进行军品开发和生产；五是向愿意开发生产军品的企业提供全方位的优质服务。

由于冷战结束，一方面，以苏联为首的华沙军事集团分崩离析，国防工业跟着衰落；另一方面，北约－华沙长期对抗的突然消失，使得以美国为首的西方军事集团长期建立的军事能力变得过剩了，正在执行或计划中的装备建设项目变得过于庞大了，国防工业自然也就变得臃肿了。在这种背景下，北约各国政府大量削减国防预算，使得国防研发、采办任务大幅度削减，造成了国防工业机构的“粮荒”，不得不寻求出路。为此，美欧各国政府开始鼓励、引导甚至主持本国国防工业机构纵横向并购或转行从事民用产业，导致一批国防工业企业退出国防市场，国防科研生产能力向少数企业集中，国防工业基础缩小。

进入 21 世纪之后，新军事变革思想进入了逐渐成熟的时期，变革思路开始定型。最为典型的是美国，开始有计划、有步骤、有措施地推进面向信息时代的军事转型，将建设网络中心化的联合部队，主宰网络中心化的联合作战，作为军事转型的核心。在这种背景下，系统地规划不同于以往以军种作战需要为考量的作战能力理念，建设不同于以往以平台为中心的装备体系的构想，已经不再落于纸面。以美国的盟友为主，不少国家也开始效仿美国，筹划信息时代作战能力的建设。这就促成它们重新审视自己的国防工业基础和政府政策与未来作战能力的相关性，以及工业能力对计划发展的作战能力的保障性。以此为背景，美欧国家在政府主导或支持下，主要通过市场机制，开始新一轮国防工业的调整改革。调改的目的是形成一个符合信息时代军事能力建设的健康、稳定的新型国防工业体系，从而保障军事能力建设目标的实现和长远可持续发展。

以美国为例，它的军事转型一方面得益于本国拥有在规模和技术水平上举世无双的国防工业基础，另一方面在军事转型过程中，设计了面向未来的新型军事能力体系，要求国防工业基础进行适应性转型，正在对国防工业基础产生着变革性的影响。可以说，美国国防工业基础调整改革是其军事转型策略和行为在工业领域的自然延伸。为了推动军事转型，近几年来美国国防部反复强调“作战能力和作战部队是驱动国防需求和军用产品的最基本元素”“国防部一直依靠工业界的想象力，使作战能力由梦想变成现实”“保持一个健康的工业基础来生产

和保障武器装备”“形成更富有竞争力和创新性的工业基础”,并提出要建立一个“基于作战能力的国防工业基础”,等等。应该说,这些言论表达的并不仅仅是一些理念,而是美国多年国防建设的经验,是现实中新的军事能力发展对国防工业支撑能力的渴望与要求,也揭示出了新军事变革条件下军事能力建设和国防工业发展的深层次关系。

(二)英国从“国有化”到“私有化”的转变

二战以后,英国经济增长缓慢,通货膨胀严重,失业严重,经济效率低下,发展速度远低于其他发达资本主义国家。但是,很快英国的经济便发生了很大的变化。其中,国有化政策起到了举足轻重的作用。工党执政以来领导了两次国有化浪潮,除了经济因素以外,还具有很强的意识形态色彩。工党所崇奉的民主社会主义理论,总是不断地推动着英国国有化政策的实施,使其成为“社会主义试验场”的一部分。20 世纪中期以后,英国的国有企业的性质是共产主义。工党一直宣称自己是“共产主义政党”,其组建的政府要以建立“英国共产主义大庄园”为目标。

工党政府的国有化政策的实质是国家垄断。国有化的实质表现为国家的宏观调控。经济的发展离不开两只手,有形的手和无形的手。仅靠市场的优胜劣汰等手段来发展经济是不现实的,市场调节职能有其缺陷性。国有化政策正是有形之手在发挥作用,国家开始干预经济,并且对其开始调节。

(1)国家提供更多的就业岗位。战后国家开始对各行各业扩招人员来提供就业岗位,范围不断扩大,原来只是文职人员、军人和警察,现在扩展到教师、工人、医生。包括中央政府、地方当局和公营公司在内的公营部门就业人员,1938 年约有 200 万,占全国总就业人数的 10%;1978 年增至738.3万人,占全国就业人数总额的29.6%,其比例之高仅次于奥地利和瑞典,在西方国家居第三位。

(2)国家的直接投资和政策照顾。1938 年国家的直接投资在全国的总投资额所占的比重是 30%,20 世纪 50 年代下半期到 60 年代则平均为43.6%。70 年代因受经济危机和滞胀的影响,国家的投资有所减少,但仍占全国投资额的40.5%。国家投资主要在那些自然垄断性质的基础设备部门,如染料、电力、运输等领域。

(3)加强了货币信贷领域的调节。1946 年,国家通过英格兰银行,加强了货币政策及信贷政策的调整。如规定最低欠款利率、参股控制、金融公司和信贷银行,开始广泛地干预经济领域。

(4)对科技发展的大力支持。国家为科学研究提供大量的资金,为科技发展提供物质条件;对于私营企业不予出资和无力完成的科研项目,国家负责投资及完成。

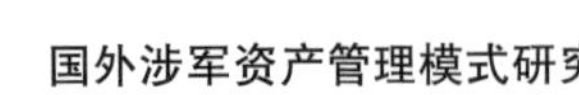

(5)国家在国民收入的分配中作用增强。国家要给国营和私营投资,并维持较高的福利开支、防务和环保等费用。二战后国家的费用在国民生产总值的比例呈上涨趋势:1930 年为 25%、1950 年为 39.1%、1979 年则高达 47%。

到了 20 世纪 70 年代末、80 年代初,国有化带来的种种弊端逐渐显现。私有化成为西方国家、前社会主义国家和某些发展中国家解决国有企业问题的主要手段。在所有进行私有化的国家中,英国的私有化最有影响,进行得也最彻底。私有化在英国没有禁区,甚至作为国家机器的监狱也有四个通过签订合同的形式交给私人来管理。

在经济方面:面对英国经济的停滞和通货膨胀,保守党采取了信奉的货币主义,放弃了凯恩斯主义,也就是让市场这只无形的手发挥其作用,不再采用所谓的需求政策,国家开始有限制地干预经济,企业有了一定的自主性,这为企业根据经营状况制定长期的发展战略和经营策略提供了条件,这样有利于企业之间开展有效的竞争,有利于提高企业的经营效率。在市场经济中,政府的宏观调控作用,应该是让市场没有妨碍地活动,更好地发挥其作用,同时政府的干预应该体现在对市场缺陷所带来损失的补偿上。在撒切尔夫人看来,英国国有化政策的实施没有遵循市场规律,经济政策的制定受到法令的影响,这样使得经济不能健康地发展。

在政治方面:英国国有企业私有化改革在政治方面体现在两个方面。第一,私有化政策与削弱工会的政策紧密相联。在英国,工会成员的大部分来自国有企业,并且最大的几个工会还是在国有垄断行业,工会专注解决劳资矛盾,领导了多起有影响的罢工,并且后来开始影响政府各项政策的推行。工会问题已经成为英国政治上棘手的问题。工会通过罢工等手段,要求提高工人工资待遇,这样生产成本就提高了,生产率则没有提高。国家扩大了开支,加剧了通货膨胀,加剧了“英国病”,所以撒切尔夫人认为英国经济的衰退与工会有着直接的关系,工会是其实行国有企业私有化的最大障碍,实行私有化必须从以下两方面削弱工会的权利:一方面,是对大型国有垄断企业实行私有化,也就是削弱几个最大的工会主体;另一方面,通过颁布法律限制工会的权利,明确地规定企业的纪律。

正是基于上述考虑,撒切尔政府上台后,开始对国有经济和国有企业进行大规模的私有化的改革,这其中就包括英国很多国有军工企业和政府所有的科研院所。撒切尔政府推行私有化的主要政策包括:出让国有企业股权,引进私人资本和由私人承包部分业务,推行公民股份所有权和雇员股份所有权,以及对依然留在国营部门的国有企业的改进管理。由此引发的国有涉军资产所有制的变化是当前英国涉军资产监管问题的主要政治经济背景。

（三）法国涉军资产和技术的外流风险不断上升

2000 年以后，法国政府对涉军资产和技术的外流越来越敏感，尤其十分警惕其关键的军事和安全技术落入别国之手。2005 年，法国在“防止关键涉军资产和技术外流”两方面都采取了积极措施：2005 年 8 月 31 日，法国政府宣布，已经确立 10 个关键业务领域，今后法国政府将阻止这 10 个领域的本土公司被外国投资者收购，以避免法国关键涉军资产和技术被外方掌控。这 10 个领域大部分都与国防或安全资产和技术相关。法国政府出台的法令也将很好地保护核生化武器领域，加密软件领域、通信领域、军民两用技术领域和信息安全技术安全系统领域的法国本土生产商。

2006 财年，法国又将金股制度和“毒丸计划”纳入预算法案，以保持国家对军工企业重大决策（特别是国外公司并购其股份）的最后发言权。“毒丸计划”是金股制度的有效补充，也被称之为“股东购股权计划”，即在公司面临被收购危险时，通过股本结构重组降低潜在收购方的持股比例或表决权比例，或通过增加收购成本以降低公司对潜在收购方的吸引力，最终达到反收购的效果。

（四）俄罗斯国有企业股份制改造的惨痛教训

俄罗斯从 1992 年开始向市场经济过渡，其经济转轨的一个重要内容是对国有企业进行改革。1996 年底，俄罗斯对12.46万个国有企业（占国有企业总数的 60%）进行了产权重组。目前在资产总量和国内生产总值中，国有占比均远大于非国有占比。

然而，由于改革之初的俄联邦政府没有能力对国防资产进行切实有效的运营管理，导致俄国国防工业经过股份制改革之后，不仅没有获得效益的提升，而且生产水平大幅下降。更严重的是，在进行股份制改革的过程中，由于没能建立配套的监管机制，大量俄罗斯国防工业企业被外国企业收购，给俄罗斯国防尖端技术带来了严重的泄密风险。

二、涉军资产监管理念比较

（一）国家控制涉军核心能力的监管理念

英、美两国进行涉军资产监管其实质是更好地实现军工核心能力的国家控制。对于英国而言，剥离核心、敏感国有涉军资产，然后上市，并利用金股保留国家对上市公司的控制权；对于美国而言，核心军工能力分布在很多私营上市公司中，国有涉军资产可以委托包括上市公司在内的第三方管理运营，对上市公司的

控制重在防止兼并重组削弱竞争、防止外资获取控制权,其实质都是为了国家控制涉军核心能力。

(二)国防安全优于经济效率的监管理念

这一点从美国、英国、法国甚至俄罗斯对待国防工业并购重组的做法上充分体现出来。一般情况下,这些国家都会根据《反托拉斯法》的要求对损害行业竞争和市场效率的并购活动予以制止,但是在国防工业领域,这些国家却往往网开一面。正是由于这种理念和认知,美国形成了洛克希德·马丁、波音、诺斯罗普格鲁曼、通用动力和雷声五大军工巨头,英国形成了 BAE 系统公司一家独大的局面。法国形成了赛峰、泰勒斯以及 DCNS 等军工巨头的垄断。

(三)以管资本为核心的国有涉军资产监管理念

资本与资产有着本质上的区别,资本经营与资产管理也有着本质的区别。资产的管理一般采取实物形式,资产不一定投入生产经营,如国防部、军队的资产,一般就不进行生产活动,即通常所说的非经营性国有资产。只有当资产被投入到生产经营活动之后,才能成为资本。从美国、英国、法国和俄罗斯等国的国有涉军资产监管的实践来看,这些国家现有的监管机构和监管措施主要针对从事武器装备科研生产以及市场化运作的国有涉军资产,其实质是对涉军资本的监管。与此同时,由于大量社会资本进入国防工业,与国有涉军资产一起共同承担武器装备科研生产和为投资者带来回报,以管资本为核心的国有涉军资产监管理念更加突出。

三、涉军资产监管手段比较

通过对美、英、法、俄四国涉军资产安全监管的梳理,可以得出目前国外涉军资产监管的手段主要分为三种:一是法律手段;二是经济手段;三是行政手段。

(一)法律手段

法律手段是涉军资产监管手段中作为基础和核心的途径。美、英、法、俄四国纷纷通过法律的形式确立了涉军资产运营的范围和底线,为涉军资产的运营划定了红线。例如,从反垄断法案来看,完备的法律体系是确保美国资本主义自由竞争制度的基础,任何企业都不例外。自由竞争是资本主义制度的基础,反垄断博弈一直存在于欧美政府和大企业之间。反垄断审查是欧美企业发展中必须要面对的问题,企业发展大到一定程度要分拆,兼并重组首先要过这一关。

美国国会于 1976 年通过了《国际投资调查法》(*International Investment Survey*

Act)，明确赋予总统享有采集和使用投资信息的权力，并可将该项权力授权给其政府部门。1988 年，为了应对外国企业主要是日本企业的大范围收购，美国国会通过了修正《1950 年国防产品法》第 721 条的《埃克森－佛罗里奥法案》，该法成为美国规制外资并购、保护国家安全的基本法。《埃克森－佛罗里奥法案》规定，只要有足够的证据证明外国并购所获利益会危及美国国家安全，总统就有权力暂停或中止。同年，美国总统根据第 12661 号行政命令赋予 CFIUS 执行第 721 条款的责任。由此，CFIUS 已经成为审核外国公司并购美国企业安全审查的最重要关卡。

英国对外国投资可能危害国家安全的交易，由公平贸易办公室和竞争委员会依据 2002 年 11 月颁布、从 2003 年开始实施的《企业法》对其进行安全审查。

法国没有统一的外资法，也没有专门的外资并购国家安全审查的立法，而是通过法国《货币与金融法典》L. 151－3 条的规定和第 2005－1739 条法令进行涉及国家安全的外资审查。

俄罗斯有独立的外国投资法律体系，对外国投资予以监管的历史可以追溯至苏联解体之初。俄罗斯于 1991 年颁布了《俄罗斯联邦外国投资法》，并于 1997 年修订了该法规，进一步明确了合资企业的法律地位及其相应的权利和义务。1999 年 7 月 9 日，俄罗斯出台了新的外资法，即联邦法律第 160－FZ 号《俄罗斯联邦外商投资法》，在税收方面对外资企业实行与内资企业同等待遇的管理。除了外资法之外，外商在俄投资也适用于其他相关领域法律。联邦法律第 209－FZ 号法令《俄罗斯联邦中小企业法》，于 2007 年 7 月 24 日颁布，2008 年 1 月 1 日生效。该法令限制了外资比例，外资份额在中小企业不得超过所在企业注册资本的 25%。

（二）行政手段

行政手段是国有涉军资产监管最主要的途径。美国政府从资本性经营的理念出发，对大部分经营性国有（涉军）资产的管理采取了租赁制经营和系统承包制的经营方式。

法国绝大部分国有涉军资产都是由法国政府间接经营，即政府通过一定的程序选择经营者对国有涉军资产进行经营，并授予一定的资产处置和收益权，法国政府并不直接参与或干预国有涉军资产的日常经营活动，只对其经营过程进行监督。法国国有涉军资产的经营方式主要包括股份制和计划合同制两种。

（三）经济手段

经济手段是对股份制企业中拥有的涉军资产进行监管的最重要的手段。例

如,美国国防部虽然权力很大,但是它不能干涉企业的产权制度。因而必须通过非行政的市场手段,对股份制企业中拥有的涉军资产进行监管。市场手段作为重要的监管工具就是金股和“采购政策”。其中,美国多以“采购政策”间接达到监管涉军资产的功能,而英国、俄罗斯等则多用金股对股份制企业中拥有的涉军资产进行监管。

英国国防部通过金股对上市公司进行监管。

法国通过在国家关键的涉军公司的持股或控股,是政府控制和管理国防工业的有效途径,同时也是保持国防工业为满足国家安全需求而进行能力建设的有效保障。

俄新私有化法规定,政府可以对国家不掌握股份的重要企业实行国家参与管理特别权利(黄金股)的措施。

第二节　对我国开展相关工作的启示及建议

一、对我国涉军资产运营管理和安全监管的启示

(一)建立国家层面跨部门管理机构,强化管理机构的权限和职责

美国自冷战时期以来,在大力发展本国国防技术的同时十分注重对涉军资产和技术的保护,特别是“9·11”恐怖事件以来,阿富汗战争和伊拉克战争相继爆发,使得美国在军工公司的兼并和技术转让方面更是如履薄冰、慎之又慎,唯恐其涉军资产和高新技术流失,对其国家安全构成威胁。1975 年成立的跨政府部门机构——CFIUS 是美国对外国投资美国企业实施管理的最高权力部门,主要负责监控外国投资的影响,协调美国对外国投资的政策,以及审查对于美国国家安全有较大关联的交易。随着军工经济全球化和国际技术合作的日趋活跃,CFIUS 不断增加重量级人物作为委员,并授权其对涉军资产进行管理和控制,功能不断得到加强。1993 年,该机构增加了美国国家科技政策办公室主任、总统国家安全助理和总统经济政策助理等重要人物。“9·11”恐怖袭击后,美国成立国土安全部,该部部长也成为 CFIUS 成员,从而使该委员会所承担的国家安全职责更加明确。

从近年美国审查和阻止外国投资并购美国公司的实际情况看,审查的重点是外国投资者是否会获得美国企业的控制权和控制能力,及其对美国国家安全的风险评估。2003 年,美国环球电讯公司经营困难宣布破产,香港和记黄埔公司

和新加坡 STT 通过拍卖共同获得重组后新公司 65% 的股份。但是,CFIUS 成员国防部长和联邦调查局局长极力反对这一并购,称香港和记黄埔公司的并购将有可能使中国控制美国政府所使用的环球电讯公司长达 9.9 万英里的光纤电缆,从而对美国的国家安全构成威胁。最终香港和记黄埔公司被迫退出对环球电讯公司的并购计划。

(二)通过对国防公司股权的控制,防止国防资产和技术的外流

按照欧盟条约规定,对国家安全具有重要影响作用的战略性企业,各国政府可以持有股份或阻止外国投资者对本国公司的收购。据此,欧洲各国采用控制国防公司股份的方式来保护涉军资产。如英国奎奈蒂克集团公司 2001 年 7 月从英国国防部原评估与研究局分离后,国防部仍控制该集团公司大部分股份。到 2005 年 5 月,国防部在该集团公司的股份为 57%(其余 30% 为私营公司股份,13% 为职工个人股份)。按照英国政府制订的计划,国防部将继续出售公司的股份,使其逐渐成为一家私有研究企业,但奎奈蒂克公司的业务大量涉及国防和安全技术领域。2005 年 9 月,针对奎奈蒂克公司即将在伦敦证券交易所上市的情况,英国国防部明确宣布新的政策,决定通过在该集团公司持特殊股(也称金股)的方式对公司重大决策长期保留最后决定权——特殊股的保留使奎奈蒂克集团公司及其下属子公司都不脱离国防部的控制,从而也确保了该集团公司关键涉军与安全技术不外流。

(三)涉军资产的高度证券化可以有效提高国防工业的产业集中度,增强军工企业竞争力

通过涉军资产的证券化,能够使涉军资产的重新配置和重组更加便利,成本也更低,也使得美国军工产业的产业集中度不断提高,在军品订货减少、国际军贸市场竞争异常激烈的情况下,美国军工产业依然能保持较好增长。通过涉军资产证券化,进一步推动军工产业集团化,对涉军资产优化配置。军工产业集中度的迅速提高,不仅缓解了军工产能的过剩,而且还提高了军工企业的规模化效益、专业化水平和国际竞争力。大型军工集团以上市公司为平台,以其资金优势、技术优势、机制优势,积极推动军用与民用领域技术的双向转移,即“军转民”和“民转军”,以加快科技进步在军事领域的应用,降低获得前沿技术的成本,缩短武器装备的研制周期,促进军用和民用工业的一体化发展,增强军工企业竞争力。

(四)通过多部门监管维护资本市场中非国有控股的涉军资产的安全

美国的骨干国防工业企业的股权结构中,养老基金、人寿保险、互助基金、大

学基金等机构投资者以及约60%的公民直接或间接地持有公司的股票。由于股权极为分散,除极少数公司外,一个股东持有一个公司10%的股份就可成为大股东,股权分散可以保证公司证券的流动性较强,保证涉军资产的变现能力。同时,美国对军工上市公司监管是在证券市场监管体系的大框架之下进行的。针对军工企业的特殊性,美国国防部作为涉军资产运营管理和上市活动的主要监管部门,在军工上市公司日常监管、国有涉军资产日常监管、国有涉军资产股份制改革等方面进行了严格监管。美国能源部、国家航空航天局等部门负责监管核、航天航空等涉军资产的监管。如美国证券交易管理委员会、国防部等部门在信息披露、兼并重组等方面制定了有别于一般上市公司的法律法规及相应程序。另外,军工上市公司并购必须先经过美国国防部的批准,然后再经联邦贸易委员会、司法部等部门批准,涉及到外资并购国内军工企业,还要经过CFIUS的批准。在对军工上市公司信息披露等监管,美国没有针对军工上市公司专门出台法律法规,而是将这些监管纳入到证券市场监管体系大框架之下。美国证券市场信息披露的制度规范主要分以下三个层次:第一层次为美国国会颁布的有关法律;第二层次是美国SEC制定的关于证券市场信息披露的各种规则或规定;第三层次为NASD、NASDAQ等交易所或行业协会等制定的有关市场规则。

(五)涉军资产监管立法应与国防知识产权保护相结合

涉军资产保护中的一个重要问题是国防核心技术的保护,而对技术保护最有力的武器就是知识产权保护。因此,我们应该很好地利用知识产权保护这一法宝,对我国的国防核心技术和国防工业的核心能力进行控制和保护。美国在这方面的做法尤其值得我们借鉴。当某一美国公司准备被外国企业收购时,其首先会对本企业所拥有的核心技术进行全面审查,然后根据需要对这些核心技术申请专利以获得知识产权保护。这样,当该企业被外国投资者收购后,其关键国防技术和技术诀窍仍然牢牢掌控在美国人手中,有效地防止了国防核心技术的外流。

二、加强我国涉军资产运营管理和安全监管的政策建议

(一)构建四位一体的涉军资产投资体系

逐步建立和完善由国家财政资金、社会资本、金融机构资金和企业自筹资金组成的涉军资产投资体系。

第一,建立国家稳定的资金增长机制,为国防科技工业发展提供财力保障。

国家财政资金每年经过财政预算,以适当方式扶持引导经济建设和国防建

设相融合有关企事业单位发展。其中，支持国防科技工业发展的中央财政资金通过国家相关行业主管部门统一管理和划拨，主要用于支持军工集团公司等有关武器装备的科研生产或重大项目的开发等。国家财政资金主要支持国防科技工业核心能力建设，对于经济建设与国防建设融合产业的发展而言，财政资金以引导为主。

国防科技工业属于典型的资金密集和技术密集型行业，它的启动和生存必须建立在一定资金量的基础之上。因此，要建立和完善与国防建设需要相适应的军费增长机制，为国防科技工业转型升级创造良好条件。当前，我国国防费总体规模偏小，装备费占国防费比重偏低，这是制约我国国防科技工业发展的重要因素。为了促进国防科技工业发展，需要建立合理的国防费稳定增长机制，使国防费规模与国家经济实力保持一定比例。同时，应根据国民经济增长的实际情况，适度调整国防费在 GDP 中的比重。我们认为，军费总量在国内生产总值或财政支出中的比例应根据国民经济的发展情况和军事需求的变化，适时、适度地进行调整，逐步建立健全与国民经济增长相适应的国防费增长体系，为国防科技工业可持续发展奠定强大的财力基础。

第二，设立专门行使政府职能的政策性金融机构。

从实践上看，政策性金融机构在各国金融制度中普遍存在。借鉴国外经验，结合我国国情，可以考虑通过建立政策性金融机构为高新技术企业提供信贷资金支持或提供担保、参股等方式进行融资，它不以营利为目的，而是在政府相关政策支配下执行扶持高新技术企业发展的政策，保证专门使用。同时，也可考虑设立专项基金，用于高新技术企业的技术改造、产品的结构升级等特定用途。

第三，大力发展国防科技工业发展的风险投资基金。

风险投资在信息时代已成为知识型经济和技术发展的重要驱动源，对于形成国防经济发展的高技术支撑平台和推动国防与军事领域高技术进步，具有不可替代的重要作用。发达国家发展经验表明：加快发展风险投资体系，是国防科技工业转型升级过程中的一个资金有效使用的支持系统。为此，应做好以下几个方面的工作：首先，为风险投资体系的建立创造一个良好的市场经济环境，大力发展资本市场，形成一个有利于风险筹资和股权转让的市场经济环境；其次，加快建立风险投资的政策和法律支持环境，引导和支持风险投资适时介入；最后，建立科学合理的风险投资运行机构，灵活运用组合投资和联合投资的策略以分散资金投放的风险。

第四，进一步完善投资体制，调整优化政府投资结构。

进一步完善政府投资方式，在重大涉军资产投入建设上，要突破现行的把资金按项目投到军工单位的投资模式，针对不同情况，采取灵活的方式。如对民营企业生产军品进行投资补助或贴息等;对军用的一些特种加工工艺,国家投资建立加工中心,在承担相应任务的同时开发新技术、新工艺;投资购置一些大型的基础设备设施,采取租赁的方式提供给承担军品任务的单位使用,以避免重复建设,提高涉军投资的效益。调整科研生产条件建设投资内容,向软能力的建设倾斜,不断提高科研活动投资比重。

要切实发挥政府投资的引导作用。可以充分借鉴美国制造创新网络政府投资及运营方式,提高政府投资使用效率。美国政府对每个创新研究所的投资根据研究所性质和所提出的项目而定,对于大部分研究所而言,联邦政府在初始运行时的投资都会大一些,随后直至研究所向自力更生发展,逐步减少。初期,联邦投资主要体现在设备、启动资金以及基础性项目上。随着研究所走向成熟,它自身可吸纳更多的运作资金。后期,联邦投资开始以竞争性项目的方式体现。竞争性项目会促进研究所不断成长,进而通过项目、会员费、使用费,以及许可证等其他形式获得更多的合作方投资。

建立面向核心能力体系化建设的投资评估和审查机制,探索有效的社会投资模式,推动投资主体的多元化等。关于多元化投资,美国国防部曾指出,金融界对保持健康的工业基础有重要的作用,但这种作用往往被忽视。从小型科技创业公司寻求风险资金开发新产品和新系统,到为借贷市场为成熟和发展的项目提供资金支持,国防部必须确保自己不把这样获取资本视为理当其然,必须使我们的需求和长期投资计划更加透明。英国也指出,"防务与安全相关科技领域的私人投资,对技术开发时常具有至关重要的作用,并能够确保装备、系统和维护的技术优势,满足英国防务与安全需求。因此,我们将与科技供应商合作,尽早共享我们的能力需求和投资优先次序,更好地了解未来市场机遇,尽可能让私人投资以英国需求为目标"。

(二)加快涉军资产证券化进程,加速军工集团整体上市

尽管目前已有相当数量的军工企业上市,但是军工背景上市公司的市值占A股市场总市值的比重却在不断下降。究其原因主要是这些上市的军工企业多是一些军转民的非核心资产上市,而核心的优质涉军资产并没有真正进入上市公司,导致军工类上市公司盈利水平较低,绩优公司少,大多数军工上市公司的股票价格较低,甚至有一些公司股票沦为ST股。要想改变市场投资者对军工上市公司的认识,促进货币资本向涉军资产流动,就必须提高军工上市公司的质量,而核心涉军资产注入就是最有效的办法。随着股权分置改革的基本完成,国家相关政策的松动,真正的涉军资产直接上市或者以增发的方式注入上市公司目前是最好的时机。

首先，在国防开支稳定合理增长的基础上，增大装备费占比，对军工上市公司的资产重组进行一定程度的补贴或者减税等促进军工上市公司资产重组活动的开展。

其次，制定合理的战略规划，引导军工上市公司的资产重组活动。从国际经验来看，克林顿政府制定和颁布的《国防转轨战略》，小布什政府制定和颁布的《国防工业基础转型路线图》为美国军工企业资产重组提出了战略目标，是美国国防工业调整的指导思想，取得了很好的效果。回顾我国国防工业改革的历史进程，每一次重要政策的出台均促进了国防工业的大发展。国家战略计划直接决定了军工上市公司资产重组活动的深度和广度，因此，要科学地制定规划，为军工上市公司的资产重组活动提供指引与规范。我国军工上市公司无论规模还是效率同国外同类公司相比都存在一定的差距，而公司的成长与其资产重组活动是分不开的。鼓励军工上市公司以市场主体的身份参与市场竞争，通过资产重组来做大做强，提高国际竞争力。

再次，要加强资本市场建设，完善资产重组相关的法律法规，加强对资产重组活动的监管，严惩违规人员与组织，促进资本市场的有效运转。通过公司资产重组信号传递博弈模型的分析，一个良性的市场有利于降低重组双方面临的风险，得到完美均衡解决。否则，会产生严重的逆向选择问题，从而导致市场的失败。

（三）对涉军资产进行分类分级，明确“涉军核心资产”的范畴，为加强上市过程监管奠定基础

为了进一步明确哪些资产能够上市，哪些不能上市，可参照美国的做法，根据我国武器装备研制生产的关键需要，制定我国军工能力中的“涉军核心资产”确定原则以及资产列表，重点指向基础、关键和战略性资产，明确这部分资产产权仍归国家所有，上市公司仅拥有经营权。在军工企业上市审查中，必须对照原则和已有清单进行核查，一旦涉及“涉军核心资产”，投资部门可一票否决。

（四）建立三级国防涉军资产运营管理和监管体系

国防涉军资产管理体系包括三个层次的体制框架：国防涉军资产宏观管理部门，国防涉军资产中观经营机构，国防涉军资产微观经营机构即企业。新的国防涉军资产管理体制应该实现行政管理职能与国防涉军资产所有者职能分开，国防涉军资产管理职能与国防涉军资产经营职能分开，国防涉军资产所有权与企业法人财产权分开。这样就明确了国防资产产权关系，调整了军队与企业的职能，使企业主体具有独立的法人财产权、主体地位和资格，能够独立承担民事

权利和义务。通过涉军资产管理体制的重建,使企业拥有依法支配和处置其法人财产的权利,这是进行产权转让的前提条件。准确地说,中观的涉军资产经营机构根据涉军资产宏观管理部门的授权委托,行使产权管理职能,对国家授权的全部涉军资产或企业实施产权管理,决定或参与决定所辖企业的产权转让行为,微观层次的企业主要拥有产品的生产经营管理职能,并根据涉军资产经营机构的决策进行产权转让的具体操作活动,实现国防企业资本经营和产品经营的最大化效益。

(五)探索建立涉军资产投资运营公司

这种方式在其他行业已经试行多年,只要运营得当,成功案例不少。优点如下:一是,这种机构站在政府与企业中间,可将政府从不得不关心企业生死存亡的烦恼中解脱出来,这堵防火墙将政府的无限责任变为有限责任,便于实现兼并破产、政企分开;二是,虽然这种机构本身资产(国家股)的产权主体仍无法明确,但是由这种机构对外投资资产(国有法人股)、或对外应收资产的产权主体是明确的,该机构要对这些资产的保值增值负责、对保持和提高国防科研生产能力负责,从而使国家资本金得以保全或增值,从而使许多不明确的资产产权得以明确,找到了产权主体;三是,这种机构与企业没有种种历史关系,可以较果断地实施资产重组;四是,集中到该机构中的资产,除了新投资的固定资产外,大部分恐怕都是没人要的沉淀资产。但是,沉淀资产的管理权相对集中后,反而可以实现成规模的资产重组,盘活了存量、优化了结构;五是,设立这类公司可以实施金融运作,能及时解决企业暂时性资金短缺和促进结构优化所需资金。

(六)在涉军资产比重较大的企业中试行独立军工监事制度

可以考虑在企业内部机制中,设立一种监督保护涉军资产的功能,达到保障涉军资产安全、完整和有效的目的。这也是完善公司治理机制、保护相关利益人的一种探索。涉军资产管理部门委任并管理独立监事,涉军资产管理部门对独立监事违反独立监事制度、不作为予以谈话、警告或行政处罚。每个独立监事最多可担任六个企业的独立监事职务,每届任期与其他监事任期相同,任期届满,连选可以连任,但是连任时间不得超过六年。

(七)完善对外资并购的监管措施

由于外资并购对国防科技工业和军工企业不仅有积极的作用,同时还有很大的负面影响,任其发展,会威胁我国的国防安全,所以对外资并购我们还应严格监管。

第一，建立专门的外资并购审查机构。

按照《关于外国投资者并购境内企业的规定》，目前我国对外资并购进行审查的机关是商务部和工商行政管理局。这两个机构都是政府部门，不是专门的对外资进行审查的机构。借鉴国外经验，我们应该设立类似于美国 CFIUS 的外资审查机构，统一对境外资金的投资、并购进行审查，且这一审查机构应该级别较高，具有权威性。有了审查机构，对这一审查机构的审查结果的监管也是我们应该考虑的问题，应该有对此机构的审查结果进行监管的机构和措施。

第二，制定专门适用于外资并购的产业指导目录，对涉及军工产业的领域进行明确规定。

我国目前对外资并购进行产业准入审查的主要依据是 2005 年修订的《外商投资产业指导目录》。该目录的标准是适用于所有外商投资的。而我们知道外资并购和普通外商投资相比，具有更加大的影响，对其应该有比对普通外商投资更加严格的审查标准。而且本文认为适用于外资并购的产业指导目录除了应该发挥限制外资进入对国民经济安全有重大影响的战略产业的作用之外，还应该起到保护我国军工及其配套产业的目的，给予我国的相关军工弱势产业一定的发展空间。除此之外，专门的外资并购产业指导目录还应该对横向并购做出更加严格、细致的规定。

附录A

美、英、法国有涉军资产运营管理与上市监管

涉军资产是涉军核心能力的重要载体之一,保护涉军资产的安全是保护涉军核心能力的重要内容。美国、英国、法国相关情况如下:

一、美国主要通过国有国营和国有民营方式管理国有涉军资产

自二战开始,美国投资建设了大量国有涉军资产,包括各种实验室、工厂等。由于涉军资产的特殊属性(敏感性、专属性、非营利性等),目前美国仍保留了大量国有涉军资产,主要分布在国防部、能源部、国家航空航天局等研究机构及少量生产企业、服务于国防工业的非营利组织,以及部分大学研究机构。美国以国有国营和国有民营方式管理国有涉军资产。

在国有国营方面,国防部直接经营着 40 多个基础性科研机构;航空航天局 20 多个研究机构也都采取国有国营方式;美国海军一直以国有国营方式运营管理海军四大船厂。

在国有民营方面,国防部、能源部、国家航空航天局根据《联邦采购条例》及相关规定,将国有企业或研究机构委托给企业和大学代管,每年按照合同拨付代管费。被代管机构一般为涉军必需,又无法在市场上获利的机构、设施(土地、厂房、生产线等)。《联邦采购条例》规定:“政府机构将拥有或控制的,用于联邦机构项目的研究、开发、特殊生产或试验测试的设施,委托给第三方(注:指私营机构或企业)运营、维护和保障”,并明确这些设施主要“用于涉军安全或动员准备”。此外,合同商经营的其他业务要与国有民营资产的运营分开(见 FAR17.604C 条款)。

例如,美国能源部及国家核安全管理局委托上市公司洛克希德·马丁经营管理桑迪亚(Sandia)国家实验室,以“管理运营合同”形式规范了实验室的日常运行和信息安全保护事项。该实验室的资产仍归国家所有,资产收益权归洛克希德·马丁所有,实验室主要为联邦政府相关部门提供涉军安全领域服务。

二、美国第三方运营管理的国有涉军资产并不上市

美国政府对国有涉军资产的使用、处置进行了明确的限制。例如，美国《能源部采购条例》规定，受委托管理国有资产的第三方“不得改变政府资产的属性，也不能以政府资产依附其他不动产为由，改变政府资产的属性”（见 DEAR 970.5245－1b）。

涉军上市公司代管了大量国有涉军资产，这部分资产不能进入上市公司资产列表，也不进入公司的合并报表；企业仅拥有这部分资产的经营权和收益权，上市公司的任何变动，包括股权变动、兼并重组等，都不能影响这部分资产的属性。如，在英国核燃料集团公司收购美国上市公司西屋电气公司过程中，西屋电气公司代管的国有涉军资产贝蒂斯核动力实验室，被排除在并购资产清单之外。

三、美国对委托第三方运营的国有涉军资产实行严格管控

美国对委托第三方（包括涉军上市公司）运营的国有涉军资产有严格的控制措施。如，美国国防部总监察办公室 2000 年 12 月发布了《军方不动产数据库中国有民营资产情况》报告，提到了与国有民营资产管理相关的管理措施。涉军合同管理局或军种负责管理国防部国有民营资产，并定期检查合同商运营的国有资产，与《合同商运营的国防部资产登记表》（国防部 1662 号表）对比。国防部、海军、陆军和空军以及国有资产运营合同商都建有“国有不动产数据库系统”，记录国有不动产及其费用信息。其中，美国陆军使用“综合设施系统”，1999 年记录的不动产价值 123 亿美元；美国海军使用“海军设施资产数据库”，1999 年记录的不动产价值 170 亿美元；美国空军使用“自动民用工程系统”，1999 年记录的不动产价值 182 亿美元。

国有资产运营合同商每年都需要向国防部合同管理局报告资产情况。如 1999 财年，合同商上报的国有民营不动产为 770 亿美元。

四、英国国有涉军资产上市前剥离敏感涉军资产

20 世纪 90 年代，英国推行私有化改革，将敏感涉军资产剥离后，推动涉军资产上市。以英国国防部涉军评估与研究局私有化并最终上市为例，国防部、财政部等成立了“部长级指导小组”，负责该机构的私有化改革。上市前，国防部对研究局进行资产剥离，保留四分之一的力量（主要是放射性武器、生化武器等敏感资产和人员），组建涉军科学与技术实验室；其他研究部门推向市场，改组为奎奈蒂克公司，并向私营部门出售股份。

作为主要监管部门，国防部对国有涉军资产剥离、股份制改造全过程实施监

管。股份制改造完成后，企业向金融服务局（FSA）提交申请，金融服务局对发行申请进行审批，审批通过后由交易所安排企业挂牌交易。

五、国有涉军资产上市后，英国仅以金股形式保留对上市公司的控制力

英国国防部通过国有特殊股（金股）有效控制上市公司。例如，在奎奈蒂克公司上市后，国防部大幅减持国有股，最终由 100% 减持为仅保留金股（1 股），对公司进行控制。通过金股，英国国防部保留了对该公司恶意接管、重大决策、重大股权变动等事项的最终发言权，同时还对董事会和管理层人员构成等拥有监督权。

六、法国保留对涉军企业的绝对控股

以法国国有船舶制造企业（DCNS）为例，其前身舰艇建造局（DCN）及其所管理的四个海军造船厂是国防部下属机构，2003 年改组为 DCN 公司，2007 年并购了泰勒斯公司的海军业务，组建 DCNS 集团，法国政府控股 75%，泰勒斯公司持股 25%（泰勒斯公司由政府控股）。2011 年，政府控股 65%，泰勒斯公司持股 35%。可见，DCNS 公司虽然股权结构有所变动，但一直由政府绝对控股。

七、结论

（1）国外涉军企业可以上市，但并不是所有的涉军资产都可以注入上市公司；敏感性高、专属性强、营利性差的国有涉军资产并不注入上市公司。

（2）在涉军资产上市过程中，为了保护涉军安全，由国防部主导剥离敏感涉军资产；上市后，国防部对上市公司保留较大控制力（如金股或控股权等）。

（3）对于不能上市的国有涉军资产，国防部通过合同形式委托上市公司等经营和管理，并通过立法手段，确保这些涉军资产的国有属性不发生改变，通过建立国有涉军资产数据库、资产登记表等措施，保证国有涉军资产的安全。

附录B

美国国有涉军资产运营管理的典型案例

一、上市公司洛克希德·马丁运营管理桑迪亚国家实验室案例

以下为美国能源部委托洛克希德·马丁公司经营管理桑迪亚国家实验室的案例。

1. 桑迪亚国家实验室背景

桑迪亚国家实验室主要从事核武器、能源、气候及设施安全、防扩散、涉军系统和评估、国土安全、科技及工程化等领域的研究。1949 年以前该实验室由加利福尼亚大学运营;1949—1993 年,由 AT&T 公司的全资子公司桑迪亚运营。1993 年,美国能源部及国家核安全管理局与洛克希德·马丁公司签署了一项负责管理和经营桑迪亚国家实验室的管理经营合同(M&O)。

2. 桑迪亚国家实验室资产归属

桑迪亚国家实验室属于国有国营的机构,能源部拥有桑迪亚国家实验室的资产等。除了一些商业租赁的设备,实验室使用的设备及资产都是联邦政府所有,而且这些租赁也处于能源部控制之下。在管理经营合同的授权范围内,洛克希德·马丁公司有对实验室资产的使用权,但处置旧设备、购买或租赁新设备必须经能源部批准。根据合同规定,洛克希德·马丁公司为实验室购置的所有材料、设备、供应品等费用已列入成本并得到补偿,因此这些资产也归属政府所有。

3. 桑迪亚国家实验室日常运行

实验室的预算经能源部审查后,列入本部门预算,并提交国会。实验室的财务和审计等工作由能源部国家核安全管理局管理。能源部通过调整、修改经营管理合同来影响实验室的日常运营。

桑迪亚国家实验室还为一些其他机构,包括美国国防部、国土安全部、国家核管理委员会、各种非联邦政府机构、各种商业机构和教育机构等提供服务,这些服务以合同形式进行,所以桑迪亚国家实验室的财务、管理等与上述客户没有

任何关系。

4. 桑迪亚国家实验室信息保护

管理经营合同对信息保护方面进行了规定。在合同的执行中,如果获得受1974年《隐私法》(5 U. S. C. 552a)保护的信息(如部门计划、政策、报告、研究、金融计划、内部数据等)以及未被官方公开的数据,合同商在得到合同管理官员书面许可前,不能出现以下行为:

——在信息公开前,将信息用于私人目的;

——在合同完成后或信息公开后的六个月内,利用该信息进行部门项目竞争;

——在该信息公开一年内,向政府提交包含该信息的建议。

如果受保护信息被泄露,政府可终止合同,取消合同商日后相关合同的竞标权。

二、上市公司在兼并重组过程中对所管理国有资产的处置(以贝蒂斯核动力实验室为例)

贝蒂斯核动力实验室负责研制美国舰用核动力装置,属于国有民营的涉军资产,由美国能源部提供运行经费,合同商承建和运营。1999年前,贝蒂斯核动力实验室由西屋电气公司(为上市公司)负责运营。1999年,西屋电气公司被英国核燃料集团公司(BNFL)收购,但由于贝蒂斯核动力实验室并不在上市公司的资产清单之内,英国核燃料集团公司的收购对象不包括贝蒂斯核动力实验室,未导致美国海军核动力关键能力的外流和缺失,美国政府随后将贝蒂斯核动力实验室交由美国贝切特尔公司运营。该案例依据的是《能源部采购条例》第970.5245-1d条款中关于委托第三方管理的“政府财产”的处置相关规定。

附录C

《联邦采购条例》关于通过管理与运营合同委托管理涉军安全相关国有资产的规定

美国《联邦采购条例》是由国防部、总务管理局(GSA)、航空航天局(NASA)联合发布,用于规范政府机构采购产品和服务的活动。其中,对委托管理与涉军安全相关的国有资产进行了特别的规定。

一、定义(FAR17.601)

管理与运营合同是一种委托管理合同,政府机构根据这种合同,将其所有或控制的、用于联邦机构项目的研究、开发、特殊生产或试验测试设施委托第三方运营、维护和支持。

二、管理与运营合同的判定标准(FAR17.604)

运营与管理合同具有两种属性:一是目的(见FAR17.601),二是政府和合同商之间的特殊关系。判定运营与管理合同的标准如下:

(1)政府所有或控制的设施必须用于:国家安全或动员准备;充分履行政府机构的使命;完成私营企业不能或不愿使用它们的设备实施完成的工作。

(2)由于任务性质,或因为任务必须在政府设施中完成,政府部门必须与供应商及供应商在重要领域(如安全、安保、成本控制、设施所在地环境等)的人员之间维持特殊、亲密的关系。

(3)如果合同商有其他业务,执行的任务应完全或至少基本与合同商的其他业务分离。

这种合同形式的任务应与政府机构的使命密切相关,并具有长期性和稳定性等特点,因此要:确保合同的连续性;在涉及合同商日常人员调动和业务的变动方面应给予特殊的保护。

三、签约、改签和续约(FAR17.605)

(1)在管理与运营合同下,优秀业绩标准包括专业水平高、人员稳定和运行

连续。由于这类合同项目的要求和任务的特殊性(通常是特有的业务),合同规定政府不能轻易更换合同商。因此,在签约前,合同管理官员应采取特别措施,确保潜在合同商具备足够技术和管理能力,充分考虑利益冲突,确保政府保留广泛、持续参与其中的权力,必要时要根据任务目标干预技术和管理决策的制定。

(2)合同管理人员应根据机构的有关规定,对每个管理与运营合同进行评审,确定合理的评审周期(至少每5年需要评审一次)。审查应明确是否已完成有效改善性能、成本等方面的目标。延期或续约行为必须由同级政府授权。

(3)只有在可大幅提高业绩或降低成本时,才考虑更换当前合同商。因此,审查合同商业绩时,审查官员应考虑:当前合同商的整体业绩,特别包括技术、管理和成本控制等方面的绩效;合同商的更换对在研项目的潜在影响,包括安全、涉军和动员等方面;是否有合格的合同商竞争这项合同。

四、《美国能源部采购条例》关于委托第三方管理政府资产的办法

《能源部采购条例》第970.5245-1“政府资产”部分条款如下:

(1)政府资产的配置。政府保留权力,可以对合同项下的人员、资产和服务进行配置。

(2)资产所有权。除了由合同管理官员授权的资产所有权之外,合同商购置的任何所有材料、设备、供应品、有形资产的费用,已列入成本并获得补偿的资产归政府所有。

政府保留检查、接受或放弃任何此类资产的权力。合同商应该按照合同主管人员的指示处置被放弃的资产。对于已经予以费用补偿的资产,其所有权归政府所有。

根据本法规定,政府配置的资产和合同商购置的资产,所有权都归政府所有,本法以下称为“政府资产”。当政府资产与其他非政府所有资产混合使用时,不得改变政府资产的属性,也不能以政府资产依附其他不动产为由,改变政府资产的属性。

(3)标识。合同商应在合同管理官员指示下,对运营和保管的政府资产进行标识,明确政府拥有所有权。

(4)处置。在合同期限内或合同终止时,合同商对合同规定的政府资产进行处置,必须获得政府部门的批准。在合同管理官员批准后,合同商可以按照规定出售、交换政府资产,或者以公允价格购买政府资产获得收益,在抵消相关成本之后,应返回给政府。在任务完成或合同终止情况下,合同商根据合同管理官员的规定,对于已获得或继续保管的政府资产,进行会计清算并给予补偿。

(5)高风险和涉密政府资产的管理和保护。合同商应按照合同管理官员的

规定,采取合理的预防措施,保护合同范围内的政府资产的安全。合同商应采取措施保证高风险和涉密资产在使用、控制、处置等全寿命周期的安全。

资产的流失、损毁、损坏、非法转移等会对公众、环境、国家安全利益构成威胁的资产称为高风险资产。高风险资产包括军民用核相关资产,出口管制、含有化学品或放射性物质的、有害的,以及特别资产(如军用关键技术清单等)。

(6)政府资产遭受损失的风险。

①(i)合同商不用对政府资产损失、毁坏承担责任,除非发生以下情况:合同商从事管理的人员由于不当操作或者不负责任的行为导致的;合同商管理人员没有按照本法规第(5)条款的相关规定,采取合理的步骤遵照合同相关规定执行保护国有资产;合同商没有依照本法规相关规定建立、管理、运行经过核准的国有资产管理体系。

(ii)如果经过初步调查,合同管理人员认为国有资产的损失、毁坏是由上述原因导致,但合同商不同意时,合同商应承担举证责任,表明其不应该承担赔偿责任。

②如果合同商决定承担损失、毁坏或损害政府资产责任,应依照(6)①款相关规定进行补偿。补偿金额确定规则如下:对损坏的资产,赔偿应包括修复费用和临时更换损坏的资产产生的任何费用,修复费用不能超过资产修理的市场价格,若无市场价格可供参考,合同管理人员应综合考虑各种相关因素和情况,决定最终赔偿费用;如果国有资产损毁或丢失,则应按折算后的资产价值进行赔偿。

附录D

美国国防部无形资产与知识产权管理研究

一、国防工业无形资产概念的界定

一般来说,无形资产是指企业拥有或者控制的没有实物形态的可辨认、非货币性资产,具有广义和狭义之分。广义的无形资产包括货币资金、应收账款、金融资产、长期股权投资、专利权、商标权等;狭义上将专利权、商标权等称为无形资产。

目前我国尚未对军工科技工业无形资产概念的界定形成统一的认识,需要对军工科技工业无形资产的概念进行界定,以便相关研究工作的进一步开展。

二、国外无形资产管理架构研究

通过分析研究美、英等国无形资产管理的管理架构、管理模式,目前的研究结论如下:

(一)国外一些国家在无形资产审计工作中也存在一些困难

2007 年 12 月,英国国防部发现其财务报表不能反映其真实的资产状况,认为 2007 年的英国国防部的财务报告不准确。2008 年 10 月至 2009 年 3 月,英国高级审计署对英国国防部管理的国有资产进行审计,得出 2007 年国防部的资产报告中的无形资产数据不准确,说明了无形资产的管理和评估工作在英国也存在一些困难。

(二)国外国防工业无形资产监管涉及多个部门联合参与

美国国防工业的无形资产管理体系中,涉及多个政府部门的参与管理。如美国国防部参与制定了一系列的单独研发、联合研发过程中产生的知识产权、资产使用权等法律法规,并设立了相关办公室进行管理;美国商务部专利和商标办公室对涉及秘密及美国国土安全的专利进行严格管理,此类专利的申请工作要参照保密法相关条款,并且要提交专利行政长官进行审查和许可。

(三)专利出口要受到严格审查和控制

对于出口一些含有技术数据的专利,美国对其审查比较严格。审查的内容包括出口国是否在国防部出口控制法案(国防部 5230.25 指令、10USC.140(c))、国际武器管理运输规则(International Traffic in Arms Regulation,ITAR)、出口管理规则(Export Administration Regulation,EAR)及相关的国家列表中,专利中涉及的技术是否在商品控制列表(Commodity Control List,CCL)和美国国防部军事关键技术列表中等,如是,则对其进行限制。

(四)美国国防工业知识产权保护建立在多重框架下

美国国防工业知识产权管理体系中,对于涉及国家秘密、国土安全的知识产权,不仅要遵照普通的法律法规进行管理,还要根据国防部相关章程进行监管。

三、国外无形资产管理政策法规体系

分析研究国外无形资产,特别是国防工业无形资产的管理政策法律法规体系。目前对美国国防工业无形资产管理政策法律法规系统进行了研究,初步结论如下:

美国无形资产评估与监管法律法规比较健全,法律法规的制定工作涉及多个部门的联合参与。美国财务会计准则委员会(FBSA)对无形资产的概念和范围进行了界定,并对无形资产的会计和审计规则进行规范;美国国防部虽然没有完整的无形资产管理法规,但是其在专利、软件、商标等领域提出了相关的规定;美国商务部相关部门对专利、商标等出口进行了规定。表 D-1 中列出了部分与无形资产相关的法律法规。

附表 D-1 美国国防工业无形资产管理部分法律法规

部门或组织	法律法规	说明
美国国防部	DoD Financial Management Regulation	财务管理规则
	Issues and Solutions when negotiating intellectual Property with Commercial Companies	管理与企业合作过程中产生的知识产权问题

附表 D－1(续)

部门或组织	法律法规	说明
美国国防部	Department of Defense Strategy for Operating in Cyberspace	美国国防部对域名及互联网软件的管理
	10 USC. 140(c)	专利出口控制
	UCS. 5. 2(a)	保密规定
	DD Form 441	国防部安全协议
美国商务部	120 Secrecy Orders [R－5]－100 Secrecy, Access, National Security, and Foreign Filing	涉及秘密、国土安全外资准入等方面的专利管理法规
美国审计署	TAX POLICY—Amortizing Purchased Intangible Asset	税收审计政策
美国国家职业标准小组	Fundamental of Fair Value Measurement and Disclosures	公允价值评估与揭露基本原则
美国财务会计准则委员会	FASB ASC 805	商业兼并重组的会计规则
	FASB ASC 820	公允价值评估与披露规则
	FASB ASC 320	债务及资产安全投资审计规则
	FASB ASC 350/ Statement 141	无形资产、商誉评估
	FASB ASC 360	
国际财务报告标准	IFRS 3	商业兼并重组
国际会计准则	IAS 36	评估可收回资金

四、国外国防工业无形资产评估体系研究

研究美、英等国对国防工业无形资产评估体系(管理部门、评估流程、方法等),现有研究结论如下:

(一)在评估方法上,美国综合运用市场法、收益法、成本法评估无形资产

美国进行知识产权资产价值评估时,根据评估对象的特点,关注评估对象背

景因素等方面的问题,综合运用市场法、收益法和成本法进行评估。

(二)国外上市军工企业报表中包含无形资产评估项

美国上市公司洛克希德·马丁(简称洛·马)公司2010年年报合并现金流量表中,列出了“购买的无形资产摊销”一项,在“递延所得税负债”中列出了“商誉及购买的无形资产”一项;在洛·马公司2011年的详细财务报表中,关于年度并购一项中有说明并购案中涉及的商誉及其他无形资产的并购事宜,其商誉的估值中包括税收。

无形资产比率表示商誉和其他无形资产占总资产的比率,国外学者认为该比率应高于20%才合适。对比分析洛·马、波音、诺格和雷神公司的财务报表可知,这些上市公司都对其无形资产进行了估值,且无形资产比率不尽相同,其中波音公司的无形资产比率较低(表D-2)。

附表D-2 洛·马、波音、诺格、雷神上市财务报表比较

公司名称	无形资产比率	资产账面价值/百万
洛·马	27%	($6 327)
波音	11%	($3 357)
诺格	50%	($401)
雷神	52%	($2 274)

(三)第三方咨询公司和会计师事务所可参与美国军工企业上市和兼并重组过程中的企业价值评估工作

美国国防工业上市和兼并重组过程可通过第三方咨询公司来进行,如德勤(DTT)、普华永道(PWC)、美国评值(American Appraisal)、Stout Risius Ross(SRR)等第三方管理咨询公司和会计师事务所可对国防工业上市和兼并重组过程中涉及的资产价值(包括无形资产)进行评估,主要基于美国财务会计准则委员会(FBSA)公布的财务和审计规则。

五、国外国防工业无形资产处置监管研究

通过研究美国、英国等国对国防工业无形资产处置监管(转让、报废等)方面的措施与做法,现有研究结论如下:

美国商务部对涉外无形资产的转让进行监管。美国商务部经济分析局(BEA)对外国人使用无形资产进行了控制,商务部规定,向外国人出售无形资

产,实施强制性报告,美国从国外购买无形资产也需要汇报。

六、国外国防工业无形资产运营管理研究

通过分析研究国外国防工业无形资产运营管理的措施及做法,现有研究结论如下:

(一)美国国防部对承包商在研制过程中产生的无形资产所有权进行差别化对待,承包商可对专利提出所有权要求

为了较好地推动技术成果的商品化和保护政府和承包商的权益,美国国防部对专利产权进行了界定,鼓励工业界参加政府投资的军工研究开发工作,促进承包商将军工科技成果商品化,促进自由、公平竞争,以降低研制开发成本,满足国防部发展武器装备的需求。通常情况下,对涉及军工安全的重大发明专利或需要保密的发明专利,国防部拥有其专利权,其他情况承包商可以对专利所有权提出要求。

(二)美国政府在安全领域投资产生的专利归属国家所有

根据《联邦采购条例》(FAR 52.227.12(b)),政府对承包商投资产生的发明创造专利(无形资产)如果全部都是军用而非商用,那么该专利为政府所有。

美国政府独立投资下产生的涉密计算机数据和软件归国家所有,对联合投资产生的涉密资产的使用要进行监管。

七、美国国防部知识产权管理的历史沿革

二战之后的数十年,美国政府军工研发经费主要由政府支出,研发过程中产生的知识产权也归政府所有。但随着军工经费的缩减,民间军工研发投资大幅度上升,军工生产承包商开始对知识产权提出了索求。

根据美国政府财政和国家自然基金披露的数据可知,1989 年,美国军工研发经费中,政府投入只占 33% 左右(私人投资大约为1 660亿美元)。2000 年,美国军工研发总经费为2 450亿美元,其中联邦政府投资只有 650 亿美元,所占比例只有 26% 。美国政府逐渐开始大量采用价廉的商业技术,以应付军工研发经费的减少,同时还要求提高武器性能。在此背景下,美国国防部对军工研发过程中产生的知识产权政策进行调整,以调动企业参与武器装备生产的积极性,提高武器交付能力。

附表 D－3　美国涉及国防知识产权相关政策法规

年份	政策法规
1980 年	《Bay－Dole 法案》(《邦杜法案》)、《Stevenson－Wilder 法案》(《史蒂文森法案》)
1983 年 2 月	《关于政府专利政策的总统备忘录》
1984 年 11 月	里根总统签署 98－620 号法，即《邦杜法案》的修正案
1985 年 2 月	《能源部专利管理政策》
1986 年 10 月	《联邦技术转移法》
1989 年	《国家竞争性技术转移法》
1998 年 7 月	《技术专业商业化法》

美国军工知识产权政策与措施。美国国防部对其投资产生的专利、技术资料、计算机软件等知识产权采取了严格的管理政策，以保障军工利益的最大化。尽管国防部允许承包商拥有知识产权的所有权，但是其仍然保留以军工为目的的免费使用权。2009 年 9 月 5 日和 2001 年 1 月 5 日，小爱德华 · P. 奥尔德奇在签署的两个文件中，拟定了新的政策和工作指南，指出国防部只要求拥有最低限度的、必不可少的知识产权权益。鼓励承包商以其知识产权获取商业利润和增加市场份额，或直接取得知识产权收益。

军工知识产权的归属权问题。美国国防部对知识产权的处理问题主要集中在专利和技术数据、计算机软件两类。几十年来，美国国防部依据《美国法典》第 35 篇 18 章中《专利法》的有关条款，第 10 篇第 2320 和 2321 条中技术资料权条款，以及《联邦采购条例》(FAR)和《联邦采购条例国防部补充条例》(DFARS)等规定，来约定防务合同中产生的知识产权归属问题。2001 年，美国国防部公布《知识产权：通向商业之水——与商业公司谈判知识产权时的问题和解决方法》，该办法对合同中知识产权归属与分享规定了总的约定原则。具体原则如下：

(1)美国政府现行的知识产权管理政策适用于所有在执行联邦机构全额或部分资助的项目中产生或首次使用的知识产权。

(2)除了涉及国家安全的或者出于更好地保护公共利益的考虑外，政府研究开发合同产生的知识产权一般由合同商保留，政府享有免费使用权和优先发展本国工业的权利。

(3)支持小企业保留发明的知识产权，通过加强对小企业创新活动的支持，充分调动小企业技术创新和技术转移的积极性，以增强小企业的研究开发能力，促进发明迅速实现产业化。

八、美国商务部专利与商标办公室关于涉及军工专利和商标的规定

涉及秘密、国家安全和外交文件需要联系专利行政长官(Commissioner for Patents)。

当某项发明专利被国防部机构认为该专利的公开不利于国土安全,该发明专利必须保密。

涉及国土安全或者含有审定的安全标记(秘密、机密、绝密)的专利申请和文件都由商务部专利和商标办公室管理,该办公室中被列为国家安全的文件必须送到许可评审小组(Licensing and Review)或者专利行政长官处。

对于涉及国家安全的专利申请必须申请保密。如果被列为危及国土安全的专利没有按照规定进行存放和向专利行政长官汇报,该文件在一定期限内要么从机密表中删除,要么按照保密规定进行存放,要么申请者提供良好的信誉证明从相关部门进行保密以免该申请被丢弃。

美国本土以外产生的发明应用申请不对军工机构开放。

当某项发明专利被国防部机构认为该专利的公开不利于国土安全,专利行政长官必须命令该发明专利必须保密。

专利出口管理方面,包含技术资料的专利申请的出口受国防部 5230.25 指令(该指令参照美国法典 10 USC. 140(c)和军事关键技术列表(MCTL))的限制。该控制既要保证专利申请的技术资料广泛应用,同时要控制一些非法的出口。美国专利出口控制受到商品控制列表、国际武器管理运输规则,以及相关的国家的限制。目前已经同美国签订安全互利互惠协议的国家有:澳大利亚、比利时、加拿大、丹麦、法国、德国、希腊、意大利、日本、卢森堡公国、荷兰、挪威、葡萄牙、西班牙、瑞典、土耳其和英国等。

对于一些已经或者可能列为涉及保密的技术资料的交易需遵守现行的国防部安全协议(DD Form 441)。如果申请可被分类,只要技术资料按照工业安全手册规定进行分类,其信息可以对外公布。

对于那些没有国防部安全协议的专利申请中的技术资料禁止对外公布,除非获得专利长官的书面同意。

九、美国国防部研究开发合同中专利权的管理

美国国防部拥有直属科研机构 138 个,其中 51 个试验鉴定中心、87 个实验室。国家还有 726 个联邦实验室,主要从事航天、微电子、新材料等与军工高技术密切相关的研究开发。军工研究开发经费 5 年来都高达每年 600 亿~700 亿美元,约占联邦政府的总研究开发经费的 70% 左右;美国有六分之一左右的科学

家和工程师“受雇”于军方,每年要从事2万多项科学研究。如此庞大的人力物力从事与军工有关的研究开发,所产生的经济效益却很低,其产值不到国民生产总值的6%。究其原因,主要是95%以上的军工科技成果没有及时转化,军工科学技术和经济发展脱节的情况相当严重。妥善解决研究开发合同中军工知识产权管理已成为其中主要问题之一。

十、美国国防部研究开发合同产生的专利权管理政策的发展过程

(一)美国军工专利权管理的原则

经过美国联邦科技委员会下属的专利政策委员会的深入研究,较好地推动了技术成果的商品化和保护了政府和承包商的权益。美国国防部对专利产权进行了界定,其主要原则有:

(1)有利于鼓励工业界参加政府投资的军工研究开发工作;

(2)有利于促进承包商将军工科技成果商品化;

(3)确保国防部对政策合同产生的发明专利拥有充分的控制权;

(4)能充分满足国防部发展武器装备的需求;

(5)保证国防部不会因不使用或不合理使用发明专利而遭受经济损失;

(6)有利于促进自由、公平竞争,以降低研制开发成本;

(7)最大限度地降低国防部执行专利管理政策时的费用。

(二)美国国防部拥有发明专利所有权的种类

通常,由国防部拥有专利权的情况主要指涉及军工安全的重大发明专利或需要保密的发明专利,它包括:

(1)按照法令或者通过总统授权,由情报或反情报部门确认,由其拥有专利权能够更好地保护此类活动的安全;

(2)经国防部确认,由其拥有专利权能更好地保护军工利益;

(3)主要使用了武器发展计划和核动力推进计划中的设施所产生的发明专利。

上述(1)(2)(3)项通常在发明向国防部报告后6个月内做出是否需要保密的决定。如果决定保密则专利权由国防部拥有;如果决定不保密,承包商可以对发明提出所有权要求。

此外,还有一些特殊情况,应考虑由国防部拥有发明的专利权,即

(1)政府投资且主要研究与生产设备由政府提供;

(2)承包商在美国境外,或在国内但受外国政府控制;

(3)承包商没有在规定期限内按政府要求提出专利申请,或提出申请但未在规定期限内提出保留专利权的要求,或已保留专利权后又自动放弃的。

(三)国防部拥有专利权时的权益界定

1. 国防部拥有专利权时承包商的权利

(1)承包商拥有可以在世界各地使用该发明的非独占、可被撤销的、免费使用的许可证。

(2)承包商所属国内分公司或占股的配套厂商拥有非独占、可被撤销的免费使用许可证。

(3)经国防部批准,承包商有权转让专利使用的许可证。

(4)国防部认为承包商没有迅速使该发明商品化时,可以撤销其非独占、免费使用许可证,承包商有权对撤销其许可证的行为提出上诉。

(5)承包商在执行研制开发合同过程中,为了军工利益可以侵权使用其他美国专利,被侵权人一般只能向政府提出赔偿要求,由政府负责赔偿。

(6)承包商的利益受到损害时,有权向政府申请合理的经济补偿要求。

2. 国防部拥有发明专利权时承包商的义务

(1)承包商应定期报告发明使用情况。

(2)承包商应采取措施,避免国防部采购包含政府投资所产生的发明专利产品时也支付专利使用费。

(四)承包商获得专利权时的权益界定

承包商在做出发明后两个月内,应向国防部报告该发明的保护措施,同时还可提出保留专利权的要求。经国防部审定,如满足以下条件,国防部应批准这一要求:

(1)如果国防部有关部门认为,承包商保留专利权比由军工拥有专利权更能有效地保护军工利益。

(2)在有关共同投资、分摊成本的研究开发项目中已约定应由承包商保留专利权。

(3)能够证明承包商在执行政府合同之前已投入巨额资金或已购置重要设备。

承包商保留专利权有利于鼓励具有很强技术实力和资金雄厚的承包商参与国防部的研究开发合同,有利于对国防部的研究项目进行“转民”。对国防部而言,可以在武器装备生产中免费使用该技术,但对政府而言,在其他为公众利益使用该技术时就存在二次付费问题。也就是说,在军工开发时政府已经代表纳

税人负担了一次付费——军工研究开发投资,政府为公众利益使用该发明时,必须进行二次付费——专利使用费,这将使使用该技术的社会成本增加。但如果该技术能很快进行商品化,社会收益也将增加,经过社会收益成本分析,如果在某些领域,收益明显高于成本,承包商保留专利权将是有利的,那么就应由承包商保留专利权。

1. 承包商保留专利权时国防部拥有的权利

(1)国防部在武器系统研究开发、生产中拥有优先使用、不可撤销、不可转让的免费使用权。

(2)国防部拥有充分的控制权和有效的介入权,即为更好地保护军工利益,对保密解密、实施转让和优先使用等有审批权。如果承包商滥用独占权而有损"军转民"或商品化时,可用介入权进行限制。

(3)拥有指定他人以军工为目的免费使用该发明的权利,但在以商业为目的使用该发明时,必须支付专利使用费。

(4)有权监督承包商定期向国防部报告该发明的使用情况。

2. 承包商保留专利权时国防部的义务

(1)为充分保障发明人的权益,应对发明人的受损进行公平补偿。

(2)当承包商在开发和应用中的收益小于成本时,应给予专利权人公平的赔偿。

综上所述,承包商应即时向国防部报告在执行合同过程中所产生的发明的内容以及采取的保护措施。一般情况下,其所有权归国家拥有。承包商可以获得非独占、可被撤销、免费使用的许可证。为了调动承包商参与国防部研究开发合同的积极性和促进军转民和军用技术商品化,经国防部有关部门论证后,可以将专利权交由承包商保留,但国防部拥有重大问题的审批权和实施应用的介入权。也就是说,承包商并没有获得本质意义上的所有权,国防部拥有所有权和承包商保留专利权的基本共同点都是要更好地为军工利益服务,为使发明尽可能快地应用于武器装备系统。而两者的最大区别是承包商保留所有权时,国防部无权将承包商的所有权转让。承包商虽然有权转让,但必须经国防部批准。

十一、美国国防部与商业公司谈判知识产权时的问题和解决方法相关内容

知识产权是无形资产的一部分,它的价值通过技术和工业创新来体现,主要集中在经济、环境和社会公益等方面。美国国防部对知识产权的管理主要集中在专利权、计算机软件和技术资料等方面。

(一)专利权

在美国,承包商允许保留发明专利的权利,而且政府合同中产生的大多数专利由承包商所有。在特殊情况下,根据军工需要,国防部才能拥有所有权,国防部拥有所有权时,承包商享有可撤销的免费使用权。在承包商保留所有权时,国防部享有以军工为目的的不可撤销的免费使用权。专利权还要区分是否为在政府合同中首次开发出来的。

在专利申请方面,不管是商用的还是非商用合同产生的发明,获得发明权利的承包商专利管理人员需在得知该发明的一个期限内起草专利申请(一般是一年之内)。如果承包商没有按照要求完成该事,政府将有权利获得该发明,并代表政府申请专利。

对于专利的开发利用方面,美国政府对其进行了严格的规定,如果政府没有获得专利的所有权,承包商或者受让人必须尝试将该发明进行商业化,以保证政府投资的项目应用于公众。如果承包商已经获得了一项专利,但是没有采取合适的措施将该技术引入商业市场,政府有权利要求将该许可授予其他申请者。

(二)技术资料和计算机软件

技术资料指科研、试验、生产等阶段产生的技术性资料,以及操作、训练、维修阶段中使用的技术资料。通常美国国防部对技术资料享有的权利可以分为三个等级:一是国防部可以不受任何限制地将资料披露、公开、使用和允许他人使用,适用于国防部全额投资的资料;二是披露、公开、使用和允许他人使用只能在一定条件下进行,称之为“有限权利”,适用于国防部和承包商共同投资的情况;三是披露、公开、使用和允许他人使用被限定在特定的军工领域,而且不得危害承包商的商业利益,否则需对承包商进行经济补偿,称之为“限制权利”,适用于承包商全额投资的情况。

对于非商用技术资料,《联邦采购条例》附录定义了一系列与用户投资相关的许可证规则,有时具体的规则还需要双方进行协商才能确定。在政府完全投资合同中产生的非商用技术资料,承包商需交给政府管理,政府拥有技术资料的版权,包括各种使用许可。合同管理官员应仔细审查政府中对资料的使用者并且限制对数据的传播。

对于商用的技术资料,政府有权在紧急情况下披露批示或使用技术资料,比如飞机、潜艇或船舶出故障的时候。当政府使用一个商用技术资料,国防部通常只是获得与许可证相关的权利,这方面和普通大众一样。实际上,此时没有针对军工专用的条款,如果有必要,还需添加附加条款。

计算机软件类与技术资料知识产权处理类似，承包商可保留知识产权的权利，政府享有不可撤销的使用权，具体的细节还要根据该知识产权商用的还是非商用的。另外，承包商向国防部交付的计算机软件不得向公众公开传播。

（三）商标

国防部可以依法为其研制的军品取得商标、标识和服务性标志等权利。

（四）版权及商业秘密

除了国防部需要广泛传播的出版物以外，版权归承包商所有。国防部享有以军工为目的、不可撤销的免费使用权和向公众传播的权利。

参考文献

[1] 张国风,吴雄文. 建立和完善外资并购安全审查制度对军工企业改革与发展的影响[J]. 国防科技工业,2011(3):40 -42.

[2] 罗开元. 国外政府与涉军企业的关系[J]. 中国航天,2009(11):24 -26.

[3] 苏星. 论英国国有化、私有化与政府管制体制改革[D]. 济南:山东师范大学,2003.

[4] BRADDON D,DOWDALL P,HARTLEY K. The UK defence electronics industry: adjusting to change[J]. Defence and Peace Economics,2004,15(6):565 -586.

[5] Office of National Statistics. Expenditure on civil and defence R&D performed in UK businesses: detailed products groups, 2010 [R]. Business Enterprise Research and Development,2010.

[6] EDA. An initial long-term vision for European defence capability and capacity needs (2006 -10 -03) [2017 -01 -02] [R/OL]. http://www. eda. europa. eu.

[7] GUAY T. The European defense industry: prospects for consolidation [J]. UNISCI Discussion paper,2005(9):23 -34.

[8] KUECHLE H. The cost of non-European in the area of security and defence. (2006 -06 -19)[2017 -01 -02][R/OL]. http://www. eda. europa. eu.

[9] CONYON M J, GIRMA S, THOMPSON S, ct al. The impact of mergers and acquisitions on company employment in the United Kingdom [J]. European Economic Review,2012,46(1):31 -49.

[10] 陈林,邱冬阳. 法国国有资产重组、产权管理及对我国的借鉴意义[J]. 重庆工学院学报,2001,15(1):58 -61.

[11] 张林初. 法国新版《国防与国家安全白皮书》评析[J]. 法国研究,2014(1):1 -8.

[12] MARKUSEN A R. The case against privatizing national security[J]. Governance, 2003,16(4):471 -501.

[13] 范肇臻. 俄罗斯军工企业的金融支持研究[J]. 社会科学,2009(9):24 -29.

[14] 白万钢. 涉军企业:战略、管控与发展[M]. 北京:中国社会出版社,2010.